Une dérive fasciste
:Jacques Doriot et le Parti populaire français

ファシズムへの偏流 下

ジャック・ドリオとフランス人民党

竹岡敬温［著］

国書刊行会

ファシズムへの偏流——ジャック・ドリオとフランス人民党　目次

下巻

上巻

地図1　ヨーロッパ（1939～1945年）

鳩澤歩著『鉄道人とナチス』（国書刊行会、2018年）掲載の地図を一部改変して引用。

地図2　ヴィシー政権時代のフランス

On cartes-2-france.com 掲載の地図 Carte des internement juif en France を元に著者作成。

第三部　ヴィシー政権下のフランス人民党

一九四〇～一九四二年

第一章　元帥の一兵卒として

軍事的崩壊がついには政治的崩壊にまでいきつく過程で、その後の戦中から戦後にかけてのフランス史において、きわめて重要な役割を演じることになる二人の軍人が、新しく政府閣僚として加わった。ひとりは将軍、もうひとりは元帥であり、その後、それぞれ正反対の道をいきながら、ともにどちらもフランスの指導者を自認した。シャルル・ド・ゴールとフィリップ・ペタンである。

すなわち、対独宣戦布告をおこなった第三次ダラディエ内閣総辞職（一九四〇年三月二十一日）後、その後を継いだポール・レノー内閣は、一九四〇年五月十八日、内閣を改造し、フィリップ・ペタンを副首相として入閣させた。さらに、政府がボルドーに移動した翌日の六月五日には、シャルル・ド・ゴールが陸軍省政務次官としてレノー内閣に入閣した（ド・ゴールは陸軍最年少の准将のひとりになっていた)。しかし、六月十六日夜、「国の死活にかかわる重大問題について政府が深く分裂し」、「閣僚の半数が私に反対している」と判断したポール・レノーは総辞職を決意し、その結果、ペタンに次期内閣の組閣が要請された。ポール・レノーの辞職直前の六月十六日午後四時三十分、ロンドンに亡命していたド・ゴールは、ダウニング街一〇番地のイギリス首相官邸からレノーに電話をかけ、英仏同盟を両国間の完全な政治連合に変えるという計画を読み上げた。レノー自身は、このロンドンからの提案に望みをつないだと思われるが、しかし、午後五時に召集された閣議では、英仏連合国家のアイディアは冷淡に迎えられ、レノーは休戦に反対する彼の主張を最後まで貫徹しようとはせず、途中で勝負を放棄して、辞職を決意し、ペタンに席を譲った。[1] 首相に任命されたペタンは、駐仏スペイン大使を通じて、ドイツに休戦の条件を照会した。その回答を待たずして、ペタンは、六月十七日、ラジオを通じて、フランス国民に、「断腸の思いで、私は今日、あなた方に、戦いをやめなければならないことを告げる」と宣言した。これに対して、ド・ゴールは、六月十八日、BBC放送を通じて演説をおこない、フランス国民に「抵抗の炎」を消さないよう呼びかけた。

軍隊の崩壊と敗戦の衝撃は、フランス国民を動転させた。この大きな混乱のなかで、フランス人の大部分は、困難に打ち勝ち、彼らを正しい方向に導いてくれる救い主に対するかのように、ペタン元帥にすがりつこうとした。これに反して、軍規を破り命令を遵守せずにロンドンに亡命したド・ゴール将軍は、冒険好きで策謀家の将官とみなされ、その無謀な企てはほとんど成功の機会がないと思われた。ド・ゴールは、一九四〇年八月には、クレルモン・フェランで開かれた軍法会議で、脱走および国家反逆罪で死刑を宣告された。

大多数のフランス人は、長かれ短かかれ、ある期間、ヨーロッパはドイツの支配下に置かれるであろうと思い込んでいた。彼らは、ド・ゴールのように国の不幸の最中にロンドンに亡命するとは、国外に逃亡する破廉恥漢の行動ではないかと考えた。イギリス海軍は、ドイツ軍にフランス艦隊を奪われまいとして、一九四〇年七月三〜四日に、アルジェリアのメル・セル・ケビルでフランス艦隊に先制的な空爆をおこない、さらに、イギリスの港に停泊中のフランス船舶を拿捕した。この「現実政策（レアル・ポリティーク）」という非情な作戦行動のなかで、一二〇〇人以上のフランス水兵が死亡した。[2]多くのフランス人には、ペタンの政治的権威と精神的器量は、陥った奈落から国を立ち上がらせるためには、彼に服従し、彼とともに努力するよう要求しているように思われた。それに、一九四一年六月までは、ロンドンからのラジオ放送は、ペタン元帥に敬意を払い、ペタンが北アフリカに赴き、ド・ゴール派の「自由フランス」と同盟を結ぶかもしれないという希望を抱かせていた。[3]

ペタン元帥こそ、「奈落の底からフランス国民を救った指導者」として、熱烈に感謝され支持された人物であった。フランス国民が休戦を支持しペタンに帰順したのは、「無秩序（カオス）を本能的に回避したいという気持」からであった。[4]敗戦と北部住民の南方への集団的避難によって多くが家族と別れ別れになったフランス国民は、その家庭、仕事、普段の生活を取り戻したいと願い、さらに、麻痺した国家の組織が再び機能して、警察が秩序を守り、司法が裁判をおこない、行政が機能するよう願った。

一九四〇年六月二十二日、ドイツとの休戦協定が、かつて一九一八年十一月十一日、ドイツ軍が休戦条約に署名したのと同じコンピエーニュ郊外ルトンドの林間の空地で調印された。そして、イタリアとの休戦協定が六月二十四日にローマで調印されたあと、六月二十五日に発効した。フランスの領土の北部、西部、南西部がドイツ軍占領下に置かれた。七月一日、フランス政府は非占領地区のヴィシーへ移動した。

その間、ペタンのまわりでは、共和制を葬るための陰謀が仕組まれていた。七月十日、上下両院合同の国民議会が招集され、ドイツとの休戦協定が結ばれた翌日の六月二十三日以来、副首相になっていたピエール・ラヴァルは、新憲法を制定するために、全権をペタンに与えることによって、フランスと共和制の運命をペタンの手に委ねる法案を可決させた。六四九人の投票者のうち、五六九人の議員が同法案に賛成したが、レオン・ブルムに率いられた少数派の八十人の議員が、同法案が第三共和制に対する合法的だが不当な死刑宣告であるとみなして、これに反対した(5)(うち十七人が棄権)。七月十一〜十二日、新憲法の公布によって全権を掌握したペタンは、共和国大統領職を廃止して、みずからは国家主席に就任し、議会を休会した。副首相ラヴァルは、国家主席の後継者に指名された。これにより第三共和制は終わりを告げ、「自由、平等、友愛」は「労働、家族、祖国」という新しいモットーに置き換えられた。こうして、軍事的敗北は第三共和制の死に至りついたのである。それは、完膚なきまでの軍事的敗北から受けた心的外傷の衝撃のもとで、狼狽し、途方に暮れ、第一次世界大戦をフランスの勝利に導いた「ヴェルダンの英雄」、ペタンに全権を与えた国会議員たちによって正式に認められた共和制の死刑宣告であり、共和主義精神の七十年間を否定した強力な専制体制の誕生であった。

しかしながら、他方で、戦前の反体制派の多くの政治家や思想家たちにとっては、第三共和制の無能ぶり、エリート層だけでなく国民全体の精神的退廃、そして、完膚なきまでの軍事的敗北と、その結果、フランス社会がさらけ出した嘆かわしい光景を思うならば、ペタン元帥の杖の下、一刻も早く、もっと頑健な、もっと清廉潔白で完全で効率的な、新しい社会の建設されることが必要であったのである。

忘れてはならないのは、一九四〇年七月後半にジャック・ドリオがヴィシーで彼の仲間たちと合流したときの、このような歴史的背景である。当時、ドリオは、ヴィクトル・バルテレミーに次のように語っている――「我々は、ペタン元帥を政府の頭にいただくという、思いもよらない幸運に恵まれた。ペタン元帥の輝かしい過去の経歴は、戦勝国に明らかに畏敬の念を抱かせるものだ。戦勝国は、イギリスに対する勝利を確信し、チャーチルの大言壮語にもかかわらず、イギリスはドイツ軍の攻撃に耐えることは到底できないだろうと考えている。」アメリカ国民は基本的には孤立主義者なので、ルーズベルト大統領が、西ヨーロッパの民主主義諸国に対して抱いている好意的な感情にもかかわらず、枢軸国が勝利する前に戦争に介入することはありえないであろう。ところで、「生まれつつある新しいヨーロッパ」においては、フランスはその立地条件、その海軍力、その植民地など多くの有利な条件を備えている。しかし、それらの条件は、イギリスに宣戦布告してはじめて生かされるのである。イギリスは、七月三～四日に、メル・セル・ケビルに停泊中のフランス艦隊を沈没させ、わが国の水兵一三〇〇人を死亡させるという、想像を絶する罪深い裏切り行為をおこなったばかりではないか。ペタンはイギリスとの国交を断絶したが、さらに一歩先に進まなければならない、イギリスに対して宣戦布告しなければならない（ドリオは、一九四〇年八月十四日に、ヴィシー政府の外相ポール・ボードワンに対して対英宣戦を主張するが、しかし、ボードワンの猛烈な拒否に遭っただけであった）[6]。「フランスを戦勝国の陣営に移し」、「戦勝国とほとんど対等に扱わせる」ことができるのは、この方法だけである――とドリオは強調している[7]。

一九四〇年八月八日にヴィシーで開催されたフランス人民党全国評議会で、ドリオは同様の考えを展開し、次のように述べている。「我々はひとつの戦争に敗れたが、しかし、もうひとつの戦争に勝つチャンスがあります。我々は、ただちにイギリスに反撃を加えなければなりません……フランス国民は早く目覚め、早く理解し、早く行動しなければなりません。(8)」

この少しのちの九月十五日、サン・ドニにおけるフランス人民党の活動の再開を示す市立劇場での一八〇〇〇人の集会で、ドリオは、総括的な状況分析のなかで、「イギリスはおそらく戦勝国にはならないでありましょう」と明言したが、しかしながら、もしもイギリスが戦勝国になったならば、「フランスはイギリス国王の第一の自治領になるであろうことを忘れてはなりません。たとえ両国が共同で勝利したとしても、我々が期待するような自由は得られないでしょう」と述べた。(9) このようなドリオの発言に、イギリスのメル・セル・ケビル攻撃に対する恨みの反応をみるべきであろうか、あるいは、イギリスと戦わなければならないとの確信の表明をみるべきであろうか。警察報告による限り、このとき、ドリオはイギリスに対する宣戦布告を要求してはいないが、おそらくそれはペタン元帥の外交政策に追従したからであったろう。一方、ドリオは、「私は、わが国が消滅しないように戦い続けようと思う人びとを捜し求めています……勝者との協力(コラボラシヨン)について話すのは困難ですが、相手が勝者としての義務を理解しなければならないように、我々は敗者としての我々の義務を理解しなければなりません。私は勝者との協力(コラボラシヨン)を受け入れる覚悟ができています。しかし、勝者の植民地になるのを受け入れることはできません」と強調している。

敗戦後のフランスで「対独協力(コラボラシヨン)」という語が最初に使用されたのは、一九四〇年七月八日に、ドイツが「その真の利害関係を理解する」ことを期待して、ギャストン・ベルジュリーが公表した声明のなかにおいてであった。その翌日の七月九日には、ピエール・ラヴァルが「ドイツおよびイタリアに対するフランスの誠実で信頼できる協力（コラボラション）」を提唱し、国家主席ペタンの教書のなかにも、一九四〇年十月十一日の、大部分がベルジュリーの示唆にもとづいて作成された彼のメッセージとしてはじめて登場した。[10] したがって、ドリオは、ペタン元帥に同調しつつ、対独協力の方向に踏み出すことを慎重に検討していた人物のひとりであったといえよう。続けて、ドリオは、次のように述べている。「フランスが国内の革命を成し遂げたとき、ヨーロッパ人（「フランス人」と読むべきであろう）は、彼らドイツ人と議論することができるでしょう。フランスから民主主義の殻が消えてしまわなければなりません。そして、ヒトラーの支持者たちと討論するには、国家社会主義を理解している人びとが必要です」、その手始めに、国会の廃止、秘密結社の解散、ユダヤ人身分法の制定等の措置に続けて、「フリーメーソンを行政機関から、ユダヤ人を実業界から決定的に追放する精力的な一連の処置が即刻とられなければなりません。」

同時に、ドリオは、ペタン元帥の提唱する「国民革命」に役立つ人物を助けるために、そして、ペタンの側近から「彼の邪魔になるすべての無能な役立たずや潜在的な謀反人を追放できるように」、ヴィシー政権に強い圧力をかけるために、内相のアドリアン・マルケと接触した。[11] この目的のために、ドリオは待機中のフランス人民党の党員すべてをヴィシーに動員することが可能であった。ドリオには、党員たちを動員して実力行使すれば、「本物の政権交替」と、ペタン元帥の指揮の下、暫定的にはラヴァルの下で、フランス人民党の政権掌握への道が開けるであろうと思われたのである。[12]

実力行使は、一九四〇年八月初めに予定されていた。そのために、フランス人民党の党員若干数がすでにヴィシーに到着していた。戦後、レオン・ブルムが一九四五年七月に開始されたペタンの裁判でおこなった証言のなかで、このときのヴィシーにおけるフランス人民党の存在が一九四〇年七月十日からの両院合同の国民議会の議員たちに及ぼした圧力について、「私は、そこで、二日の間に、議員たちが、まるで有毒な溶液に浸けられたかのように、みるみるうちに変化し、腐敗していくのをみました。影響を及ぼしたのは、恐怖、すなわちヴィシーの街なかのドリオ一味の恐怖、クレルモン・フェランにいたマキシム・ヴェガンの率いるフランス軍兵士の恐怖、ムーランにいたドイツ軍の恐怖でした」と語っているが[13]、おそらくブルムは、フランス人民党が与えた影響を誇張していたと思われる。

ヴィシー政権時代にフランス人民党の情宣活動の責任者だったサン・ポーリアン（本名はモーリス・イヴァン・シキャール）は、このときの国民議会について、「一般の人びとのために取ってあったボックス席や二階のバルコニー席は、ドリオによって満員にされた」と虚偽の事実を語っている[14]。また、一九三八年六月に下院の議席を放棄し、すでに議員ではなくなっていて、しかも、この頃にはまだパリに滞在していたはずのドリオが、議院内に闖入して廊下で内相のマルクス・ドルモワと出会い、一九三七年にサン・ドニ市長の職から彼を罷免したドルモワを許すことができず、「お前なんか殺してやる。近いうちにだ。ドルモワよ、分かっているだろ」と罵倒したということが、目撃証人もないのに伝えられたりした[15]。

休戦協定によってフランスは、ドイツとイタリアの占領地区、ドイツによる併合地区（アルザス＝ロレーヌ）、ヴィシーを首都とする自由地区に三分され、その間の自由な往来は禁止された。北フランス（ノール県とパ・ド・カレー県）は、イギリス侵攻作戦のために立入り禁止地区となり、ベルギーのドイツ軍政司令部の管轄下に置かれた。休戦協定直後には、フランス人民党は自由地区の主要都市、リヨン、ニース、モンペリエ、マルセイユ、トゥールーズ、クレルモン・フェラン、サン・テティエンヌ、ル・ピュイ等で派手な示威運動——デモ、ユダヤ人商店のショーウィンドーの破壊、パンフレットやビラの配布——を展開した。(16)

パリでも同様に、警視総監ロジェ・ランジュロンが、その個人的覚書きのなかで、すべての政党のなかでは、フランス人民党がもっとも党員数が多く活動的であり、同党がペタン元帥と政府の一部、さらには若干のドイツ占領軍筋やドイツ宣伝相のゲッベルスの手先などに、強く支持されているように感じられると書きとめている。フランス人民党は、ビラの配布、ユダヤ人商店の略奪、警察と協力してのユダヤ人商店への入店遮断などの、反ユダヤ宣伝活動を自由におこなうことを許されていた。(17)一九四〇年八月三日、それまではパリから指令を出すだけであったドリオがヴィシーに到着して以後、フランス人民党は集会の回数を重ね、新聞でのコミュニケの発表も増えていった。ドイツ占領軍の情報部は、ドリオを完全に支持し、ロジェ・ランジュロンの証言によれば、「ラヴァルに反対するために、ドリオを利用しようとしているようであった。」続けてランジュロンは、次のように書いている。「ドリオはヴィシーと元帥を定期的に訪れ、このようにして、単一政党の活動を指揮するのに必要な、元帥の威信を借りようとしているのだ。彼はそうするのに有利な立場にあり、その好機がきたと確信している。しかし、ドイツ占領軍はそう考えてはいなかった。(18)」

ヴィシーに着いたドリオは、ヴィシー政府の最初の内相となっていたアドリアン・マルケと計画していた「宮廷革命(政権中枢内での権力移動)」のために、フランス人民党の幹部たちが掌握しているできるだけ多数の党員——おそらく数百人以上ではなかったであろう——をヴィシーに派遣することを提案した。その目的は、すべてにおいてあまりにも軟弱と思われたラヴァルを追放することであった。この作戦のためにはドイツ占領軍の特別許可が必要であり、ドリオは、ドイツ大使館にオットー・アベッツに会いにいった。アベッツは、それまではドイツ占領軍のもとでのリッベントロープ外相の単なる代理にすぎなかったが、一九四〇年八月三日に駐仏ドイツ大使に任命されたばかりであった。彼は戦前、永年フランスに滞在し、フランス女性と結婚していて、フランスのことをよく知り、フランスの急進党や社会党の政治家たちと親密な関係を結んでいた。アベッツの行動がフランス課報機関の疑惑を招き、一九三九年六月にフランス政府によって彼が追放されたとき、ドリオはこれに抗議していた。しかし、おそらく一九四〇年八月四〜六日頃におこなわれたアベッツとの会見では、ドリオは、ヴィシー政府の構成を変えるために暴力をいっさい使用したりしないよう勧告されて、失望した。アベッツがラヴァルに期待を寄せていたのは明らかであり、ドリオと会う直前に、彼はラヴァルと会談していた。そこで、ドリオは他のドイツ占領軍当局者と接触しようと試みたが、結局は果たせず、ドリオたちのクーデタ計画は葬り去られた。おそらくアベッツからであろう、この計画を知らされたラヴァルは、九月六日の内閣改造のとき、内相をアドリアン・マルケからマルセル・ペイルートンに代えて、事態を収拾したのである。(19)

このときのドリオの計画が拒否されたからといって、しかし、アベッツやドイツ占領軍当局がドリオをのけ者にしようとしていたわけではなかった。リッベントロープ宛てに続けて送った二通の文書で、アベッツは、当時ドイツ軍の捕虜になっていたポール・マリヨンが「ドリオの情宣活動にとってもっとも活動的な協力者」であるという理由で、彼の釈放を懇願している。一九三八年末にマリヨンがドリオと激しく対立して数年も経っていなかったにもかかわらず、その後二人が和解したのかどうかは必ずしも明らかではなかったが、アベッツがこのようにドリオのために二人の仲をとりなそうとしたのは、ドリオがアベッツの個人的友人のひとりだったからであるのは間違いない。そして、「ドリオは、占領下のフランスにおける我々の政治活動のもっとも貴重な支持者のひとりであるにもかかわらず、非占領地区で、まだ、よく整備された組織をもっていない」ので、彼には、この際、ポール・マリヨンがもっとも役に立つだろう、とアベッツは主張している。[20]

また、一九四〇年八月十二日、パリで、ベルトラン・ド・ジュヴネルがベルギー労働党の指導者ヘンドリク・デ・マンに会ったが、デ・マンはその少し前にアベッツと夕食を共にしていた。そのとき、アベッツは、ドイツ占領軍当局がたとえばデア[21]、ベルジュリー[22]、ドリオたちからなる「若い組織」にフランス政府を代表してほしいと願っていることを知らせたという。ド・ジュヴネルが「あなたもよくご存じのように、この三人の人物は仲がよくありません」と指摘したのに対して、デ・マンは「しかし、彼らがそれを望んでいる以上、今は、そうしなければならないだろう」と答えたという。ド・ジュヴネルは、デ・マンのような精力的で勇気ある人物でさえもドイツ占領軍の意向には逆らえないと考えているのを知って、強い印象を受けたと告白している。[23] ド・ジュヴネルの警告通り、やがてヴィシーの小さな世界はデア、ドリオ、ベルジュリーの三巨頭支配によって急速に沸騰状態になった。[24]

『ウーヴル』紙上で、権威主義ないしはファシズムの全体主義体制の特徴的な道具であった単一政党制を主張し、ベルジュリーの支持を受けて、単一政党の結成をもくろんでいたマルセル・デアには、フランス人民党のような、自分の自由になる政党をもち、彼同様、ペタン元帥の信頼を受けていたドリオは、どうしても必要な人物であった、ドリオもまた、ペタンがデアに単一政党の結成の任務を負わせていた限り、デアを必要としていた。しかし、二人の人物は、たがいに理解しあおうとはせず、相手を嫌っていた。ドリオはちびでまじめくさった哲学の教授デアを嘲弄し、デアは民衆扇動的な演説家ドリオを軽蔑していた。

しかし、ドリオとデアには、いくつかの共通点もあった。年齢は近く、ドリオが四歳年下であった。二人とも第一次世界大戦を経験していた。二人はともに左翼からきた。ともにそれぞれの属していた党に反逆し、除名されていた。そして、ひそかにであれ、ほとんど公然とであれ、ともに大きな野心を抱いていた。けれども、相違点も多かった。[25] 彼らの肉体的外観——ドリオは背丈が一八六センチあり、巨大で「大男ジャック」と呼ばれていたのに対して、デアは小さく、ずんぐりしていた——、教養——ドリオが独学者であったのに対して、デアは高等師範学校（エコル・ノルマル・シュペリウール）の卒業生であり、哲学教授資格者で、輝かしい経歴の知識人であった——の違いに加えて、精神的、心理的にも正反対であった。デアは内向的で、内気であると同時に高慢で、孤独を好み、女嫌いであり、まれにしか外出せず、模範的なほどつましい生活を送り、酒も飲まず煙草も吸わなかった。夜の社交パーティをあまり好まず、贅沢な暮らしを嫌い、金銭を軽蔑していた。一言でいえば、ドリオとは正反対であった。ドリオは文章を書くのは苦手であったが、反対に、ぶっ続けに何時間も楽々と演壇をひとり占めして話をすることができたのに対して、デアは、とりわけジャーナリストとして、文章を書くことが抜きん出て得意であり、第二次世界大戦中には、日曜ごとに、彼が政治面の編集主幹をしていた『ウーヴル』紙の次週号のために、六回分の論説を一気にタイプライターで打っていた。

しかしながら、デアとドリオは、ともに、彼らの運命に対して強い信念をもっていたかのように、本能的に勇敢で、危険を軽視するという性格において共通していた。デアについていえば、彼は第一次世界大戦で奇跡的に死を免れ、ヴィシー政権時代には、幾度もの襲撃に遭いながらも、命を落とさなかった。一九四一年八月二十七日、彼はヴェルサイユでラヴァルとともに暗殺未遂事件に遭って重傷を負い、翌年の一九四二年三月には、トゥールの市立劇場で集会を開いたとき、爆弾を演壇に投げ

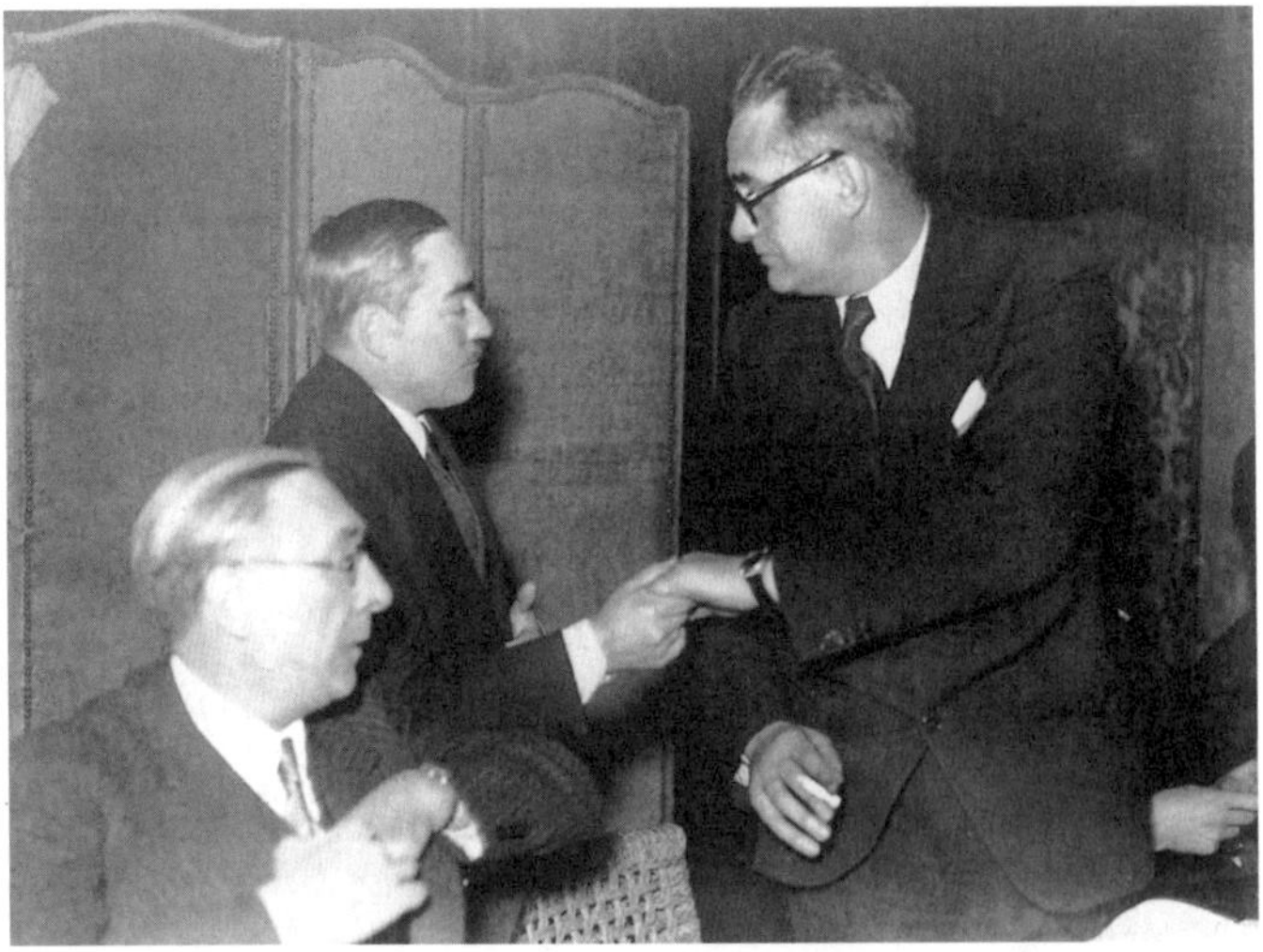

図1　マルセル・デアと握手するドリオ

図2　マルセル・デア夫妻

つけられたが、爆弾が破裂する前に、彼みずからその導火線の火を消して、演説を中断しなかった。さらに、一九四三年三月には、生地であるニヴェルネ地方の小さな村で、小型機関銃の連射を受けながらも、命拾いした。

デアとドリオの二人の人物は、何度も接触の機会をもちつつも、最後まで、たがいに執拗な競争相手であり続けた。「デアはドリオのなかに、スターリン主義を捨てはしたが、なお、その方法に忠実にとどまり続けるボルシェヴィキの姿をみて、彼を憎んでいた。ドリオはデアのなかの民主主義の知識人、プティ・ブルジョワを軽蔑していた。その後の変化にもかかわらず、彼らは、あたかもそれぞれがなお第二インターナショナル（デア）と第三インターナショナル（ドリオ）に属しているかのように、たがいに対立していた。古い自分の殻を脱ぎ捨てるのは必ずしもやさしいことではないが、彼らはその生きた証明であった」（クロード・ヴァレンヌ）(26)。

それにもかかわらず、デアは、一九四〇年七月五日以後の『ウーヴル』紙に、フランスはその敗北を制御し、ナチス・ドイツに味方して、新しいヨーロッパの建設のために尽力すべきであり、そうすることによってフランスは戦勝国の陣営に移ることができようという、ドリオの主張とほとんど同様な分析を展開した一連の論説を発表し、反響を呼んだ。ナチズムは、彼の考えでは、真に社会主義的で反資本主義的であり、フランスはこの精神においてその国民革命を成し遂げるべきであった。「今後、フランスを再建しなければならない。政府の粛清を積極的に押し進めなければならない……アペリティフ（食前酒）を禁止し、広く規律を守らせなければならない……一言でいえば、それは峻厳で知的な統制された革命である」と彼は一九四〇年六月二十八日の日記に書いている（贅沢としてアペリティフが禁止されたことを除けば、そして規律が風紀にまで及ばないのであれば、ドリオもきっと賛成したことであろう）。

さらに、デアは、ヴィシーを流れるアリエ川のほとりを散歩中に、彼の同僚で、彼同様、哲学の教授であったルイ・ルージエとの会話のなかで、「もし必要なら、フランスは強制収容所で守られ、常時、銃殺執行隊がその職務を果たさなければならないだろう。新しい世界を産み出すには、鉗子《かんし》を使い、痛みに耐えなければならない」と語っている。(27)

ペタン元帥の取り巻きに対するデアとドリオに共通の敵意も、この二人のライヴァルを近づけたに違いない。このことでの唯一の相違点は、デアが国民革命に賛同を表明する元社会党員や元急進党員など、過去の体制の名士たちを味方につけようとしたのに対して、彼らに強い不信感を抱いていたドリオがデアを激しく非難したことであったろう。しかし、結局、狭い沼には二匹の鰐は住めなかった。(28)

一九四〇年七月以来、マルセル・デアは、長い間考えてきた「単一政党」を組織するために努力してきた。七月八日、彼は、『ウーヴル』紙に、「単一政党」についての見解を次のような言葉で明らかにした。「複数政党制は死んだ……イタリア、ドイツ、ロシアなど、革命を成し遂げた他のすべての国民のように、我々は、国家と政府のほかに、国民を組織し、リードし、力づけるひとつの党が必要である。議会は消滅し、この党のみによって政府と世論との接触は保証されよう。(29)」七月二十三日、ペタン元帥はデアを迎え、デアが主宰する予定の「単一政党結成委員会」の設立に同意を与えたようであった。八月中、同委員会は毎日午前十一時に会合を開き、会議での審議は、デアが作成しペタンの承認を得た文書にもとづいておこなわれた。しかし、議論は活発におこなわれたにもかかわらず、具体的な結論に達することなく、出席者の熱意は急速に冷めていった。

ドリオは、みずからは同委員会に出席しようとはせず、ヴィクトル・バルテレミーを代表として送っていた。フランス社会党（PSF）の委員長であったフランソワ・ド・ラ・ロックも出席しなかった。他方、グザヴィエ・ヴァラのような数人の右翼の人物のほかに、自分の属していた党との絆を断った元社会党員や元急進党員、レオン・ブルム内閣の閣僚（第一次ブルム内閣では国民経財相、第二次ブルム内閣では予算相）であったシャルル・スピナス、アリエ県選出の代議士ポール・リヴェ、あるいは元急進党内閣の閣僚で同党副委員長であったシシェリーなど、多くの元国会議員が出席していた。このように元国会議員が多数を占めていたことは、ドリオの神経を苛立たせた。彼は「このような委員会の構成は、国民革命の党の結成に不可欠な、活動的な国民的勢力の結集を容易にはしない」[30]と考えていた。ひそかに、彼は同委員会を「猿の委員会」と呼び、その作業の成功を信じようとはしなかった。[31]

ドリオは、彼にパリ地域で単一政党を組織する任務を任せてくれるようデアに要請し、自筆で署名された文書によってその許可を得た。ドリオは、デアの承諾を得て、パリ一区ピラミッド街のフランス人民党本部に単一政党組織地方委員会を設置した。ドリオがデアにこれらの任務を任されたことは、デアの私的な日記（一九四〇年七月二十七日、土曜日）によっても確認される。さらに、ドリオは二度にわたってドイツ大使館にオットー・アベッツを訪問し、新しい党の組織計画の大綱に彼を同意させた。[32]それだけではなく、ドリオは占領地区に「国民革命のための連合委員会」を設立し、ペタンの名を持ち出して、さまざまに立場を異にする人物——たとえば極右のピエール・テタンジェだけでなく、一九三九年八月二十三日の独ソ不可侵条約締結後、共産党を離党した元同党書記のマルセル・ジットン、上院議員でボビニー（セーヌ県）市長のジャン・マリー・クラマミュー、下院議員のアンドレ・パルサル、マルセル・キャプロン、マルセル・ブルー等——を集めようとした。日記のなかでのデアの示唆（一九四〇年九月三日ほか諸所に）や回顧録のなかでのサン・ポーリアンの主張によれば、一九四〇年八月末か九月初めにパリに戻ってからの、これらのドリオの活動は、ラヴァルだけでなくペタン元帥の承認を受けていた(33)。

本当に、ペタンは、パリにおけるこれらの任務を果たす正式な権限をドリオに与えていたのであろうか。サン・ポーリアンによれば、一九四〇年八月初め、ペタン元帥がドリオに「私は以前からあなたを知っている。もしリフ戦争中のあなたの行動について世間で噂されていることのすべてが真実であったならば、この私との会見はなかったでしょう。しかし、私は、それが虚偽であることをよく知っているし、あなたがモロッコに行かなかったこともよく知っている」と語ったという。十一月十九日、ドリオは、パリでの彼の「任務」をペタン元帥に報告するために、ヴィシーに戻ってきたが、サン・ポーリアンは二人の会談に立ち会ったかのごとく、そのときの会話を生き生きと再現している。とりわけ、ドリオは、ペタン元帥にその政府をパリに置くように催促し、そうすれば、貧窮、飢え、占領の結果に苦しんでいる数百万のフランス人を力づけるであろうと述べ、会見のあと、ペタン元帥は、昼食を共にするよう、ドリオを引き留めたという(34)。

これに対しては、ペタン元帥の官房長アンリ・デュ・ムーラン・ド・ラバルテートがまったく違った証言を残している。デュ・ムーラン・ド・ラバルテートがドリオを嫌っていたのは確かであり、ペタンは、「一九二五年のリフ戦争のときの敵対者ドリオに対して、軽蔑しか抱いていなかった」と彼は主張している(35)。そのデュ・ムーランも、一九四〇年十一月にドリオがペタン元帥と会見し、ついで食事に招かれたことを否定してはいないが、しかし、彼は、ペタンとの謁見を願い出るために、ドリオが『私は元帥の一兵卒である(36)』という小冊子(一二八ページ)の著書を利用したと信じている。しかし、彼がそう信じたのは誤りであり、その頃、同書はまだ出ていず、一九四一年二月末になってから刊行されたものである。彼の証言によれば、謁見は二十分しか続かず、昼食への招待は当時ペタンには習慣的になっていた不注意による過ちの結果であり、「この昼食は大騒ぎになり、ド・ラ・ロック中佐は、私に、彼の組織のフランス社会進歩（PSF「フランス社会党」の後継組織、後述）のメンバーたちが、このような人物が元帥の食卓に座ったというニュースを聞いて不快に感じている、と知らせてきた」という[37]。

おそらく真実は、この両極端の中間にあったのであろう。ペタンはドリオを嫌ってはいなかったようで、一九四一年一月二十二日の法律により、国民議会に代えて設立された彼の諮問機関「フランス国国民評議会」のメンバーにドリオを任命している。また、ペタンは、多くの新聞と同様に、フランス人民党の機関紙――南部地区では『国民解放』、パリでは『人民の叫び』――に補助金を与えている（以後、『国民解放』紙は、マルセイユで週刊紙として発行された）。

最初、ドリオは、共産党機関紙『ユマニテ』の発行禁止（一九三九年八月二十六日、第三次ダラディエ内閣時）によって生じた空隙を埋めようとして、『ヌーヴェル・ユマニテ』というタイトルで新聞を出したいと思っていたが、しかし、ドイツ占領軍当局はそれを拒否した。おそらく、共産党員たちが『ユマニテ』紙の再刊の許可を得ようとしていたからであったろう。ドイツ占領軍の検閲との間で生じた悶着の結果、『人民の叫び』紙の第一号は、ようやく一九四〇年十月十九日に日刊紙として発行された[38]。ヴィクトル・バルテレミーによれば、発行資金はペタンの個人基金によって提供され、ペタンは、しばらくの期間、補助金の支払いを続けさせた[39]。一九四一年二月には、ピエール・ピュシューが内相に任命されたが、それ以前にも、フランス人民党はペタン内閣の資金援助を受け、その金額は、サン・ポーリアンによれば、一九四〇年末まで、月額およそ十五万フランであった[40]。ペタンが彼の政策を支持しようとするドリオの申し出を無視したとするならば、このような資金援助は説明不可能であろう。

単一政党制の計画はさまざまな思惑から反対が多く、単一政党を組織するためにデアやベルジュリーたちが払った努力は、まもなく挫折した。とりわけ、はじめは、この計画を推進しておきながら、新しい党がドリオによって乗っ取られるのではないかと恐れ[41]、その実行を見送ったラヴァルの一貫性のない政策の結果、計画は一九四〇年八月初めには流産した。ペタンも、単一政党制に必ずしも乗り気ではなかった。一九四〇年七〜八月に、ヴィシー政権の初代在郷軍人担当相グザヴィエ・ヴァラが、各種在郷軍人組織を「フランス戦士団」という単一組織に結合するという計画を立案し、ペタンもそれに全面的に賛成し、八月二十九日、将来、単一政党に与える予定であった多数の権限を認めた、「フランス戦士団」を自由地区で創設する法律[42]にペタンが署名したとき、デアは自身の希望が空しくなったことをはっきり自覚した。デアは九月十三日にパリに戻ったが、その日記（十月三十一日）のなかで、「ヴィシー一味」と、その支持を受けるドリオの策略に対して、軽蔑の感情をむきだしにしている[43]。

ドリオのもうひとりのライヴァル、フランス社会党（ＰＳＦ）の委員長フランソワ・ド・ラ・ロックは、既成の政党制度に批判的なヴィシー政権の考えにすばやく対応し、一九四〇年八月八日に、略称のＰＳＦをそのままにして党名を変更し、「党」という名称を追放して、「フランス社会党（Parti social français）」を「フランス社会進歩（Progrès social français）」と改めた。一九四一年秋には、彼の率いる団体（「フランス社会進歩［ＰＳＦ］」）の「フランス戦士団」への合流に同意したが、しかし、その合流は順調には進まなかった。また、ド・ラ・ロックは、一九四一年には、ペタンによって設立された国民評議会や国民革命のための連合委員会に入ることを承諾したが、意見の相違のため、数か月で辞職し、やがて、ひそかに外国の諜報組織と接触し、それと協力する秘密のレジスタンス組織をつくり、次第にヴィシー政府とは距離を置くようになった。(44) ド・ラ・ロックが政治の表舞台から姿を消したあと、デアはドリオのただひとりの手強いライヴァルであり続けた。

ドリオが一九四〇〜一九四一年の秋から冬にかけて『国民解放』紙と『人民の叫び』紙に掲載した論説は、一九四一年二月に『私は元帥の一兵卒である』と題した小冊子に再録されて公刊されたが、ひとつには、おそらくドイツ占領軍の検閲を考慮したためであったろうか、その内容は冗漫で、大衆に媚び、議論は単純で、ドリオの著作のなかではもっとも面白味がなく、生彩に欠けた出来の悪い論説集でしかなかった。しかし、ドイツに対するペタンの態度に賛意を表している箇所等を通じて、幸いにも、ペタンとヴィシー政府の政治路線についてのドリオの考えをうかがうことができる。

ドリオがペタンを称賛しているのは、まず、一九四〇年十月二十二日と二十四日に、モントワールで実現したペタンとヒトラーとの会談に際しての、ドイツに対するペタンの態度である。すなわち、ヒトラーがイギリス領ジブラルタルを奪取しようとして、ジブラルタル攻撃をスペインと協議するために、特別列車でスペイン国境に近いフランスの町アンダイに出発した旅行の途次、一九四〇年十月二十二日、トゥールで、ラヴァルとヒトラーが会見した。その二日後、頑なに中立を主張するフランコとの会見に失望しての帰路、ヒトラーは、トゥール近郊のモントワール・シュール・ロワールの鉄道駅でペタンと会談した。それは、ラヴァル＝ヒトラー会談によってお膳立てされたものであった。会談は一方的にドイツ側が望んだことではなく、数か月間にわたってフランス政府が懇願してきた結果であった。モントワールでヒトラーとペタンが握手を交わした六日後の一九四〇年十月三十日、ラ

図3　ヒトラーとペタンとの握手、1940年10月24日

図4　ドイツ外相リッベントロープとラヴァルとの握手、1940年10月22日

ジオを通じて、ペタンは「今日、私は対独協力(コラボラション)の道に入る」と宣言した。[45] 占領地区で発行されていたフランス人民党機関紙『人民の叫び』は、十月三十一日に、このモントワールでのペタン＝ヒトラー会談の写真を掲載し、この会談をドリオは、「多くのフランス人に危険を直視しようとはさせず、自分の国の自明の利益に反対してイギリスびいきのままでいさせる愚かな感傷癖に対する、政治的知性と理性と論理の勝利」と呼んだのである(『人民の叫び』一九四一年一月五日)。

一九四〇年十一月末以降に書かれ、『私は元帥の一兵卒である』の後半に再録された論説は、もっぱらペタンを国民から引き離すために彼の取り巻きに入り込み、そして、もっぱらペタンの政治路線を巧妙に変質させるために、彼の味方を装っている「旧体制」の支持者、フリーメーソン、左翼政治家たちに対する批判と攻撃に満ちている。ペタンの政治路線は反民主主義的、反資本主義的、そして反議会主義的であるとドリオは明確に定義し、ペタン元帥は、過去の体制に代えて、「階層化された国家、組織された経済、正当な労働報酬、家族の再生を実現しようとしている……しかし、この計画の実施は大きな困難に遭遇している。第三共和制から利益をあげた便乗屋や過去の体制の代表たちの頑固な幻想が、その実現を妨げている」(一九四一年一月三日)と書いている。

これらの文章がとりわけ執拗な悪口を浴びせているのは、おそらく、マルセル・デアと彼のまわりに集まっていた人物たちに対してであったろう。後述するように、デアは、単一政党案が流産したのち、国家人民連合(RNP)という組織を結成しようとしていた(国家人民連合[RNP]は一九四一年二月に結成されるが、[46] その後一年とたたずに分裂する)。デアの名はドリオの文章のなかでしばしば現れ、一九四〇年十二月十六日の論説のなかでは、ドリオは、デアに対して、彼がフリーメーソン団に属しているのではないかとの嫌疑をかけている。その嫌疑には、しかし、確かな根拠はなかった。ドリオとデア

図5　創立時の国家人民連合の指導者たち、（中央）マルセル・デア、（左から2人目）ウージェーヌ・ドロンクル、（右から2人目）ジャン・ゴワ

の反目は、二人の人物のライヴァル意識以外に理由はなかった。

一九四〇年十一月、ドリオはオットー・アベッツと連絡をとり、ヴィクトル・バルテレミーを伴って、ドイツ大使館に彼と会いにいった。バルテレミーの証言によれば、ドリオは、ドイツによって引かれた境界線が行政単位とまったく異なり、家族と切り離されたきわめて多数のフランス人が連絡しあうのを妨げていて、まるで守りの堅固な国境線のようで、絞首刑用の鉄環のようにフランス人の首を締めつけていること、それにもかかわらず、この境界線を毎日、多数のイギリスのスパイたちが越えていること、占領地区における三色旗の掲揚の禁止は、他の多くの措置とともに、「無益で馬鹿げた侮辱行為」のように思われること、要するに、ドイツ占領軍の政策は「ヒトラー総統の声明とは非常にかけ離れている」こと等々を主張して、休戦協定のもっと柔軟な適用を要求した。これに対して、「あなたの仰言る通りだ、ドリオさん。私は毎日、軍人たちとけんかしているのです。命令しているのは彼らであり、私は彼らの助言者にすぎないのです。大使という肩書きにもかかわらず、私は力のない助言者にすぎないのです」とアベッツは答えた。とりわけ、占領地区におけるフランス人民党の正式な承認に関しては、ドリオの執拗な質問にもかかわらず、アベッツは慎重に返事を留保し、ドイツ軍政司令部の背後に身を隠して答えようとはしなかった。それに、アベッツは下層民出身のドリオをあまり評価せず、自分と同様に社会主義からの転向者であるデアの方を好んでいた(47)。

ところが、一九四〇年十二月十三日、外相で国家主席の後継者に指名されていたラヴァルが、ペタンの命令によって突然解任され、逮捕された。この事件については、一部に対独協力に力を入れすぎたラヴァルを「愛国心に燃えた」ペタンが排除しようとしたのであり、モントワール会談直後の対独協力宣言にもかかわらず、その後、ペタンが二枚舌を使っていた決定的な証拠だとする解釈もある(48)が、しかし、それは、このような政治的意見の対立というよりは、両者の性格の不適合の結果でもあったように思われる。

両者の生理的不一致としては、ペタンが喫煙を嫌い、それを我慢できなかったのに対して、ラヴァルはいつもたばこを口にくわえていた。精神的不一致としては、「ペタンは伝統、形式、国家(行政・司法)機関、文書での報告を重視した。彼は、その政治の方法を決める前に、専門家の意見を求め、国民感情を考慮し、彼が自分自身のなかに見出し、国民のなかに認める、フランスの尊厳についてのきわめて厳格な観念を尊重する傾向があった。ラヴァルは、これとは反対に、即興の人であった」(アルフレッド・ファーブル・リュス)(49)。ラヴァルは、硬直した機構や助言者の忠告を嫌い、ひとりで交渉するのを好み、とりわけドイツ人との話し合いをペタンには詳しく知らせなかった。ラヴァルが対独協力に熱心であったのに対して、国家主席としての特権を奪われまいとしたペタンは、イギリスとのつながりも維持しようとし、おそらく、そのため、あまり親独的ではない政策をとろうという気にもなったのであろう。それに、数人の知事からの報告は、世論がモントワールでのヒトラーとの会談に悪感情を抱き、とくにラヴァルに対してひどく怒っているという事実を明らかにしてきていたのである。

この国内政治の大事件に対して、ドリオはどのような態度を取ったのだろうか。サン・ポーリアンは、ラヴァル解任が間近に迫っているのをドリオが知ったのは、彼が一九四〇年十一月末にヴィシーにやってきたとき、内相のマルセル・ペイルートンが、ドリオの意見を知りたくて、そのことをほのめかしたからだと主張している。まるでその場に居合わせたかのように語るサン・ポーリアンによれば、そのとき、内相は事実上ドリオにそのことを知らせたのだという。[50] しかし、このように重大な計画は極秘を求められようから、そのことを考えれば、内相がこのような打ち明け話をしたというのは、信憑性が低いように思われる。

さらに、サン・ポーリアンは、ドリオが、このラヴァル解任という作戦の張本人か積極的な共犯者とみなされて、ドイツ警察に逮捕されるのを恐れ、「ドイツ占領軍当局がヴィシー政権のもめごとを解決するのを待ちながら」、エクーアン（セーヌ・エ・オワーズ県）近くの小さな村に数日間姿を隠したと主張している。[51] この話もまた同様に信じがたい。ドイツ占領軍の検閲はヴィシーの出来事を新聞が報道するのを禁止していたけれども、ラヴァル逮捕の噂は翌日の十二月十四日の午前中にはパリに広がっていた。パリ警視庁が、ラヴァル逮捕と同時に、マルセル・デアを逮捕するようにという命令をヴィシー政府から受けていたため、ラヴァル逮捕のニュースも伝わりやすかったのであろう。デアは朝七時に自宅で逮捕されたが、しかし、ドイツ占領軍の緊急の要請によって十二時四十五分に釈放された。(52)

もしドリオが本当に自分の身の安全を心配したならば、彼は十二月十四日にはどこかに姿をくらましたことであろう。ところが、十二月十五日の九時三十分から十二時三十分まで、彼はパリ一区ピラミッド街のフランス人民党本部にいて、パリ地区のフランス人民党幹部の非公式集会で議長を務めていたのである。三十人ばかりが出席したこの集会で、党活性化のためにドリオがおこなったさまざまな提案をまとめた警察報告(53)が残っていて、ドリオがこのときどこにいたかを明らかにしている。この十二月十五日の晩には、ドリオは、ウィーンで死亡してその地に埋葬されていたナポレオン二世(ナポレオンの息子)の遺灰のパリ、アンヴァリッド(廃兵院)での返還式典に、ドイツ占領軍当局者たちと並んで出席している(54)(一九四〇年十二月十五日は、ナポレオン一世の遺灰帰還のちょうど百年目にあたっていた)。『人民の叫び』紙にもいくつかの論説を寄稿し、ナチズムを賛美していた作家リュシアン・ルバテもこの式典に出席し、ドリオと会話を交わし、ラヴァルの排斥に対してドリオが満足感を示したのを確認している。(55)いずれにしても、もしドリオが身を隠さねばならない危険を感じていたならば、パリから逃れるために、十二月十五日の晩まで待ったとは考えられない。

それでは、ドリオ自身はラヴァルをどう思っていたのであろうか。ドリオとラヴァルとの関係については、ドイツ親衛隊保安部(SD)の一通牒(56)に書かれているところによれば、ドリオは、内政の分野で、戦前の政策にあまりにも似た政策をラヴァルが続けていることを非難し、彼の失墜の責任の一半はそこにあると考えていたが、しかし、一九四一年には、ドリオは、革命的な集産社会主義勢力はラヴァルに頼らなければならないと考えるようになり、両者の関係は急速に深まったという。ラヴァル解任に続いた数週間、フランス人民党はペタンに対する忠誠の意志を繰り返し表明した。一九四〇年十二月二十一日の『国民解放』紙は、「元帥よ、あなたの命令のままに」という見出しをつけた。その見返りに、ラヴァルの後継ピエール・エティエンヌ・フランダンが『人民の叫び』紙の助成金を増額したのだろうか、デアが、一九四一年一月四日の日記のなかで、「ドリオは当分、夜の宴会で乱痴気騒ぎを続けることができるだろう」と揶揄している。しかし、副首相としてラヴァルの後を継ぎ、新外相を兼任したフランダンは、外交政策では、一方で、彼が親しい盟友と思っていたイギリスに配慮しながら、他方で、ラヴァルの罷免によって一時途切れたドイツとの関係を復活しようとしたが、失敗に終わり、この結果、一九四一年二月九日、フランソワ・ダルラン海軍大将が後を引き継いで副首相に就任した。その三日後の二月十二日、『人民の叫び』紙上で、ドリオはダルランの副首相就任を歓迎した。そして、同月末には、彼は、先述の『私は元帥の一兵卒である』というセンセーショナルな題をつけた小冊子の著書を公刊したのである。このようにして、ドリオは、ヴィクトル・バルテレミーの表現によれば、「対独協力主義の主張とペタン元帥の人格の背後への後退との間の一種のシーソー・ゲームを続けた」(57)のであった。

ドリオは、先述したように、ペタンに任命されて、一九四一年一月以来、ヴィシー政府の国民評議会の一八八人のメンバーに名を連ねるようになっていたが、彼のライヴァル、デアは国民評議会からは排除されていた。一九四一年三月二十二日の新しい法律によって、以後、国民評議会は全員出席の会議としては招集されず、順次開かれる七つの委員会に分けて招集されることになった。これらの委員会は、一九四一年五月と一九四二年初頭に招集されたが、しかし、一九四二年四月のラヴァルの政

権復帰によって、国民評議会の委員会組織が致命的な変更を受けた結果、以後、ドリオはそこに席を占めなくなった。(58)

第二章　フランス人民党の再生——反ユダヤ主義の激化

一九四一年二月一日、マルセル・デアはパリで国家人民連合（RNP = Rassemblement national populaire）を結成した[1]。同連合の主要リーダーたちは、デアのほかに、全国在郷軍人連合（UNC）委員長ジャン・ゴワ、革命的社会運動（MSR、元カグール団）委員長ウージェーヌ・ドロンクル、元フランス人民党幹部ジャン・フォントノワらであった。また、国家人民連合には、ドリオと同じく元共産党青年部の創始者で、一九三四年に同党を追われ、一九三六年にドリオとともにフランス人民党の創始者となったが、やがてドリオと決別したアンリ・バルベが加わっていて、一九四二年には、その常任委員会のメンバーとなった[2]。

ドイツ大使館の全面的支持を受け、パリの新聞の大部分から好意的に迎えられた国家人民連合は、ヴィシー政府が占領地区のフランス国民を貧苦と飢餓の状態に放置し、とりわけ、イギリス人、ユダヤ人、国際的フリーメーソン、金融資本家、アメリカの大砲商人たちとともに陰謀をたくらんでいると激しく告発した。さらに、ラヴァルを失脚させた一九四〇年十二月十三日の政変を非難し、この政変が戦争捕虜の解放やフランスの再統合を遅らせ、占領費の削減を不可能にし、名誉と公正のなかで結ばれるべき賠償条約の展望を台無しにしたと非難した。マルセル・デアは初めはピエール・ラヴァルに対して親近感をもってはいなかったが、二人が同時に逮捕されたことは、デアの心に「戦友愛のような感情」(アンリ・アムールー)を引き起こし(3)、こうして、国家人民連合はラヴァルの政権復帰のために精力的に活動した。

ヴィクトル・バルテレミーによれば、国家人民連合誕生の翌日、ドリオはこれを批判する論説を『人民の叫び』紙に掲載しようとしたが、ドイツ占領軍の検閲によって掲載を禁止された。このため、ドリオは検閲をからかい、この記事を二月二日のキリスト奉献の祝日(この日、クレープを食べ、ろうそくを捧げもつ行進がおこなわれた)のクレープの記事に差し替えたという(4)。一月半ば以来、ドリオが国家人民連合の結成準備についてヴィシー政府に通報し、その注意を促していたので、ペタン元帥の官房長デュ・ムーラン・ド・ラバルテートは、一月二十七日、ペタンの庇護下に、「国民革命のための連合委員会」を創設することによって、デアたちの動きの先手を打とうとしていた。ヴィシーに本拠を置いたこの「国民革命のための連合委員会」は——ドリオが先にパリで設立した同名の組織と混同してはならないが——、要するに、単一政党結成の新たな試みであり、デアとその仲間たちの動きを牽制しようとするものであった。数十人の重要人物たちが同委員会の集会に参加し、集会は二月中続いた。デアと行動を共にし、大部分は国家人民連合に加盟していた元左翼の人物たちは、そのなかにはいず、その数十人のメンバー――在郷軍人組織を統一するために一九四〇年八月にペタンによって創立された「フランス戦士団」を代表したフランソワ・ヴァランタン、フランス社会進歩（ＰＳＦ。フランス社会党［ＰＳＦ］が一九四〇年に改名）を代表するジャン・ルイ・ティクシエ・ヴィニャンクール、シャルル・ヴァラン、フランス人民党を代表するアルベール・ブーグラとヴィクトル・バルテレミー――は右翼グループか政府関係組織を代表していた。しかし、同委員会の集会は、しばしば些細なことでの駆引きや無益な舌戦に終止し、とくに、フランス人民党とフランス社会進歩（ＰＳＦ）との対立の観を呈して、なんの結論も得られないことがあった。

パリでは、ドイツ占領軍の検閲による修正を受けながらも、国家人民連合に反対するドリオの批判が続いていた。これに対して、オットー・アベッツの補佐役で、ドイツ大使館参事官であったアッヘンバッハがドリオの激しい攻撃を静めようと、一九四一年四月一日、ドリオとデアを招いて夕食会を企画した。デアはゴワとドロンクルを伴って出席し、両者の間で新聞による論戦を中止する一種の休戦協定が結ばれた(5)。

その頃、フランス人民党は、政党としてはほとんど壊滅的な状態にあった。政党として公然と活動できなかったのは、他のすべての政党と同様であり、フランス人民党は、南部地区では「〃国民解放〃紙の友委員会」、北部地区では「元帥の友」または「〃人民の叫び〃紙普及委員会」などの組織の陰で身を守らなければならなかった。しかも、『人民の叫び』紙の印刷部数は、一九四〇年十一月の八万部から一九四一年四月には五万部に落ち、パリの十一の日刊紙のなかでは八位で、多くの「大新聞」の後塵を拝していた。一九四一年を通じて、同紙の発行部数は減少し続け、同年六月には二万五千部、十一月には一万八千部にまで落ち込み、一九四一年七月には、その売れ残り部数は六五パーセントを記録し、状況はきわめて深刻であった。ドイツ国内外で諜報活動をおこなっていた親衛隊保安部（ＳＤ）の一報告は、一九四一年二月以降、『人民の叫び』紙の財政的困難について言及し、同紙は近く廃刊になろうといっている。(6) これに反して、クロード・ジャンテを主筆とし、ドリオに近いジャーナリストたちによって編集された日刊紙『ル・プティ・パリジャン』の発行部数は、一九四一年一月から八月までにかけて、七十万部から九十万部までの間を変動し、同年七月には売れ残り部数は一〇パーセントにすぎず、(7) フランス人民党は、この『ル・プティ・パリジャン』紙によって、その影響を広めることができた。

当時、パリ地域の党員数は著しく減少していた。一九四〇年十月には、パリ市の二十の区のうち、四十人の党員数を数えた二〇区は例外的であり、その他では党員数が十人以上だったのは十三の区だけであった。また、一九四一年三月には、パリ郊外の諸地域の党員数は、ヴァンセンヌ五十三人、ロリー・スー・ボワ四十三人、バニョレ三十七人、ボワ・コロンブ三十人、アニエール・シュール・セーヌ十七人、クールブヴォワ、イヴリ、オーベルヴィリエでは事実上ゼロであった。パンタン（パリ北東部）支部の幹部は、かつてのドリオ支持者を集めるための努力は「ド・ゴール主義の大波」にぶつかっていると告白し、サン・モール・デ・フォセ（パリ南東部）支部の書記は、警察から集会禁止の通告を受けたことに不満を漏らしている。このため、パリ地域の支部幹部や書記の会合のたび、ドリオは彼らを元気づけ、その士気を高めなければならなかった。(8)

サン・ドニだけは八七〇人の党費納入者が数えられたが、しかし、連絡のとれる党員は二百人しかいなかった。集会での演説では、ドリオは、当時、日和見主義がほとんどすべてのフランス人の一般的な態度であるが、そのなかでフランス人民党は活気ある唯一の党であり、これに比べれば、国家人民連合の結成はまったくの大失敗で、パリ地域でのメンバーはわずかに一七〇〇人に達したにすぎないと述べて、(9)仲間たちを元気づけ、彼らのペシミズムと闘わなければならなかった。

しかし、ドリオにとって不幸なことに、一八四〇年八月末に彼が設立した「国民革命のための連合委員会」がいまにも崩壊しようとしていた。同委員会を設立したときのドリオの協力者のなかには、元フランス共産党書記で、一九三九年八月の独ソ不可侵条約に抗議して共産党を脱退したマルセル・ジットンや、右翼政治家で、やがてパリ市会議長となるシャルル・トロシューらがいたが、トロシューの周囲に集まる右翼勢力とジットンら共産党脱党者たちの動きをいかに共存させるかが、解決不能な問題となっていた。結局、ジットンとその仲間たちの数人はドリオの方針に反対し、同委員会を去って、フランス農民労働党（Parti ouvrier paysan français）を結成した。

パリは飢えていた。「パリ市民は腹をすかせ、明らかな物質不足は彼らの気力にはっきりと影響し……人びとは思考力を失い、彼らの消化管が毎日の最大の関心事となっていた」（ピエール・ニコル）。(10)アルフレッド・ファーブル＝リュスも、一九四二年に、「フランスから発せられた真の声は、空腹で鳴く腹の虫の声であった」と書いている。(11)寒さの厳しい冬場に石炭が不足し、とくに食糧、物資、燃料の補給がフランス人民党の党員たちの主要な物質的要求であった。そのため、ドリオは、このような党員たちの物質的要求を聞き、彼らの心情の代弁者となろうとすることによって、彼らを元気づけようとした。経済活動の崩壊の結果、失業者数は増加し、一九四〇年十月には百万人以上に達し、戦前の恐慌がもっとも深刻であったときの登録失業者数の二倍以上を記録した。

フランス国民は、国内を分断する境界線によって、また、捕虜としてライン川の彼方に収容されて離れ離れになってしまった親族のことを気づかった。ドイツに収容された戦争捕虜は、一六〇万人を数えた。このような家族の悲劇と困難を少しでも和らげるために、ドリオは、一九四〇年七月から、フランス人民党本部に避難民受入れセンターと捕虜家族のための情報機関を開設した。[12] 捕虜の面倒をみなければならない、とくに捕虜がフランス人民党の党員であるときには、彼らと文通し、彼らが釈放されるよう、関係部局と交渉しなければならない、とドリオは幹部たちに語った。ペタンが戦争捕虜の早期釈放のためにドイツとの交渉を担当させたジョルジュ・スカピーニ[13]は、フランス人民党に非常に近い人物ジャック・ブノワ・メシャンをベルリンにおける派遣団代表に任命した。[14]

ドリオは、また、同僚たちに、ペタンが一九四〇年十一月初めにパリ地域のために設立した慈善扶助機関、冬季相互扶助会で積極的に活動するよう指示している。この機関によって、一九四一～一九四二年の冬の期間、毎日、二百万食の食事が供されたようである。ドリオはフランス人民党の党員たちの多くを冬季相互扶助会の重要ポストにつかせようとし、その職務についた党員たち四十人ばかりを前にして、「可能な場所ならどこででも、党勢拡大のための潜入工作の活動を続けるべきである」と発言している。[15] これに対して、マルセル・デアは、その日記のなかで、ドリオの手口を激しく非難している。[16]

一九四二年三月三～四日の夜、パリ近郊のブーローニュ・ビヤンクール（セーヌ県）がイギリス空軍の爆撃を受けた。[17] この直後に設立された労働者緊急救済委員会においても、フランス人民党は大きな力を発揮した。

イギリス空軍の爆撃はルノー工場を狙ったものであったが、実際には、相当数の民間の建物にも爆弾が落下し、死者五百人、負傷者一五〇〇人以上を出し、ペタンは三月八日（日曜日）を全国民服喪の日にすることに決定した。葬儀は犠牲者の霊に捧げるために巨大な記念碑が建てられたコンコルド広場で執りおこなわれ、数万人——三十万人ともいわれた——のパリ市民が参列した。フランス人民党は「もうたくさんだ！」、「人殺しめ！　ヨーロッパ、アジア、アフリカ、アメリカ、オーストラリアなど、至るところで敗れたイギリス人どもは、パリ地域では意気揚々と勝ち誇っている」と書いたビラを市民たちに撒いた。フランス人民党政治局員ジュール・トゥラードは、葬儀参列者のなかに、パリにおけるヴィシー政府代表のフェルナン・ド・ブリノンをみつけ、救済機関の創設を要求し、この組織——労働者緊急救済委員会——は、ドイツ占領軍の協力を得て、その監督下にただちに設立され、ドイツ政府は同組織の名誉会長ド・ブリノンに一億フランの小切手を与えた。この金の出どころは、ドイツ占領軍の一員を襲って危害を加えたパリのユダヤ人たちに科せられた罰金であった。

その後も続いたイギリス空軍の爆撃は、人命喪失と大きな物質的被害をもたらし、労働者緊急救済委員会の大規模な介入が求められ、同委員会はいっそう充実した組織になった。同委員会が実現した成果を強調するために一九四三年につくられたパンフレットによれば、三万二千世帯以上の家族が救済され、一億二五〇〇万フラン以上が罹災者に分配され、六百万フラン以上が負傷者に支給された。五千トンの家具が供給され、罹災家族の子供たちのために七万日の食事つき宿泊料が支払われた。罹災家族の子供たちや老人を施設や病院に収容するなど、同委員会は救済事業のための粘りづよい努力をおこなった。この事実を証明するために、ペタンの次のようなメッセージを引用できよう。「あなた方は、国の不幸との闘いにおける前衛です。私は、イギリスによる爆撃の犠牲者のためにあなた方がとられた効果的な行動に対して、あなた方を褒め称え、あなた方に感謝します。どうか、今なさっていることを続けて下さい……」この救済委員会の活動資金は、フランス人民党のパンフレットによれば、ドイツ占領軍当局がユダヤ人の財産から徴収した二億フランと数万のフランス人から寄せられた少額の献金によって調達された。労働者緊急救済委員会の活動を通じてフランス人民党が及ぼした決定的な影響は、同党の情宣活動と支持拡大にとってきわめて重要であったと想像される。[18]

一九四一年四月初めには、フランス人民党は、ドイツ占領軍当局によって、北部地区での活動を暗黙裡に許可された。さらに、一九四一年十月二十九日には、正式に承認されたが、これには、モーリス・イヴァン・シキャール（サン・ポーリアン）ら南部地区のフランス人民党の幹部たちが、リッベントロープ外相の長年の友人でドイツ赤十字社[19]の一大佐とマルセイユで交際を結んでいたことが決定的に影響したようであった。こうして、フランス人民党は、同年四月以降、次第に立て直されていった。[20]

フランス人民党は、また、『人民の叫び』紙を利用して、食糧、物質、燃料の補給制度の欠陥、闇市、少しのちには、贅沢なレストランに反対するための公開集会キャンペーンを開始した。これらの集会は、ポスターの貼付や大量のビラの配布にも助けられて、かなりの数の聴衆を集めることができた。たとえば、一九四一年七月六日には、パリのヴァーグラム会館に一三五〇人の聴衆を集め、『人民の叫び』紙の編集者アルベール・クレマン、フランス青年人民同盟（フランス人民党の青年組織）の指導者ロジェ・ヴォークラン、占領地区のフランス人民党幹部アラン・ジャンヴィエ、そして最後にドリオ自身が次々と演説をおこなった。彼らの演説のなかでは、ヴィシー政府によって県ごと、あるいは基礎的食料ごとに任命された統制物資割当て官が人民戦線の元メンバーであり、法的処罰を受けたり、不適格を非難されたりした人物であり、また、ユダヤ人やフリーメーソンであることが繰り返し主張された。このような扇動的演説を後押ししたのは、人びとを苦しめていた飢えであった。そして、この大衆扇動的戦略の結果、一九四二年九月には、多くの県で、「じゃがいもが必要ではありませんか。冬の初めにひとりにつき七五キログラムの配給を受けるため、この陳情書に署名して下さい」と書かれた、「〝人民の叫び〟友の会」の作成したビラ、ポスター、陳情書名簿[21]が流布されるまでになった。

フランス人民党は、また、さまざまな同業組合の労働者たちに対する情宣活動をおこない、彼らの要求を支持し、彼らを同党に引きつけようとした。この戦術の興味深い例のひとつは、一九四二年四月十八日夕方、セーヌ川の舟の航行を妨げていた川べりの洗濯船のパリ市当局による撤去要請に反対して、パリ三区で同党が組織した抗議集会であろう。百人ばかりの洗濯女が出席し、『人民の叫び』紙の記者の短いスピーチのあと、十人ほどの洗濯女を代表団としてセーヌ県知事とパリ市会議長のもとに送ることが決定された[22]。

農民問題も忘れられなかった。一九四二年三月十五日、パリの共済組合会館で農民問題を討論するために開かれた集会は、七五〇人ばかりの聴衆を集めるのに成功した。しかし、このような情宣活動が重要であったのは、もちろん農村であった。一九四二年九月、入党申込書の付いたパンフレットが三十万部印刷されたが、このパンフレットには、「フランスの農民は答える、はい、元帥閣下」と題され、フランス人民党の農業問題専門家のアンリ・ムーニエの署名の下に、『人民の叫び』紙に掲載された論説が再録されていた。それは同年三月三十日に新聞紙上に発表された「敬愛するフランス国家主席」ペタンのメッセージに農民が答えた返答のかたちをとっていたが、見かけはペタンに対する熱烈な恭順の姿勢を示しながらも、実際には、その背後で、フランス人民党が、農民に代わって、彼らの不満の種をくどくどと述べ立てたものであった。こうして、「じゃがいものストックを凍らせてしまった政府の経済運営が非難され、豚を太らせなければならない時期の真っ最中に大麦を製粉所にしまいこんでしまったために、農民たちは代わりに小麦を豚に食わせねばならなかった」ことへの食糧・物資補給局の責任が追及された。[23]

一九四一年五月二十八日、フランソワ・ダルラン提督とドイツ軍のヴァルリモント将軍が議定書に調印したあと、ドイツは一九一四〜一九一八年の大戦の旧軍人である七万人の捕虜を釈放した。彼らのひとり、フランス人民党幹部のイヴ・ドータンには、「フランス人民党戦争捕虜センター」を発足させる任務が与えられた。彼は党のシンパを集め、多数の集会を指導し、元戦争捕虜に通達を送った。一九四二年七月初めに元戦争捕虜全員に発送された通達のなかの、三ページに及ぶフランス人民党の宣伝文は、「釈放されたすべての捕虜は、フランスとヨーロッパにおけるみずからの使命をよく自覚し、今後、〝フランスの永遠のいのちのために、ドリオとともに、ペタンに続こう〟というスローガンを忘れてはなりません」[24]という激励の言葉で終わっていた。

もちろん、フランス人民党は、「フランスの数世紀来の敵イギリス」に反対したおびただしい数のビラを撒いたり(一九四一年四月)、「フランス人民党、それは秩序である。共産主義、それは無秩序である」というような折り込みチラシを大量に印刷する(一九四二年六月)というような、もっと直接的に政治的な宣伝をおこなうこともあったが、それだけではなかった。フランス人民党の情宣活動には、広範な世論が「あるカテゴリーの人びと」に対して抱く怨恨と憎悪を募らせ、それを党の利益のために誘導しようとした点において、どうしても見逃すことのできないもうひとつの側面があった。「あるカテゴリーの人びと」とはフリーメーソンとユダヤ人であり、ここでは、とくに、ヴィシー政権下におけるフランス人民党の反ユダヤ主義の活動に目を向けることにしたい。

フランス人民党の反ユダヤ主義については、ヴィクトル・バルテレミーは、一九四一年五月に、ドリオがそれまで「比較的穏健」であった彼の反ユダヤ主義を硬化させ、『人民の叫び』紙の論説において、ドイツ軍占領当局が占領地区のユダヤ人に対して新たに制定した厳しい措置に同意し、はじめて「ユダヤ人問題」を「民族問題」と定義して、「党の正式の反ユダヤ主義」を主張したと、その回想録のなかで書きとめるだけにとどめている。(25)

しかし実際には、ドリオは、早くも一九四〇年夏から、自由地区の主要都市で、彼の党に反ユダヤ主義の示威運動を繰り返しおこなわせている。また、パリでは、「フランス衛兵隊」を名乗り、ドリオの命令に従順な中核メンバーで形成された青年グループ(26)が、反ユダヤ主義のデモを繰り返しおこない、ユダヤ人商店のショーウィンドーを叩き壊し、ところかまわずビラを貼り、侮辱的な落書きを書きまわった。「フランス衛兵隊を名乗る青年たちは、実際は、つまらないごろつきどもにすぎない」と警視総監ロジェ・ランジュロンは書いている。しかし、同年十月初めには、ランジュロンは、彼らのデモのすべてが、ドイツ占領軍当局の正式コミュニケによって非難されたにもかかわらず、実際には、ドイツ占領軍による反ユダヤ主義的措置を準備するものであったと信じるようになっている。そして、「命令は上からきていた。ドリオはそうとはほのめかしてはいないが、彼が命令を実行していたのだ」と書いている。(27)そうだとすれば、ドリオは、ドイツ占領軍の希望を察知して、先手を打って、それを叶えてやったのだといったほうがよいかもしれない。

一九四〇年九月には、ドリオは、とりわけ、特定人種に対する入学者数と就職者数の差別的制限の実施によって、「ユダヤ人問題」の解決を要求し、一時的な解決策として、戦後に、ヨーロッパはユダヤ人に「遠い国土」を割り当てるべきだと主張している。また、一九四〇年十月には、彼は、ユダヤ人身分法の制定に賛成したが、在郷軍人のユダヤ人のためには例外を設けることを要求している。このことは、ドリオが、このときにはまだ、決定的な人種差別路線を採用してはいなかったことを示していよう。(28)

確かに、一九四一年四月まで、すなわち、フランス人民党が事実上、活動を許可されるまで、ドリオの反ユダヤ主義の主張はまだ穏健にとどまり、その論説のなかで、「イスラエルの子孫たち」とか、「ユダヤ・メーソンの金権政治」とか、「ユダヤ・メーソン的共和制」などというだけで満足していた。(29)しかし、一九四一年五月四日には、パリ地域のフランス人民党大会で、ドリオは、次のように述べて、ユダヤ人問題を全面的に解決するために、強硬な反ユダヤ主義的解決法を提案した。「ユダヤ人の法的身分を決めるという話だが、それだけでは不十分です。ユダヤ人たちが公衆の精神を損なわないように、それを汚染できないようにし、彼らを頭脳的職業から追い払い厄介払いして、彼らがそれらの職業に携わることができないようにし、フランスの世襲財産と土地を横取りすることができないようにしなければなりません……ユダヤ人は戦争を望んでいましたが、その代償を彼らの金と身体で支払わせ、彼らを悲嘆のどん底に追いやり、彼らになにも求めようとはしない国民を苦しめるとひどい目に遭うことを学ばせなければなりません。(30)」

この三週間後、占領地区の党大会で、ドリオは、「人種の救済」のために、「もっとも危険で腹黒い敵、ユダヤ人」を追跡し、ユダヤ人がフランス人女性と結婚するのを禁じる法律を公布するよう要求し、「法的であるが科学的でもある特別な措置にもとづいて、ユダヤ人に彼らの父親たちがフランスでしたことを繰り返すのを禁じるために、ユダヤ人の合いの子たちを処置するべきでありましょう」と述べたのである。(31)このようにかなり不明瞭で、持ってまわった表現を通してではあったが、ドリオは、「ユダヤ人問題」の解決のために、不妊手術のような、生物学的で「科学的」性格の権威主義的措置を考えていたのではないかとさえ思われる。さらに、リヨンで開かれた非占領地区のためのフランス人民党大会で、ドリオは次のように述べている。「ユダヤ人と決着をつけなければなりません」、「我々の民族を再び純粋なフランス民族にしなければなりません」、そのためには、ユダヤ人を追放しなければならない、「なぜなら、あまりにも多くの知的職業が彼らでいっぱいだからです。あまりにも多くのユダヤ人医師がいる。フランス人医師のために、場所をあけなければならない。あまりにも多くのユダヤ人弁護士がいる。あまりにも多くのユダヤ人食料品店主が、あまりにも多くのユダヤ人中高生が、あまりにも多くのユダヤ人闇市商人がいる。身分規定、強制収容所、人種政策、この三点がユダヤ人に対する我々の政策であります。[32]」

その頃までは、文章や演説においては自己を抑制し、戦前には、このようなばかばかしい考えを少しも信じてはいないと思われたドリオが、なぜ、このような愚かしい反ユダヤ主義のヒステリーに猛り狂うようになったのか。ドリオが人種差別主義的態度をはっきりと採用したのは、おそらく、ナチス親衛隊（ＳＳ）に気に入るように振る舞わなければならないという気持が彼のどこかにあったからであろう。そして、ユダヤ人問題は、ドイツ軍占領下、フランス人民党の活動のために、ドリオが都合よく利用することのできた絶好の宣伝材料だったのであろう。しかし、それだけでは十分な説明とはいえない。この時期、激しい反ユダヤ主義を爆発させることによって、ドリオは開戦直前以来、フランス人民党が経験した危機と沈滞が彼のなかに蓄積させてきた、一種の怒りの情念と怨恨を相手構わず晴らそうとしたのであったろうか。[33]

ドリオのすさまじい反ユダヤ主義は、ドイツ占領軍に高く評価され、一九四一年夏以後、ドイツ占領軍は、それまでグザヴィエ・ヴァラが担当していたユダヤ人問題総合委員会の任務をドリオにとって代わらせ、さらに、彼をユダヤ人問題担当相としてヴィシー政府に入閣させようと考えた。事実、同年八月二十一日、マルセル・デアは、その日記のなかで、彼がアッヘンバッハと長い会話を交わしたとき、アッヘンバッハは「鉛筆を手にして、理想的な政府の概要を示し」、ペタン、ダルラン、ラヴァルのあとに、十六人以上の「大臣候補者」の名前を挙げ、そのなかには、文相にデアの名が、「ユダヤ人問題」担当にはドリオの名があった、と書いている。[34] しかし、政府に加わるとすれば、おそらく、もっと重要なポストしか考えていなかったであろうフランス人民党の党首は、たとえユダヤ人問題担当のポストを提供されたとしても、苦々しい気持を募らせるだけであったのではなかろうか。

ドリオは、一九四二年十一月四日におこなった演説のなかで、「ユダヤ人問題」の解決を目指した次のような九つの提案をし、それを十一月六日の『人民の叫び』紙に公表している。[35]

（一）占領地区で施行されるすべての行政命令（とりわけ黄色い星印の着用）を、フランス本土および植民地全域に適用する。（二）ユダヤ人がフランス市民であることを宣言した一七九一年九月二十七日の政令の廃止を公布する。（三）すべてのユダヤ人を行政職および行政の管理下にある職務から排除する。（四）ユダヤ人の在郷軍人は、「フランス戦士団」の外に、外国人の軍人と同じ資格で、特別な組織に集められる。（五）混血児たちに関して現在施行されている法文は、（a）配偶者がユダヤ人であるとき、（b）母親がユダヤ人であり、父親が不明あるいは外国人であるとき、（c）彼らがユダヤ教徒であるときには、彼らをユダヤ人と同等に扱うために補強される。（六）ユダヤ人は他との区別を示す目印を身につける。（七）ユダヤ人に戦災補償金を負担させる。四千億フランと推算される彼らの財産によって、戦争の被害を修復し、彼らが望んだにもかかわらず、彼ら自身は参加しなかった戦争の犠牲者に補償することができるであろう。（八）ユダヤ人を追放したフランスの行政機関の監督下で、ユダヤ人自身が管理し、取締り、医療行為をおこなう、一般にゲットーと呼ばれるユダヤ人共同体を創設する。（九）偽装者たちを彼らの民族に返すことを目標にした、偽装者摘発のための研究機関を設置する。

このようにして、「全世界の世論に警鐘を鳴らし、ユダヤ人大虐殺がフランスでも始まったと信じさせる目的で、シナゴーグに対する襲撃を準備したのは、ユダヤ人自身です」（一九四一年十月六日、ヌイイーでのフランス人民党執行部メンバー、ロジェ・ヴォークランの演説）、「我々は、我々の生存の危機的瞬間にいます。ユダヤ人が頭をもたげ、すでに多くのユダヤ人が彼らの胸の記章を取り外しました。実際、ユダヤ人による陰謀が全国に広まるようなことになるならば、その指揮をとるよう求められるのは、彼らでありましょう」（一九四二年七月十六日、ヴィシーでのエヴェイヤールという名の人物の演説[36]）などというように、フランス人民党の演説家たちは、彼らの勝手な想像力に任せて、激しい反ユダヤ主義的言説を展開したのであった。

一九四一年十二月七日午後、フランス人民党はパリのマジック・シティ会館で、ユダヤ人の全財産を没収し、それを戦争犠牲者のために配布することを要求するための集会を組織し、約一五〇〇人が出席した。その日の演説者が話した言葉は新奇なものではなかったが、強い印象を与えたのは、その極端さと激しさであった。「フランスは敗戦を恥じるべきではありません。その全責任はユダヤ人に課せられるべきだからです」と雑誌『フリーメーソン資料』の寄稿者ジャック・プランキャールが明言した。また、戦争で盲目になった第一次世界大戦の退役軍人で、元共産党系の在郷軍人共和連盟（ARAC）の副委員長シャルル・ネドレクは、ドイツ人が「最初にユダヤ人を厄介払いしてくれた」ことを褒め称え、ライン川の向こうでは一五〇万人のフランス人が捕虜になっているというのに、フランスではなお百万人のユダヤ人が自由でいるという事実を激しく告発した。さらに、元労働者緊急救済委員会幹部のレーモン・オーリアックは、ユダヤ人が一九三三年以来戦争を準備してきたと強く主張し、「ユダヤ人は蛇のように打ち殺されなければなりません。それは道徳と正当防衛の問題です」と述べた。(37) 数日後、数千枚のビラが撒かれたが、それらのビラは、ユダヤ人に戦争、闇市、そして、あらゆるフランスの不幸に責任があることをくどくどと述べたあと、次のように政府の決定を批判していた。「最近の政府決定は、一九三六年以来、わが領土を占拠する外国人のユダヤ人の強制収容を命じたが……ユダヤ人が同化するには五年で十分だとは信じられない。一時しのぎの姑息な手段では駄目だ。民族全体が責任を負うべきだ（傍点部原文イタリック）。(38)」

先述の一九四一年五月四日の演説のなかで、ドリオは、彼が勧告した反ユダヤ主義的措置に対して世論が黙り込んでいることにそれとなく触れ、「フランス国民は非人道的な行為の前にその優しい心を痛めているのであろうが、私の心は違う」と語った。(39) その数日後の一九四一年五月十七日、パリ一二区のフランス人民党支部が組織した集会で、アンリという名のひとりの演説家がドリオの提案に同調し、「最近とくに、フランス人がユダヤ人の運命に感傷的になったり同情したりしている事実がありますが……フランス人が清浄な空気を吸うには、ユダヤ人を厄介払いするだけでなく消滅させることも必要です」と主張している。(40)

ユダヤ人が調査を受けることを義務づけられ、彼らがアーリア人種と交わって生活しはじめたのはいつからか報告しなければならなくなったあと、ユダヤ人迫害に反対する最初の不満の声が一九四一年夏に北部地区であがった。しかし、「以前は反ユダヤ主義を理論上でしか知らなかった人びとに、ユダヤ人迫害の実態の深刻さとファシズムの真の意味を明らかにした」（モーリス・デュヴェルジェ[41]）のは、一九四二年六月七日から占領地区でドイツ占領軍によって要求された黄色い星のマークの着用――南部地区では、ヴィシー政府はその義務化の制定を拒否した――であった。

一九四二年七月十六日、パリの冬季競輪場（ヴェル・ディヴ）で、フランス警察の現有勢力を総動員して、ユダヤ人の一斉検挙がおこなわれた。この「ユダヤ人狩り」には、三百人から四百人の制服を着たフランス人民党の青年たちが警察を手伝った。[42] この事件は、フランス国民の大多数に小さからぬ衝撃を与えたが、しかし、この程度の反ユダヤ主義的弾圧では、ドリオとその同僚たちを満足させることはできなかった。マルセル・マルシャルは、一九四二年九月五日のサン・ドニ支部の総会で、三百人ばかりの出席者の前で、警察の態度が生ぬるいと苦情を呈し、「若きヒトラー主義者」という映画を上映する前に、「ユダヤ人といえば、自由地区で四千人が逮捕されましたが、しかし、彼らはぼろをまとったユダヤ人にすぎないのです……確かに、ユダヤ人をもっと逮捕すると約束されてはいますが、しかし、ユダヤ人問題担当の特別警察は先ほど廃止されたばかりではありませんか……ドリオが政権についたときには、彼は、親玉のブルムやマンデル、それにもちろんレノーもですが、彼らユダヤ人に対してもっと抜本的な措置をとることでしょう」と主張している。[43]

フランス人民党の党員たちは、その多数が、ゲシュタポの反ユダヤ機関のリーダーでナチス親衛隊（SS）の将校、ダンネッカーによって一九四一年に設立されたユダヤ人問題研究所の会員であった。同研究所は、紛れもないドイツ警察の付属機関であったが、その一万一千人の会員のうち二一〇〇人がフランス人民党の党員であり、同研究所によって組織された反ユダヤ主義宣伝集会のときには、彼らは警備を担当した。また、占領地区におけるフランス人民党の書記アラン・ジャンヴィエは、同研究所長のセジーユ大尉の主要な協力者のひとりであった。このセジーユ大尉は、一九四二年十一月四日にドリオがユダヤ人問題解決の九つの方策を提案したのを聞いたあと、フランス人民党に入党している。

フランス人民党の反ユダヤ主義は、パリのカフェやレストランで人種隔離を勧告するほど過激であった。一九四二年六月二十九日の『ル・プティ・パリジャン』紙は、フランス人民党機関紙の中央デスクの次のようなコミュニケを掲載している。「フランス人民党パリ地域執行部は、パリのホテル業、レストラン、カフェの組合に、首都における公共の秩序を乱しかねない重大な行為の審議を付託したところである。実際、ユダヤ人たちは、彼らの目印である星印を身に着けていようといなかろうと、その無礼な振舞いと挑発的態度によって、客が大勢集まっているカフェ、ホテルあるいはレストランで度々もめ事を起こしている。これらのユダヤ人の行動は、まったく卑劣なものであって、許すことができない。したがって、多数のレストラン、カフェ、ホテルの経営者の感情に答えるために、フランス人民党パリ地域執行部は、これらの商人たちの組合に、所轄官庁の承諾を得て、ユダヤ人が入り飲食できる施設を指定するよう要請した。これら以外のすべての施設に立ち入ることは、ユダヤ人には厳禁されるであろう。」しかしながら、ドイツ占領軍のもっとも反ユダヤ主義的な措置以上のことをしようとする、このフランス人民党の提案は採用されなかった。(44)

冬季競輪場（ヴェル・ディヴ）でのユダヤ人狩りの四日後の一九四二年七月二十日、フランス人民党の制服と腕章を着用したフランス青年人民同盟の六人の若い活動家たちが、深夜の午後十一時頃、ヴィクトワール街（パリ九区）のシナゴーグに突然乱入した。彼らはモーセの律法の巻物を床に広げて、汚したり破ったりし、聖堂内に放尿し、壁面や聖櫃の底にまでフランス人民党の頭文字ＰＰＦや「ドリオ万歳、ペタン万歳」という文句を書き散らし、朝の五時まで、破壊と冒瀆の限りをつくした。彼らは二人の守衛を尋問攻めにし、そのひとりをシマローザ街（パリ一六区）三番地のフランス青年人民同盟本部に連行し、そこで、彼らは、棍棒でおどしながら、パリのユダヤ教長老会議を主宰する大長老、事務局長、シナゴーグの職員たちの住所を無理矢理聞き出した。さらに、彼らは、守衛に、ユダヤ教の大長老から十万フランを受け取り、それをもって、二十四時間以内に、同じ場所に戻ってくるよう命じ、もし警察に知らせたら殺すぞと脅した。まもなく、これらは警察の知るところとなったが、警察署長がフランス青年団人民連合本部に赴いたときには、「この事件を起こしたものは、ここにはいない」というぞんざいな答えしか得られなかった。フランス人民党は明らかにドイツ占領機関の保護を受けていたのであり、フランスの警察を軽視していたのである。ユダヤ教の大長老によって裁判所に告訴状が提出されたけれども、事件はもみ消され、表沙汰にはならなかった(45)。

一九四二年秋には、フランス人民党はパリ地域で反ユダヤ主義宣伝集会を繰り返しおこない、人類学の著名な専門家やフランス人民党の情宣活動代表が冒頭で演説をおこなった。これらの集会が開催されるときには、「あなた方は、ユダヤ人をよく知らないから、彼らに同情するのです。某月某日開催の集会に参加して、彼らの悪行、彼らの犯罪の数々を聞きにきてください」と書かれたビラが散布された。

反ユダヤ主義集会の開催を知らせるこのビラは、次のような文章で始まっていた。「フランス国民へ！　ユダヤ人はその民族を示す黄色い星のマークを最近身に着けることになったが、その数の多さにあなた方は驚いたことでしょう。〝ユダヤ人地区〟といわれる非占領地区にあなた方がいるなら、もっと驚いたことでしょう。占領地区全体ではユダヤ人は四万人しかいないのに、非占領地区では百万人以上のユダヤ人が闇市を取り仕切っているのです。」しかし、一九四一年から一九四二年夏まで、占領地区には、反ユダヤ主義の大きな波が押し寄せた。民衆層のフランス人が、多数の亡命ユダヤ人が「無為な生活を送り」、仕事もせずにぶらぶらして暮らしている一方で、「派手で度外れた浪費」に身を委ねていると非難したのである。ユダヤ人たちが「遊んでいる」のは、彼らが解雇されて仕事を奪われたからであり、また、ユダヤ人たちがいくばくかの金を自由に使うことができたのは、彼らの不動産や企業がたいてい安値で強制競売の対象となったからだとは理解されなかった。「ユダヤ人たちは、都市と農村、商人と消費者との間に広がった緊張のために、欠乏と物価騰貴の恐れのために、一種のスケープゴートとなったのである」（マラスおよびパクストン）[46]。

しかし、一九四二年夏のユダヤ人迫害と、とくに八月二十六〜二十八日の南部地区でのユダヤ人の一斉検挙と、その後に続いたぞっとするような状況のなかで実施されたユダヤ人の強制収容所への監禁は、人びとの気持を動転させ、憤慨させて、フランスの国民感情は急変し、完全に方向転換した。

一九四三年七月にイタリアで反ムッソーニ・クーデタが起こり、ムッソリーニが逮捕されたあと、イタリア軍はそのフランスの占領地区のほとんどから引き上げ、彼らがニースとその近郊に集めていたユダヤ人を連れていこうとした。それまで攻撃的な反ユダヤ主義の態度を示してはいなかったイタリアは、そのとき、三万人のユダヤ人を受け入れることを承認した。しかし、イタリアが降伏した九月八日、連合国軍がイタリアとの休戦を早まって発表したため、ニースのユダヤ人の間で大きなパニックが起こった。数百人のユダヤ人はイタリアに逃れることに成功したが、他のものはニースの住民たちによってかくまわれた。しかし、九月十一日、ドイツ軍が到着するや、数千人のユダヤ人が「罠にかかった。それは、戦争中の西ヨーロッパでおこなわれたもっとも野蛮な人間狩りのひとつであった。」恐怖と不安の空気のなかで、フランス人も外国人も区別なく、すべて逮捕されて、ドランシーの収容所に、ついでアウシュヴィッツの収容所に送られた。この陰険な作戦を実行するために、ドイツ軍はフランス人民党の党員たちの助けを借りたのである。(47) これより先、一九四二年十一月八日、連合国軍が北アフリカに上陸し、その結果、十一月十一日にドイツ軍が自由地区に侵入して、フランス全土を占領したときにも、フランス人民党は熱心な補佐役を務めたのであった。

時とともに、国際的な力関係が連合国軍に有利に変化するにつれて、フランス人民党の反ユダヤ主義の情念と憎悪はむしろ激化した。サン・ドニを舞台にして起こったひとつの悲劇的なエピソードを語ろう。

一九四三年クリスマス・イヴの十二月二十四日、友人をひとり伴ったフランス人民党サン・ドニ地区書記のオーギュスト・シモンなる人物(またの名シモン・ロラン)が、市の郵便局の前で、五十年来サン・ドニで店を開いていた七十五歳のユダヤ人商人ラコウスキーとすれちがった。「お前はお前の星印を隠しているのか。汚らわしいユダヤ人め!」と彼は叫び、老人に殴りかかった。老人は身を守ろうとして、襲撃者の眼鏡と帽子に思わず手を触れ、それらを地面に落としてしまったが、大勢の群衆が集まってきて、シモンを罵倒しはじめたため、同伴の友人が彼を連れ去った。一週間後、ラコウスキーはサン・ドニの治安判事のもとに出頭するよう召喚された。シモンは、ラコウスキーに、壊れた眼鏡の代金五百フランと損害賠償金五千フランを要求した。治安判事が管轄違いであると宣言したので、シモンは老人を今度はセーヌ県軽罪裁判所に出頭させた。しかし、軽罪裁判所はシモンの訴えを却下し、敗訴した彼に訴訟費用の支払いを命じた。しかし、ラコウスキーに対するシモンの憎しみは計り知れず、その後も、彼の追及は執拗に続いた。

二か月後、二人のドイツ軍憲兵がラコウスキーの住居に現れ、憲兵隊本部に彼を連行し、シモンを「殴った」ことを非難した。しかし、彼は自分に罪がないことをやっと証明でき、釈放された。ところが、一九四四年五月二十六日、ユダヤ人問題担当警察の警官がラコウスキーを逮捕しに彼の住居にやってきた。彼自身はうまく逃れたが、彼の妻と息子が連行され、ドランシーの収容所に入れられ、ついでドイツの強制収容所に移されて、そこから再び出られなかった。フランス解放のときドイツ軍に放棄された文書によって明らかになったが、シモンはドイツ防諜機関の手先であった(48)。

以上のように、ドイツ軍占領下という状況で、ドリオは、彼の党を明白な反ユダヤ主義の方向に導き、純情で理想主義的な若者たちを党の航跡に引きずりこむことによって、彼らに道を踏みはずさせただけでなく、気持のすさんだ欲求不満の背徳者たちにも、もっともあさましい本能を発露させ、陰険な報復の機会を与えたのである。ドリオはヴィシー政府に圧力をかけ続け、ヴィシー政府は、一九四〇年には、反ユダヤ主義立法に関してドイツ占領軍の願望の先をいく措置を実施したけれども、しかし、その一方、一九四二年には、フランス国籍のユダヤ人を引き渡すのを拒み、南部地区では、黄色い星印の着用を義務づけるのを拒否した。この領域においても、また、他の領域においても、ドリオはドイツ占領軍が常に利用しようとしたいわばドイツの手先となって、ヴィシー政府に対する圧力手段の役割を演じたといわざるをえない(49)。

ヴィシー政権下で、ドリオがフランス人民党を再生させることができたのは、反ユダヤ主義のデマゴギーを煽り、人種的憎悪を掻き立てることによってであり、その結果、同党の姿は一九三九年以前のそれとは非常に違ったものになったのである。

それでは、一九四一年四月以降にフランス人民党がドイツ占領軍当局によって暗黙裡に活動を承認されたとき、同党はどれほどの党員数を数えたのであろうか。

この数か月前、一九四一年一月には、ドイツ大使が、フランス人民党の党員数はおよそ三万人であり、そのうち活動的な党員は四千人であるとみなしているが、それはおそらく同党指導部によって提供された数字であったろう。また、警察の一報告によれば、一九四一年初めには、フランス人民党は占領地区で四千人の党員を数え、そのうち二七〇〇人はパリに集中し、非占領地区の党員数は約六千人であったという。(50) これに対して、一九四一年五月四日に開催された同党パリ地域の大会には、五九八人の代議員が出席し、同党書記の報告では、彼らは一万八八四三人の党員を代表していたというが、おそらく、実際の党員数はこの数字の三分の一か四分の一であったのではなかろうか。占領地区のパリ以外の地域では、フランス人民党の党員数はきわめて少なく、おそらく、千人を大きく上回ることはなかったであろう。(51) 南部地区では、ヴィシー政府が言論出版を統制する機関として一九四一年に設置した総合情報室は、当時のフランス人民党の党員数を四千人と推定し、主として、マルセイユとニース地域に集中していたとみなしている。また、アルジェリアでの党員数は、一五〇〇ないし二千人と推定された。(52) このように、情報源によって数字はまちまちであるが、いずれの数字についてみても、一九四一年のフランス人民党は、もはや戦前の最盛期のようには、強固に組織された大衆政党ではなかった。

もしフランス人民党の党員数が一万五千人程度であったとするならば、それは、パリ地域では八千から九千の、地方では一万二千から一万三千のメンバーを数えたデアとドロンクルの国家人民連合を少し下回ったであろう。ドリオとその仲間たちの目には、国家人民連合は、それが異質なメンバーを集めた組織であり、それだけにいっそう、他の組織からメンバーを引き抜くのに熱心な集団であると思われた。そのため、フランス人民党は国家人民連合に対する小さな策謀を何度も仕掛けたが、それらはみな成功したわけではなく、滑稽な失敗に終わったこともあった。国家人民連合の第一回大会の前日の一九四一年六月十三日の夜、フランス人民党の六人の若い党員が、国家人民連合本部（パリ八区、フォーブール・サン・トノレ街一二八番地）に不法に忍び込んだ。彼らは同連合の加入者たちのファイルをこっそり盗むつもりであった。しかし、数日前からその動きを察知していた国家人民連合は、彼らを待ち伏せていた。彼らは捕えられ、供述書を書かされ、写真に撮られて、彼らがあいにく携帯していたフランス人民党の党員証も奪われた。ドロンクルは、国家人民連合の大会の演壇で、「ジャック・ドリオよ、あなたは戦前の政治屋根性をいまだにもっていて恥ずかしくはないのか」と、フランス人民党党首を嘲弄した。(53)

ドリオは、フランス人民党こそヴィシー政権下での唯一の真正の政党であるとみなしていた。一九四一年六月二十二日、非占領地区での同党の大会で、彼は「我々は他の党と同様な政党ではなく、他党とは反対の政党である！……もし私が政権の重責を担ったならば、他の政党や他の政党の指導者たちはもはや存在しなくなり、彼らに反対するあなた方フランス国民は、そのため、大いに満足されることでしょう」と叫んだ。(54)こうして、ドリオは、ペタン元帥という体面の背後で、唯一の政党の党首、すなわち〝国のただひとりの指導者〟となる運命を受け入れたのである。

第三章　親独反共

一九四一年四月、ヴィクトル・バルテレミーと交わした会話のなかで、ドリオは、「我々は、もっぱらフランスの利益になるように、行動を決めることにする。私はドイツの勝利を信じている」と語った。ドイツの勝利をドリオが信じたのは、彼が世界の諸国のせめぎ合うチェス盤の状況を検討した結果であった。けれども、「ヴィシーで、まったくの秘密裡に、その称号以上に、きわめて重要な地位を占めていた注目すべき人物」（ヴィクトル・バルテレミーの表現）[1]グルーサール大佐が、バルテレミーを介してドリオに伝えたメッセージに彼がもし従っていたならば、ドリオのその後の運命は大きく変わっていたであろう。グルーサール大佐は諜報問題の専門家で、陸軍士官学校の元指揮官であったが、戦前、カグール団やフランス人民党に共感を寄せ、その後もたびたびドリオに対する好意を明らかにしていた。彼は、一九四〇年夏、ペタン元帥から、国民革命の尖兵となるべき「護衛団」（その表現はナチスの〝親衛隊［ＳＳ］〟を翻訳したものだとヴィシーの政治家たちは気づいていた）を組織するという使命を負わされていたが、一九四一年初め頃には、チャーチルと接触するためにロンドンに赴くという任務をペタンから与えられた。

グルーサール大佐がヴィシーでヴィクトル・バルテレミーに会ったのは、同年二月にフランスに帰国したあとであり、彼は、イギリスは戦争に敗れることはなく、ドイツは結局、戦争には勝てないだろうという彼の確信をバルテレミーに語った。大佐は、ド・ゴールはイギリス政府の操り人形にすぎないといい、ドリオに、フランス人民党がしっかり根付いているアルジェリアに移動し、その地でフランス人民党を守り、戦争が終わったあと、同党がフランスから「同国を敗戦に至らせたあらゆる腐敗」を取り除くようにすべきだという、たっての忠告をドリオに伝えてくれるようバルテレミーに頼んだ。ヴィシー政権はヴェガン将軍を北アフリカ管区指揮官に任命していたが、グルーサールの意見では、ヴェガンは、対独協力には反対であったが、元ボルシェヴィキの指導者にはそれほど敵意をもってはいないので、ドリオは彼と理解し合えるだろうということであった。しかし、ドリオは、グルーサールの説得を拒否した。ドリオは、ドイツが戦争に負けることはなく、もしフランスがあいまいな態度を取ったり、イギリス政府との関係を維持し続けたりするならば、大きい犠牲を払うことになるだろうと考えていた(2)。

しかし、ドリオは、彼の考えがフランス国民の大多数の心底の感情とは正反対であることをよく知っていた。一九四〇年十二月十五日、フランス人民党のパリ地域の幹部を前にして、彼は「イギリスびいきが危険を引き起こしている。残念ながら、我々の情宣活動は、（一）イギリス嫌い、（二）元帥支持者というフランス国民の二〇パーセントにしか届いていないのが事実である。我々が結束させることができるのは、これらの人びとだけでしかない」と語っている。(3)その後も「フランス国民の過半数は、ありえないイギリスの勝利を期待している」ことを認め、「フランス国民の幻想の能力は比類がない」などと書いている。(4)

ドリオは、講和条約の調印――一九四〇年六月二十二日の休戦協定はドイツとの「戦争状態」を終わらせたのではなかった――によって、フランスはその敗北の代価を支払わなければならず、アルザスとロレーヌをドイツに割譲しなければならないであろうと信じ、一九四〇年十一月末、パリ地域のフランス人民党幹部たちに、「我々は、アルザスとロレーヌを諦めるべきであろう。しかし、わが国の植民地はけっして失ってはならない。もし誠実にドイツと協力するならば、我々は、その大きな代償を手に入れることができるだろう」と釈明している。幹部たちはドリオの言葉をいつものように大げさに伝え、サン・ドニの党員たちに、「モントワール会談の非公式な結果は、アルザスとロレーヌのドイツへの併合である。しかし、フランスはその生活圏への権利、すなわち植民地拡大への権利を失わないので、戦争が終われば、イギリスの植民地、おそらくカナダを受け取ることになろう」と話した。(5)

ドリオの考えでは、「フランスがドイツとの戦争に負けたのは」、「私的資本主義に対する闘いにドイツ国民を駆り立てた革命的精神」と、それによって生み出されたドイツにおける団結力と「恐ろしいほどの活力」のためであった。「今日、アングロサクソンの資本主義との闘いに身を投じているのは、これらの革命的な若い力である。それは単にドイツとイギリス二国間の闘いではない。それは対立している二つの文明の闘いであり、異なる二つの文明を象徴する二つの大陸の闘い」であった。このような状況のなかで、日和見主義は最悪の選択であり、フランスのなすべきことは、「みずからの運命をユダヤ・アメリカ・イギリス的金権政治の運命に結びつけ」、「ヨーロッパにおけるアメリカの橋頭堡となる」か、それとも「新しい秩序に向かう」かという両極端の二者択一でしかなく、そして、問題をこのように設定し、それに答えようとすることは、とりわけメル・セル・ケビル事件以来、「我々がイギリスと交戦状態に入るべきであり」、「操り人形のド・ゴールが我々から奪ったわが国の植民地の一部を取り返さなければならない」と強く主張することであった。

「自由フランス」の指導者ド・ゴールに対してドリオがこのように手厳しく、彼のことを何度も「裏切り者」とか「操り人形」とか呼んだのは——ドリオによれば、ド・ゴールは「休戦協定後に、ドイツが戦闘で殺したよりも多くのフランス人を殺した裏切り者」であった——、ド・ゴールが彼の運命を先祖代々の宿敵イギリス——ルーアンでのジャンヌ・ダルクの火刑、南アフリカ北西沖のイギリス領の火山島セント・ヘレナ島へのナポレオンの流刑、英仏の植民地獲得競争の頂点となったファッショダ事件(一八九八年)等、多くの歴史的事件の思い出が英仏を対立させていた——とともにしたからであったろう。もちろん、一九三九年に始まった戦争が「革命的な大陸」と「反動的な大陸」との闘いであるとみなしてドリオがとった選択は、いかにも単純であった。しかしながら、彼のいう「革命的な大陸」が——とりわけ独ソ不可侵条約によって——ソ連の悪魔と利害をともにしているという事実に起因する一種の自制心からであったろう、ドリオは、ドイツの勝利を公然と願うことは避け、曲言法を使って、「私はイギリスやアメリカの金権政治の勝利を望まない」というにとどまったのである。(6)

それにしても、なにがドリオをこのような眩惑(それはデアの脳裏にも渦巻いていた思いであった)のなかに引きずり込んだのであろうか。それは疑うことを知らない情熱、疑念を受けつけない確信、そして、時間稼ぎの解決策や中間的な立場の拒否、とりわけ、ドイツ帝国の最終的勝利への信念が動揺することの本能的拒否であったろう。ドリオは、一九三九年に始まった戦争が世界的規模に拡大することを完全に自覚していたが、日本やアメリカなどまだ戦争に加わっていない国ぐにの参戦を考えに入れたとしても――この土台のしっかりしていない見かけ倒しの大国アメリカが戦争に介入してくるかどうかは、まったく確かではないが、たとえ介入してきたとしても、おそらく遅きに失するであろうとドリオは考えていた――、ドイツは戦争に負けることはないという絶対的な確信を抱いていた。その後の事態の展開を知っている我々には、彼が思い違いをしたことがわかっている。しかし、もし日本が一九四一年十二月八日にハワイの真珠湾を攻撃してアメリカ合衆国に宣戦布告したりしないで、その領土拡大の力を中国大陸に集中していたならば、そして、もしヒトラーが一九四一年六月にソ連を侵略しようとはせず、独ソ戦が起こらなかったとするならば――そのような想像がもし許されるならば――、その後の事態の進展はまったく違ったものになっていたであろう。そのときには、ドイツ帝国は数十年間は続いていたかもしれず、ドリオは、誤った分析にもとづきながらも、「正しい」結論にたどりついていたかもしれない。

しかし、対独協力に関しては、ドリオの姿勢は、なお、ためらいと慎重さを示していた。ペタンとの関係を維持しようという配慮もその理由であったろうが、根本的な理由はソ連に対するドイツの態度であった。ドリオの対独協力は、彼が「自然に反する」と判断していた独ソ不可侵条約が破棄されたのちにしか進展しないものであった。しかし、この点についてドリオは、ヒトラーが、西部戦線で勝利した翌日には、すぐさま寝返って、スターリンに敵対するであろうと確信し、希望をもち続けていたのである。(7)

さしあたって、ドリオはヴィシー政府を対独協力の方向へ押し進めようとした。彼は、フランス国民の大多数にとって敗戦後の混乱した世界で唯一の拠りどころと思われたペタン元帥に忠実にとどまることを明言し、一九四一年六月二十二日、リヨンで開かれた自由地区のフランス人民党大会での演説の最後には、「私はペタンをわが父とみなしている。私よりも思慮深く、思いやりのある父として尊敬している……元帥は我々を悪夢から救い出された。元帥は我々をヨーロッパ間協力の軌道に乗せられた。私が元帥の部下でも兵卒でもないなどと、どうして望むことができようか」と叫んだ(8)。そして、「国民の大多数から崇拝されたフランスの国家主席」に対する尊敬と愛着を声高に叫ぶ一方で、ドリオと彼の仲間たちは、一九四一年夏以降、ペタンに背き彼の政策を歪める取り巻きたちを激しく攻撃したのであった。

こうして、パリ地域のフランス人民党幹部マチュランン・ボロレは、公開の集会で、ペタンの取り巻きたちが「対独協力にはっきりと反対の態度を示し、ド・ゴール支持者でもある」と批判した。また、マルセル・マルシャルは、成り行き次第で、対独協力主義者になったり日和見主義者になったりイギリスびいきになったりするヴィシー政府のあいまいな政策を告発し(9)、ヒトラーの明敏さと決断力を称賛し、「明日のヨーロッパの指導者となるのが彼であるのは、幸運である。というのは、ヴィシーには、数人の閣僚たちの助けを借り受けたかなりの数の軍人の一味がいて、彼らは、昔ながらの方式に従って、リターンマッチを準備するために、和平条約の即時調印を望んでいるからである」との見解を表明した(10)。国内政策の分野では、多数の集会でフランス人民党の演説家たちは、ヴィシー政府が反動と革命を取り違えていると強調し、一九四一年七月六日のヴァーグラム会館の集会では、占領地区の党組織責任者アラン・ジャンヴィエは、ペタン元帥の取り巻き連中が、彼らの特権にしがみつき、国民革命を棚上げにしようとしていて、「元帥の寛大な意見を妨害するためなら、なんでもしようとしているようだ」と怒りの声をあげている。(11)

一九四一年十月四日には、ヴィシー政府は、一八八四年三月二十一日の労働組合法によって認められた「組合の自由」――組合結成の自由（労働組合の国家からの独立）、個人の加入・不加入の自由、組合複数主義――を否定し、産業部門別に社会委員会を設立する「職業の社会的組織」に関する法律――「労働憲章」(12)と呼ばれた――を公布したが、それに対してフランス人民党は激しく反対した。アルベール・ブーグラ（フランス人民党リヨン地域総代表、同党全国同業組合書記）は、サン・ドニ地区のフランス人民党員を前にして、同法が雇い主の利益を制限せず、企業経営に労働者を参加させようとしないことを非難し、ペタン元帥が、一九四一年三月一日のサン・テティエンヌでの演説のなかで、明確にしていた社会政策が彼の協力者たちによって骨抜きにされたことに不満を述べ、「資本主義に立ち向かえるのは、労働戦線だけです。それはドイツで起こったことであり、ドイツでは労働戦線が資本に打ち勝ったのです」と付け加えた。(13) また、パリのマジック・シティ会館での集会をはじめその他多くの公開集会で、フランス人民党の演説家たちは、行政機関や警察の職員の四分の三がド・ゴール支持者で、ペタン元帥の政策を計画的に破壊しようとしているなどと述べて、ヴィシー政府を厳しく批判したのであった。(14)

ドリオもまた、党の機関紙上で、ヴィシー政府の目指さなければならない国民革命の諸改革がいかにあるべきか、その大綱を示し、労働者の賃金の引き上げ、食糧・物資補給の改善など、労働者の生活改善を訴えた。(15) 一九四一年十月にフランス人民党がドイツ占領軍当局によって公式に承認されると、同党は、病院、無料診療所、サナトリウム、保育園、図書館、プール、グラウンド、老人・児童・女性・未婚の母への援助等の整備など、思いつくものすべてを並べたてたような、途方もないプログラムを策定した。[16] これに対して、ヴィシー政府のほうはドリオとフランス人民党を警戒し、その総合情報室の一九四一年六月四日付の報告は、「フランス人民党は、もはや元帥に信頼される集団ではないと思われる」と結論し、[17] また、一九四一年七月十八日にヴィシー政府の内相になったピエール・ピュシューは、ドリオに敵意をもち続け、就任するやただちにフランス人民党の活動を妨害しようとし、南部地区では同党の活動を禁止したのであった。

一九四一年六月二十二日、日曜、午前七時、リヨンで開催される自由地区のフランス人民党大会に出席するために、リヨンのホテルに泊まっていたドリオとフランス人民党の政治局員たちは、「ドイツ国防軍がソ連に進攻したぞ!」というモーリス・イヴァン・シキャールの叫び声でたたき起こされた。たちどころに、党の全首脳部が、パジャマや部屋着姿のまま、ドリオの部屋に集合し、ドイツ国民に対してヒトラーが呼びかける中継放送に聞き入った。

ヴィクトル・バルテレミーによれば、独ソ開戦のニュースは、フランス人民党の幹部たちの間に、名状しがたい感動を引き起こした。ドリオは、仲間たちに、次のように語った。「この瞬間は、世界全体にとって、また、我々、わが同志、わが党にとっても、もっとも偉大で歴史的に重要な瞬間だ。いまや、この戦争は我々の戦争である。それは、五年前のちょうどいまごろ、サン・ドニで我々が始めた闘いの論理的帰結である。この戦争、我々の戦争を勝利する日まで最後まで戦おう。」ドリオは目に一杯涙を浮かべていた。ヴィクトル・バルテレミーは、そのときの情景を次のように解説している。「独ソ条約の重い障害が、ついに取り除かれたことが分かった。ドリオがあれほど奉仕し、あれほど信じてきた共産主義、彼にとってはきわめて深い失望であり、きわめて激しい苦悩であった共産主義は、ついにドイツという無敵の強国によって喉元をつかまえられたのである。[18]」ドリオとその仲間たちは、共産主義によってひどく裏切られてきたのであったが、ソ連がドイツの敵国になったいま、彼らが長年その人生を捧げてきた理想は、いまや、彼らにとっては、新しい帝国主義としての正体を暴露したのであった。

ドリオは、一九四一年六月二十二日を、「嵐の一夜のあと、夜明けを迎えた船乗りのように[19]」、大きな解放感と歓喜の気持で迎えた。同日午後、ドリオは、リヨンでの南部地区のフランス人民党大会参加者を前にして、このドイツの対ソ宣戦布告という、世界的な大戦に起こったばかりの驚くべき変化について、次のように解説した。「私自身の意見として、また、わが党を代表していうのでもありますが、私にとって共鳴できる戦争があるとすれば、それは間違いなくこの戦争であると明言します……今日始まった戦争をみるとき、たぶん、その戦争の結果、数か月あるいは数年のうちに、善良なフランス国民は自国内で争いをしないでいることができるでしょう。[20]」もちろん、ドリオのいうのとは違った意味でも、フランスの世論一般にとっては、独ソ二つの大国――二つのギャング集団――がフランスから遠く離れた地で争い、彼らの力を消耗しあうのは、望ましいことであったろう。

同時に、ドリオは、対独協力の必要性を強調したいためであったろう、現実を歪曲してまで、対独協力政策の結果を過度に称賛しようとして、その数日後の七月六日、パリのヴァーグラム会館での演説で、次のように主張している。「ドイツは、我々に対して全面的な勝利を勝ち取ったあとも、我々になにも要求せず、我々にその植民地のすべてを残し、我々に手を差し伸べて、相互の協力を提案していいます。そのうえ、ドイツはわが国がその植民地を防衛し管理する権限を我々に残してくれています。一九一四～一九一八年の戦争の兵士であったヒトラー総統は、この大戦で戦ったフランスの兵士たちを――おそらく彼が戦場で対峙しあった兵士たちを――釈放するよう命令しました。それにもかかわらず、なお、このように寛大な感情を否定し、両国の協力を拒否するような愚か者や罪深い者たちが、はたしているでしょうか。」こうして、ドリオは、休戦協定の結果、フランスが占領地区と自由地区に分けられることになった境界線の規制緩和と、ドイツ軍政司令部の管轄下に置かれた北フランスのノール県とパ・ド・カレー県の一部返還の要求をほのめかし、今後、フランスは二つの敵、ソ連とイギリスと戦わなければならないと述べて、演説を締めくくっている。(21)

ドリオは、講和条約締結のための仏独交渉の結果を知らなかったのであろうか。

一九四一年二月九日、フランダンの後を継いで、ダルラン提督がヴィシー政府の副首相に任命され（すでに海軍大臣であったダルランは、副首相と外相の地位を占め、さらに二月十日には情報相、二月十七日には内相、八月十一日には国防相をも兼任し、しかも、無傷のまま残され、フランスにとって最後の重要な軍事資源であったフランス海軍のおかげもあって、ヴィシー政権の中心人物として、他のだれよりも休戦協定の命運を握る人物と思われていた）、仏独関係を担当する外務省の政務次官には、ドリオと親しいジャック・ブノワ・メシャンがダルランによって任命されていた。したがって、ドリオは、このブノワ・メシャンによって仏独交渉についての確かな情報を知らされていたはずである。ブノワ・メシャンは、ダルランとともに仏独間の長い交渉に参加し、五月二十八日には、パリで、北アフリカと西アフリカのフランス植民地におけるドイツの基地使用権についての重要な協定、「パリ議定書」の調印にも立ち会った。

仏独交渉の間、ヒトラーは一方的な譲歩をするつもりは少しもなく、五月十一日、ダルランがベルヒテスガーデンに赴いてヒトラーと会見したとき、ヒトラーは、ダルランが政権について以来繰り返しおこなってきた仏独関係についてのさまざまな新しい提案に対して、ドイツとフランスとの間では、政治的協力などは論外であることをダルランに理解させた。しばらく後の七月一日、ドイツ外相リッベントロープは、アベッツ大使に、もしフランスがイギリスに宣戦布告するならば、イギリスはフランスの海岸沿いに厳しい封鎖を実施し、そうなれば北アフリカのフランス本土からの離脱を引き起こすおそれがあろうから、フランスの対英宣戦布告は絶対に避けなければならないと強調した。

パリ議定書では、ドイツが占領費の小規模な削減、占領地区と自由地区の境界線の通行制限の緩和、ドイツの捕虜収容所にいる第一次世界大戦の元兵士たちの釈放(八万人足らず)、若干数のフランス軍施設の軍備改善を受け入れたのに対して、フランスのほうは、ドイツに対して、イラクにおける反英反乱を助けるためのシリアの飛行場の使用、ロンメルのアフリカ軍団のための軍需物資補給ルートとしてのチュニジアのビゼルト港の使用、寄港地として、場合によっては潜水艦基地としての、ダカールの使用を認めている。しかし、両国交渉の最後には、アベッツは、ヒトラーが講和条約の締結を遠い将来に延期しようとしていること、講和条約では、ドイツはイタリアとスペインの要求を全面的に支持するであろうこと、また、ドイツの領土要求は戦争終結以前には明確にされないであろうことを隠さなかった。(22)

したがって、ドリオが、その演説のなかで、鷹揚で寛大なヒトラーの肖像を描き、フランスがためらうことなく彼に協力すべきであると主張したのは、間違っていたし、聴衆を騙していたことにもなろう。やがて、ドリオは、国家主義的であると同時に真に社会主義的なドイツ、大ヨーロッパ連邦の母胎ドイツ、ソ連共産主義の悪に対して善の力を体現したドイツという、神話的なドイツのヴィジョンを捏造し完成させていくのである。イデオロギー的、情動的な想定によって現実を歪曲した、このような善悪二元論のなかで、ドリオは、ヒトラーの化けの皮をはがすことができず、かつてのボルシェヴィキ共産主義者時代と同様の誤りのなかに、再び落ち込んでいくのである。(23)

第四章　反ボルシェヴィズム・フランス義勇軍団

一九四一年六月二十三日の『人民の叫び』紙は、第一面に、「ドイツは、モスクワに対するヨーロッパ防衛を引き受けつつある。ジャック・ドリオは正しかった。彼は、一九三六年にすでに、モスクワの二枚舌を告発した」との見出しを掲げた。その前日の六月二十二日、ドリオは、リヨンでのフランス人民党大会の参加者たちに、ペタンに宛てて、ドイツ国防軍とともにソ連共産主義と戦いにいく、フランス義勇軍団の創設を許可するよう要求した電報を送るという決議を採択させた。(1) 六月二十八日、マルセイユでの集会のとき、ドリオは、彼がこの計画に身を投じ、みずから義勇軍団に加わって東部戦線で戦う意図を明らかにしたが、しかし、政治局メンバーから県書記のレヴェルまでの党幹部たちには、彼の例に倣うことを厳しく禁じた。

けれども、義勇軍団の結成を考えたのは、ドリオだけではなかった。とりわけデアの国家人民連合も、この計画にきわめて好意的な態度をみせていたアベッツ大使と接触し、ペタン元帥の許可を願い出た。ペタンの認可は七月四日に得られた。

しかしながら、ヴィシー政府は、ドイツからの公式的要請がない限り、必要な物質的援助を与えることは拒否するとし(2)、ダルランは、「ドイツ政府と軍の最高司令官が、あらかじめ、反共産主義の戦いへの我々の参加のシンボルとなる義勇軍団を承認し、ボルシェヴィズムと戦う部隊のなかにフランスの代表を加えたいという願望を公式に表明しない限り、フランス政府はこれ以上先にはいかない、すなわち、義勇軍団の兵士募集と同軍団の維持を物質的に援助することはできない(3)」と答えた。そして、休戦後帰休中のフランス軍士官には、義勇軍団に参加することを禁止した(4)。

こうして、義勇軍団に対してフランス政府から物質的援助の得られないことが判明したが、さらに、他方で、対独協力派の諸組織は、ドイツ側の承認を必要としていた。決定権はヒトラーの手中にあったが、ヒトラーはフランス軍の再生に貢献するようなフランス義勇軍団が結成され、ロシア戦線におけるドイツ軍の予備部隊になるなどということは望んではいなかった。一九四一年夏には、義勇軍団の結成を歓迎するようないかなる政治的、軍事的必要も存在してはいなかった(5)。

しかし、ドイツ大使アベッツは、この計画を知った六月二十三日以降、義勇軍団創設の考えを支持しようと決心し、その計画をヒトラーに好意的に説明した(6)。最初、ヒトラーは同意することをためらい、ドイツ国防軍参謀本部も彼と同意見であったが(7)、しかしながら、結局、ヒトラーは、七月一日、フランス義勇軍団の志願兵の募集を認可し、彼の承認は七月五日にパリのドイツ大使館に正式に伝えられた(8)。ヒトラーの決定は政治的なものであった。ヒトラーがフランス義勇軍団を承認したのは、ドイツの旧敵フランスがソ連に対する戦いに参加することは、ドイツの国旗の下で共産主義と戦っているのが全ヨーロッパであることを証明するための、プロパガンダの目的に利用できると考えたからであったろう。

ヒトラーの承認に力を得たアベッツは、七月六日、フランス義勇軍団の結成条件を知らせるために、リール街（パリ七区）の彼の事務所に、デア（国家人民連合）、ドリオ（フランス人民党）、コスタンティーニ（フランス同盟）[9]、クレマンティ（国家共産党）[10]、ビュキャール（フランシスト）らの関係党首を集めた。[11]

結成条件は二つあった。義勇軍団はあくまでヴィシー政府からは独立した私的性格の組織としてとどまるべきであり、志願兵の数は一万五千人を越えるべきではないというものであった。[12] さらに、受け入れるのは占領地区の志願兵だけであるという補足条件があった。[13] これらの条件を設けることによって、ドイツ軍政司令部は、フランス義勇軍団内にドイツ軍の最高司令官を置き、ヴィシー政権が義勇軍団の部隊に対して少しの影響力ももたないようにすることができたのである。[14] また、兵員数を制限した理由のひとつは、ヒトラーが、対ソ戦へのフランスの参加が象徴的なものにとどまるよう主張し、フランスの兵士が名誉の分け前にあずかるのをみたいとは思わなかったからであろう。[15]

出席者全員が一致してドイツ側の条件を受け入れ、七月八日の新聞とラジオで、次のようなコミュニケが発表された。「フランスの国家主席ペタン元帥の承認とヒトラー総統の同意を得て、下記に署名したフランスの諸団体は、全面的な合意のうえで、ボルシェヴィズムと戦う十字軍に参加することを決定した。これらの団体は、ただちに、ロシア戦線でフランスを代表するために、フランス義勇軍団を設立し、その名において、ヨーロッパ文明擁護のための戦いに参加する。[16]」

こうして、反ボルシェヴィズム・フランス義勇軍団（ＬＶＦ＝Légion des volontaires français contre le bolchevisme）

が結成されることになった。[17]　義勇軍団の創設者たちは中央委員会をつくり、その初代総裁にはドロンクルがなり、ドロンクルは四か月間このポストを占めた。ついで各団体のリーダーが、二か月ごとに交代して、このポストについた。署名各団体の本部と、元ソ連旅行代理店イントゥーリストの建物（パリ九区オーベール街一二番地）に置かれた、新しい組織の中央事務所に、さらに、それだけにとどまらず、ドロンクルの指示によって徴発された元ユダヤ人所有の六十ばかりの店に、募集センターが開設された。志願兵の募集が禁止されていた非占領地区にも、シモン・サビアーニの指揮下、行動委員会が設置された。[18]　ヴィクトル・バルテレミーによれば、これらの募集センターには、とりわけフランス人民党本部（パリ一区ピラミッド街一〇番地）の募集センターには、志願者が殺到したという。[19]　しかし、まったく違った別の証言もあり、それによれば、募集キャンペーンは多くの人びとの無関心と反感に遭い、いくつかの募集センターには投石さえあったという。[20]

ドイツ大使館参事官のユリウス・フォン・ヴェストリックがアベッツの代理として出席した、フランス義勇軍団（LVF）中央委員会の第一回会合（一九四一年七月二十四日）では、若干の参加者（そのなかには、フランス人民党を代表して、ヴィクトル・バルテレミーとジャン・フォサーティがいたようである）が、志願兵ひとりにつき、ドイツが二人のフランス軍戦争捕虜を釈放するよう要求したが、しかし、これに対して、ドイツ側からはいかなる正式の約束もなかった。[21]　一九四一年秋には、フランス人民党戦争捕虜センターは、「義勇軍団の兵士ひとりが犠牲になるたびに、数千人の我々の同胞捕虜が釈放される」というポスターを貼り出したが、[22]　それは単なる願望にすぎなかった。フランス義勇軍団（LVF）の結成とそれへの参加は、せいぜい講和条約調印の際にドイツ側に感謝されると期待することを可能にしただけであったのか、あるいは、戦争の勝者ドイツがそのヨーロッパ支配を確立するのを手伝うことによって、フランスの奴隷化に役立つ（ジャック・ドラリュー）[23]だけであったのか、いずれにせよ、それは、ソ連共産主義に対する憎悪に突き動かされた、いわば一種の無償の行為であった。少なくとも、志願兵の一部については、そのようにいうことができたであろう。[24]

ドリオについていえば、彼は、フランス義勇軍団（LVF）を本格的な軍隊にするために、できる限りの努力をしたといえよう。また、彼がみずから義勇軍団（LVF）に参加し、ロシアに戦いにいくことを決心したのは、勝利を収めるであろう戦争、おそらく短期間で終わるであろう戦争にフランスが参加して、ドイツが東方に「生存圏」を獲得したのちには、フランス国民がこのドイツの東方征服に貢献しただけ、講和条約でドイツはフランスに対して手心を加えるであろうという、政治的計算があったためでもあろうが、しかし、その計算は彼の個人的復讐の意志と分かちがたく混ざり合っていたであろう。

けれども、フランス義勇軍団（LVF）の結成事業は、ドリオの期待通りに簡単にはいかなかった。その結成には、アベッツを別にして、ヴィシー政権はもちろん、ドイツ政府、とりわけドイツ国防軍参謀本部も、あまり熱意を示さず、アベッツが三万人の志願兵の募集を提案したのに対して、ヒトラーもペタンも、ともに、フランス義勇軍団（LVF）が反ロシア戦役へのフランスのもっぱら象徴的な貢献にとどまるように配慮し、その兵員数がそれほど増加するのを望まなかった。休戦で帰休中のフランス軍士官は、義勇軍団に加わるのを許可されなかった。[25]既述のようにドイツ政府は、最初から、兵員数を一万から一万五千に制限し、[26]また、一九四一年七月六日にパリの冬季競輪場で予定されていた志願兵募集キャンペーンの大集会を中止させた。冬季競輪場での集会は、結局、七月十八日におこなわれた。[27]

図6　反ボルシェヴィズム・フランス義勇軍団支援集会、1941年7月18日、パリ冬季競輪場

この集会に先立つ一週間前の一九四一年七月十日、ドイツ大使アベッツは、フランス義勇軍団（ＬＶＦ）中央委員会のメンバーである各団体の指導者たちをマキシムでの昼食会に招いた。この会合の目的は、フランス義勇軍団（ＬＶＦ）の志願兵募集を促進するため、宣伝活動の分野における協力方法を決めることであった。(28) こうして、宣伝のための一大キャンペーンが開始され、パリの街の壁という壁は、次のような、一九三九年の開戦時の総動員の呼びかけを想起させるようなアピールとポスターで覆われた。「フランス国民よ！　戦争と世界の崩壊に責任があるのは、ボルシェヴィズムである。ボルシェヴィズムを壊滅させるために立ち上がろう。モスクワと戦うドイツ軍に味方して、フランス義勇軍団（ＬＶＦ）に参加したまえ。あなた方は、世界の全労

働者解放のための十字軍に参加するのである。あなた方は、西洋文明擁護のために努力を傾注するのである。あなた方は、あなた方の祖国の名誉のために、フランス軍の武器をもち、フランス軍の制服を着て、フランス国旗のはためくもとで戦うのである！　ペタン万歳！　モスクワ政府を打倒せよ！」[29]新聞やラジオは、義勇軍団の兵士をボルシェヴィズムの危険に対する西洋文明の擁護者として紹介した。[30]

メディアの強力な宣伝活動を補完するために、占領地区では多くの集会が組織された。それらのうちもっとも重要であったのは、一九四一年七月十八日、フランス義勇軍団（ＬＶＦ）中央委員会によって準備されたパリの冬季競輪場での公開集会である。既述のように、この集会は最初七月六日に予定されていたが、ドイツ国防軍参謀本部の要請によって、結局、十二日間延期されたのであった。しかし、対独協力派の新聞が大勢の出席者を予想していた通り、写真で見る限り、当日、会場は満員であった。警察報告によれば、出席者数はおよそ八千人であり、そのうち四分の一は女性、千人から二千人は各種団体の警備のメンバーであった。しかし、たとえ義勇軍団に対するパリ市民の敵意の感情があったとしても、警察報告の数字は、おそらく実際よりも過少であり、実際の出席者数は、これより多かったであろう。[31]

この集会では、コスタンティーニ、クレマンティ、デア、ドリオ、ドロンクルなど、フランス義勇軍団（ＬＶＦ）に参加する諸団体の主要リーダーたちが演説したが、[32]ドリオは、「ボルシェヴィズムが社会主義でなく、もっとも悲惨でもっとも恥ずべき労働者搾取であることを知らない共産党の労働者たち、ボルシェヴィズムが自分たちの財産、住まい、家族を破壊してしまうことを知らないプティ・ブルジョワたち、ボルシェヴィズムが信仰と信念の破壊であることを知らない宗教信者たち」など、スターリンの勝利を願う無自覚なフランス人を厳しく告発したあと、次のように語った。「もしフランスがヨーロッパにふさわしい国としてとどまりたいなら」、フランスはヨーロッパとともにボルシェヴィズムと戦わなければならない、「この共同の戦いから、ヨーロッパの再建をつかさどるべき共同の精神が生まれるでしょう。ボルシェヴィズムに対する戦争は、フランスに昨日の敵とともに戦うという、信じられないような機会を与えてくれることになるでしょう。そのような反ボルシェヴィズムの戦いをフランスが放置しておく権利はありません。(33)」

各団体のリーダーたちは、それぞれ、義勇軍団への参加可能者としてとてつもない数字をあげた。このように参加者の数字がエスカレートしていくのに苛立ったフォサーティは、フランス人民党は他の団体すべての合計と同じだけの数の義勇兵を送り出すことができると豪語した。アベッツはこれらの数字を真に受け、義勇兵の数は八万人と予想されるとベルリンのドイツ政府に知らせたが、もちろん、その数字は大幅に割り引かなければならなかった。

けれども、占領地区だけでなく自由地区でも、至るところで志願兵募集事務所が開設され、フランス人民党南部地区のフランス義勇軍団(LVF)事務局長に任命されたシモン・サビアーニは、マルセイユにおける募集活動を指揮した。しかし、多数の——一九四一年七月八日から二十日までの間に十三を下らぬ——募集事務所がテロによる襲撃の対象となり、警察が日夜募集事務所を警備したけれども、テロ行為やガラスの破壊は定期的に繰り返された。フランス国民の大多数、とりわけ青年たちは、実際には、ドイツのためにロシアに死ににいくという考えには全面的に反感を抱いていた。義勇軍団の志願兵募集に対してフランス国民がこのように強い反感を抱いたのは、彼らがドイツ軍とともに戦うという考えを拒否したからであり、また、盛んな宣伝活動にもかかわらず、対独協力派の諸組

織が世論によって信用できないとみなされていたからであったろう。(34)

では、実際には、フランス義勇軍団（LVF）には、どれほどの数の志願者があったのか。義勇軍団への参加を表明した各団体の指導者も、新聞も、そしてドイツ大使アベッツも、数週間のうちに、志願者が数万人になることを期待していた。ドロンクルの革命的社会運動（MSR）は、義勇軍団に五万人の兵士を提供できると申し出ていたが、しかし、やっと五百人しか集めることができなかった。(35) 新聞は、一九四一年夏の終わりには、占領地区と非占領地区とを合わせて、八千人の志願者があったと発表した。しかし、その数字は正確ではなく、実際の志願者数はもっと少なく、全体で、二五〇〇人から三千人を越えなかったようである。(36)

ディーター・ヴォルフによれば、一九四三年六月、ドイツ大使アベッツは、一九四一年七月から一九四三年五月までに義勇軍団に応募した志願者の数は一万七八八人であり、そのうち採用されたのは六四二九人だったと報告している。(37) また、ジャン・ポール・ブリュネによれば、フランス義勇軍団の兵員数は、動員されなかったメンバーを含めても、三六五〇人を越えなかったようである。それでも、なお、八千ないし九千の候補者が志願していたが、彼らのうちの若干数はまったくの社会的、肉体的な落ちこぼれ分子であった。(38) いずれにしても、ドイツ軍の課した徴募条件は厳しく、その医学的検査は非常に厳格であり、志願者のうちきわめて高い比率の不適格者が——とくに歯並びが悪いなどという理由で——ふるい落とされた。(39)

義勇軍団への参加者のなかには理想主義、政治的情熱、共産主義に対する憎悪に動かされて志願したものもあったが、しかし、失業者があふれ、経済的困難の厳しかったこの時代、実際には、その大多数は給料に引かれて志願したのであった。志願兵の給与はけっして低くはなく、平均給料は兵士は月額二三〇〇フラン（既婚者は家族手当を含めて三千フラン）、下士官は五千フラン、士官は一万フラン（中尉七千フラン、大佐一万九千フラン）に決められていた。それに、金銭の誘惑は詐欺行為を誘い、「志願兵」のなかには、偽名で契約に署名し、参加手当を受け取ったあと姿を消し、その後、少し経ってから、別の名前で再び現れるものがあった。この結果、フランス義勇軍団の志願兵のなかには、山師やアウトサイダーや社会的不適応者だけでなく、前科者もいて、それらの数は（誇張されていると思われるが）志願兵たちの七〇パーセントを占めていたという指摘（フェルナン・ド・ブリノン）もあった。(40)

志願兵の募集を促進するために、とりわけ南部地区では、フランス義勇軍団（LVF）の創立者たちは、ヴィシー政府の精神的、財政的支援を求めた。八月十日には、デアが『ウーヴル』紙上で公然と政府の援助金の支給を要請している。(41)

フランス義勇軍団（LVF）に対して、ヴィシー政府はどのような態度をとったか。一九四一年八月四日付で書かれたダルランの覚書きによれば、彼は、モントワール会談から始まった対独協力政策を続行するという方針を表明し、フランス政府は「ドイツ帝国が進める反ボルシェヴィズムの戦いの歴史的価値を完全に自覚し、この自覚はドイツ帝国との協力政策においてますます強固になっている」と断言していた。(42)しかし、彼にフランス義勇軍団（LVF）に対していかなる態度をとるかを尋ねたフェルナン・ド・ブリノン（パリにおけるヴィシー政府代表）に答えて、ダルランは、八月二十一日付の手紙のなかで、パリの対独協力者たちの率先的行動の限界を強調し、彼らの行動は、政治的、教義的レヴェルにおいては「意義」があるものの、結局は、私的な性格のものにとどまらざるをえないと述べている。(43)実際には、ヴィシー政府は、ドイツ国防軍とパリの対独協力主義者たちがその支配下に置いていたフランス義勇軍団（LVF）の計画を好意的な目ではみず、内相ピュシューにいたっては、在郷軍

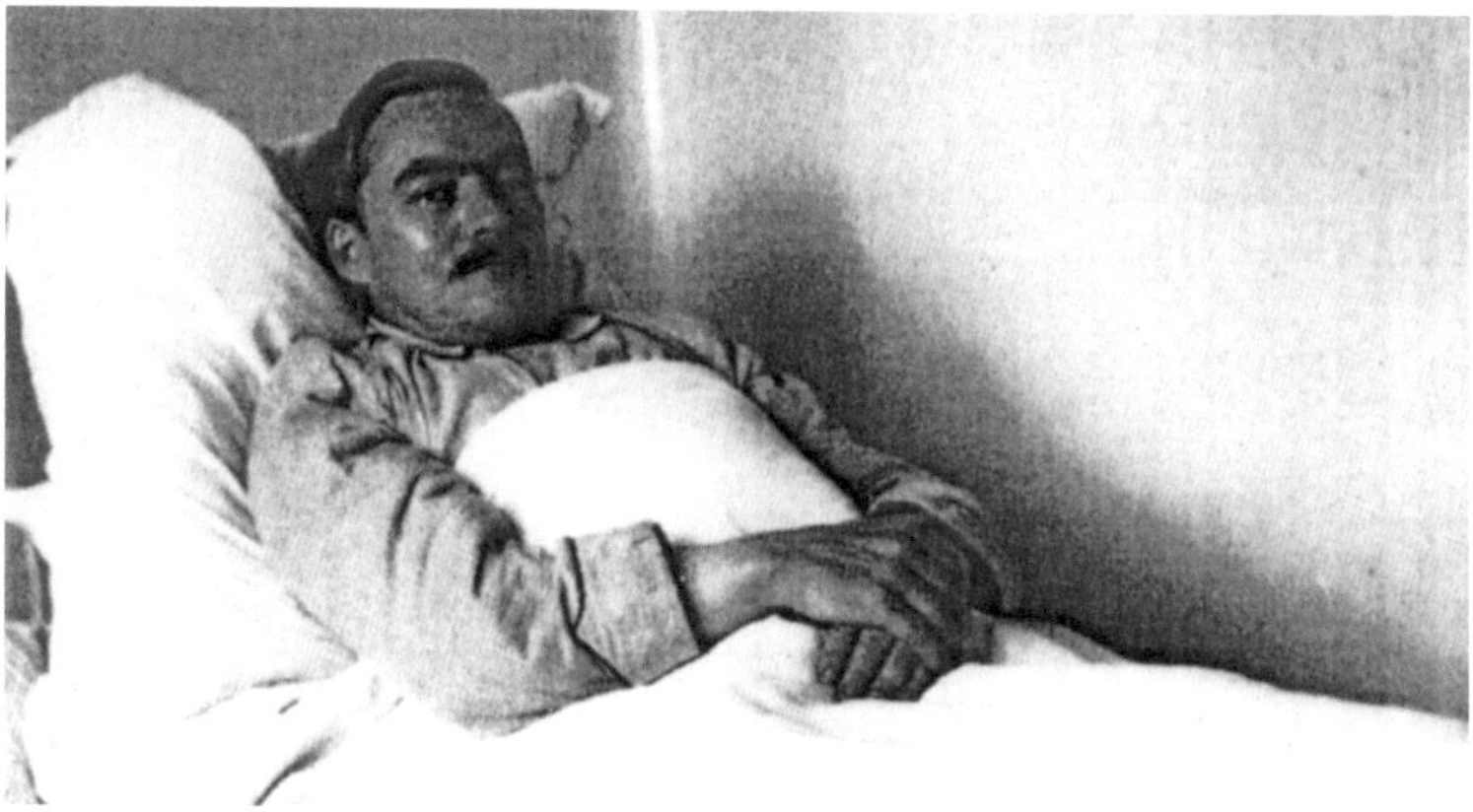

図7　反ボルシェヴィズム・フランス義勇軍団の結成式で暴漢の襲撃を受けて負傷し、ヴェルサイユの病院で療養するマルセル・デア、1941年8月末〜9月初め

人の統一的組織、フランス戦士団の支持を受けて、志願兵の募集を全力で阻止しようとさえしたのである。

　一九四一年八月二十七日午後、フランス義勇軍団（LVF）の最初の派遣部隊の近日の出発を祝うための式典が、ヴェルサイユの兵営でおこなわれた。対独協力者の重要人物のひとりを撃ち殺すことだけを唯一の目的にして、義勇軍団への参加に応募していた、フランス社会進歩（旧フランス社会党）の元団員で二十一歳の青年ポール・コレット[44]が、式典が終わろうとする混乱時を利用して、ポケットから出したピストルで、ラヴァル、デアその他幾人もの人物を撃ったのである[45]。ラヴァルとデアは重傷を負ったが、致命傷とはならなかった。デアは胃と腸に深手を負い、ラヴァルの場合は、ひとつの弾丸は右腕を貫通し、他のひとつは心臓の近くにまで達していたが、ピストルの口径（六・三五ミリ）が小さかったおかげで命拾いした。二人はヴェルサイユの民間病院に運び込まれ、そこで、ドイツ大使の要請によって、ドイツ軍の有能な外科医が彼らの治療に当たった[46]。

コレットに共犯者はなく、レジスタンス運動にも属さず、まったくの単独犯であったが、ラヴァルとデアは、対独協力派の指導者たちを対立させていた嫉妬や権力争いから、ドロンクルがその手先にピストルを持たせて狙撃させたのだと信じ込んだ。[47] 国家人民連合は、指導者（デアとドロンクル）間の対立のため、まもなく分裂した。[48] ドリオは疑われることなく、二人の健康回復を願って感謝された。

一九四一年九月三日、ドリオは彼の側近たちに別れを告げた。ヴィクトル・バルテレミーによれば、ドリオの顔は喜びで輝くばかりであった。ドリオにとっては三度目の戦争であり、バルテレミーは、戦場に向かおうとするこの元反軍国主義者の「軍人の身分に対する意外な愛」を知って、「共産党青年部の指導者であったとき、軍国主義に反対するきわめて厳しい闘いに身をゆだねていたこの男」の姿をいまさらのように想い起こし、「この男は生まれつきの兵士である」と語っている。しかし、ドリオは、だれにも見送らせず、ひそかに出発することを望み、フランス人民党の党員たちが計画を温めていた、彼への共感を誇示する見送りのデモをやめさせた。[49]

出発当日の九月四日の夜明けには、あたりの空気はそれほど熱狂的ではなく、のちに、一九四三年八月八日の冬季競輪場での演説のなかで、ドリオはこの日のことを次のように回想している。「私は、九月の陰うつな朝の、最初のヴェルサイユからの出発をいまでも思い出します。我々は、広範な敵意に囲まれていました。我々は、大胆にも、全ヨーロッパの戦士の制服を着用していて、ドイツとの融和の態度をはっきりと示していました。だれも、フランス国旗をナポレオンの軍隊がそれを掲げたのと同じ場所にひるがえすつもりは、まったくなかったのです。我々は裏切り者でした。[50]」「全ヨーロッパの戦士の制服」とは、「いまやヨーロッパの盟主となったドイツの軍服」のことであったろうが、そうだとすれば、このドリオの記憶は間違っていた。実際には、このとき、彼とその仲間たちは平服を着ていたのである。[51] 出発の日のフランス義勇軍団（LVF）の隊列のなかにいた新聞記者のアルフレッド・カトンは、次のように書いていて、このドリオの証言の「悲劇的な」調子を裏付けている。「我々が少々徒刑囚のような様子をしていたのは、事実である。ドリオは、背の高い人びとがみなそうするように、少し猫背になり、大きな手の先に小さなスーツケースをもって、愛国心に燃えた戦士たちの屈辱的な群れのなかを歩いていた。[52]」

フランス義勇軍団（LVF）の結成にあたって署名した対独協力組織の指導者たちのうち、このとき、みずから義勇軍団に加わり、前線に出発したのは、ドリオだけであった（ドリオ以外では、この翌年の一九四二年に、クレマンティが義勇軍団の軍事作戦に参加した）。このように、ドリオを、他の対独協力主義の指導者たちのようにフランスにとどまらせないで、自分自身も危険を冒して、義勇軍団とともに前線に向かわせた動機は、一体なんであったのだろうか。義勇軍団をフランス人民党の強力な民兵に変えることによって、フランスの対独協力主義勢力の異論の余地ない指導者になろうという魂胆からだったのであろうか。

ドリオは、平服に一九三九～一九四〇年の戦争のときの階級章、すなわち主任軍曹の階級章をつけて出発した。彼は十月初めに中尉に昇進することになっていたが、[53] 彼の愚直さは彼の仲間たちの心をつかんだ。五日間続いた東部戦線への旅行中、「彼は、家畜運搬用貨車のなかで、固い床のうえに、我々とともに眠った。我々より多くの毛布をもたず、我々と同じ食事をとった」と義勇軍団のひとりの若い兵士が語っている。ドリオは、中尉に昇進しても、彼の部下たちと親しくし、人手のないときには、よく調理場を手伝い、彼の手料理「ドリオ風ローストチキン」は、兵士たちの間で有名になった。[54] また、ドリオが家族のことをいつも気づかっていたのは、すべての兵士と同様であった。[55]

フランス義勇軍団（LVF）は、ポーランドのクラクフの東一五〇キロメートルに位置するデンバのキャンプで訓練をおこなった。フランスの兵士は松林のなかの快適ないくつかのバラックに入居させられたが、しかし、酒保、売店、映画館などの特別施設に立ち入るのを禁止されて、不満を募らせた。(56)

もうひとつ兵士たちをひどく落胆させたのは、彼ら志願兵がドイツ軍の制服を着用しなければならないということであった。志願兵たちは、キャンプに着くまで、彼らがドイツ軍の制服を着なければならないことを知らなかった。義勇軍団に参加した各団体の指導者たちは、募集キャンペーンの間、志願兵はフランス軍の制服を着て戦うと発表していた。また、フランス義勇軍団（LVF）の規約も、制服はフランス軍の制服であり、義勇軍団の兵士はフランスの国旗の下で戦うと定めていた。フランス軍の兵站部も、二万人分の制服と装備を用意していた。それにもかかわらず、この約束は守られず、フランス軍の制服は使用されることはなかった。(57) しかも、この点については、ドイツ国防軍の要求は頑なであった。「ドイツ軍の制服とは困ったものだ」と、デアは八月二十二日の日記で記している。(58) ドイツ国防軍が同意した唯一の譲歩は、左腕と鉄兜に三色の小さな盾形の記章をつけることだけであった。(59) ドイツ軍の制服着用についてドイツ国防軍の言い訳は、義勇軍団への参加は個人の資格でおこなわれたのであり、したがって、フランスの志願兵は、フランスを代表せず、ドイツ軍の兵士になったのだということであり、また、フランスはソ連に対して宣戦布告してはいないので、ソ連と戦うためには、フランス人の志願兵はドイツ軍の制服を着るべきであり、もし義勇軍団の兵士たちがフランス軍の制服を着たままロシア兵に捕えられたならば、非正規軍兵士とみなされるであろうからということであった。

図8　ドイツ軍の制服を着て、反ボルシェヴィズム・フランス義勇軍団の一員としてロシアの戦線に出発するドリオ

しかし、若干の義勇軍団兵士はドイツ軍の制服を着るのを拒否し、そのため、ひとりの兵士は軍法会議に引き出され、五年の懲役刑を宣告され、ポーランドの塩坑に送られたが、二週間後に恩赦を与えられて、フランスに送り返された。他の兵士たちは断腸の思いでドイツ軍の制服着用を承諾したが、ひとりの中尉は灰緑色のドイツ軍の制服を差し出されたとき泣き崩れたという。ドリオ自身は、このとき、彼の胸のうちを明かそうとはしなかったが、ボルシェヴィキの悪魔と戦うには、このような犠牲もやむをえないと考えていたのかもしれな

い。(60)

訓練を終え、ドイツ軍の兵器の使用法とドイツ風の行動の仕方を学んだのち、フランス義勇軍団（LVF）の兵士たちは、独立集団ではなく、ドイツ国防軍第六三八歩兵連隊に属し、ヒトラーに宣誓しなければならなかった。フランス解放後の裁判で申し立てられた屁理屈によれば、それはドイツの国家元首ヒトラーへの宣誓ではなくて、反ボルシェヴィズムの戦いに参加した軍隊の――そのとき、たまたまヒトラーであった――総司令官への宣誓であった。(61) ヒトラーの宣誓に頑固に抵抗したものは、営倉に送られ、そのために死者も出たほどであった。(62) ヒトラーへの宣誓はフランス義勇軍団（LVF）の志願兵を「正真正銘の」ドイツ軍の兵士にするものであり、国民としてのアイデンティと価値観の完全な喪失を示すものであった。完全にドイツ化されて「祖国を失った」義勇軍団の兵士たちは、フランスでの休暇中もくつろぐことができず、人びとの敵意の的になったり、近親者の無理解にさらされたりして、早く彼らの部隊に帰りたいと告白するものもいた。(63)

当初、フランス義勇軍団（LVF）内では、ドリオのフランス人民党とドロンクルの革命的社会運動（MSR）との対立が目立った。ヴェルサイユの兵舎では、ドリオは食堂で『人民の叫び』紙を無料で配布し、他のすべての新聞を排除した。ポーランドのデンバの訓練キャンプでは、彼は各部隊内にフランス人民党の細胞を組織し、義勇軍団の兵士たちの多くが明確な政党色をもたなかったので、ドリオは、実際より日付をさかのぼらせた入党カードにサインさせて、彼らを入党させ、ドイツ軍に対しては、義勇軍団の兵士の七〇パーセントがフランス人民党の党員であると告げた。(64) 義勇軍団に参加していた一士官の報告が、この点について、次のように主張している。「フランス人民党が義勇軍団に参加した志願兵の大きな割合を供給したことは、確かな事実である。しかしながら、志願兵の大多数が、彼らが義勇軍団に入る前にはいかなる政党にも属していなかった事実を見落としてはならない。義勇軍団に入ったあとで、彼らは、そこで受けた影響に応じて、革命的社会運動（ＭＳＲ）に加入するかフランス人民党に加入したのである。[65]」このようにして、多くの志願兵が、ポーランドの訓練キャンプで、日付をさかのぼらせた入党カードに署名して、フランス人民党に入党したのであった。

少なくとも義勇軍団結成初期には、革命的社会運動（ＭＳＲ）の影響が強く感じられ、このように「政治化された」義勇軍団内では、当初、緊張が激しかった。第六三八連隊は同様な組織の二つの歩兵大隊に分けられていたが、第一大隊ではフランス人民党が支配的であったのに対して、第二大隊では革命的社会運動が支配的であり、「ドリオ部屋」と「ドロンクル部屋」がつくられ、両者の間では、口げんかがしばしば乱闘に発展した。しかし、まもなく革命的社会運動（ＭＳＲ）の分裂とともに、義勇軍団はほとんどフランス人民党の民兵組織のようになっていった。[66]

フランス義勇軍団（ＬＶＦ）は、第一大隊の最初の部隊が一九四一年十月二十八日に、第二大隊の最初の部隊はその二日後に、デンバの訓練キャンプを出発して前線に向かった。[67]義勇軍団の輜重《しちょう》隊も、スモレンスク経由でモスクワに向かって出発した。訓練がおこなわれたのは七週間足らずであり、外国の装備と兵器を身につけた異質な集団の兵士たちの部隊にとっては、きわめて不十分な期間でしかなかった。

出発前、部隊を指揮していたロジェ・ラボンヌ大佐は、ペタン元帥に忠誠を誓うメッセージを送った。十一月五日、ペタンは手紙でこれに返答し、その内容が公表された。ペタンは、ラボンヌ連隊長に対して、次のように書いていた。「今度の戦闘の前夜に、あなたが我々の軍事的名誉の一部分を保持するのを忘れずにいることを知って、幸せである。今日、わが国にその固有の徳への信頼を取り戻させることほど、有益な任務はおそらくないでしょう。しかし、あなたは、さらにもっと直接的な仕方でフランスに奉仕しようとしている。ドイツが先頭に立つこの十字軍に参加することによって、あなたが世界から感謝されるのは当然です。そうすることによって、あなたはボルシェヴィキの危険を我々から遠ざけることに貢献されるのですから。このようにして、そしてまた、融和したひとつのヨーロッパという希望を迎え入れることによって、あなたが護ろうとしているのは、あなたの国なのです。[68]」この手紙は対独協力主義者たちを十分に満足させ、義勇軍団の兵士たちの傷心を慰めたが、逆に、対独協力に積極的ではない心からのペタン支持者を仰天させた。当時、正常な知的能力を失っていた老元帥が、フェルナン・ド・ブリノンに籠絡されて、手紙の内容を読まずに署名したことをだれも知らなかった。[69]

一九四一年十一月一日、鉄道を使ってスモレンスクに着いたフランス義勇軍団（LVF）は、その後はトラックで旅を続け、十一月末には、ようやく、モスクワの西およそ六〇キロメートルの、ボロディーノ近くの湖畔の大きな村ジューコフに到着した。[70]旅が長くかかったのは、地理的距離のためだけではなく、パルチザンの待ち伏せに対する用心のためでもあった。ジューコフに着いたとき、一気に、すさまじい寒波が襲いかかり、ぬかるみの道はたちまち凍結した。[71]のちに、一九四二年二月二十一日のパリの冬季競輪場でおこなうことになる演説のなかで、ドリオは、このときの十二月初めの日々のことを想い起こして、次のように語っている。「朝、マイナス一〇度を示していた寒暖計は、晩には、マイナス三七度にまで下がり、翌日には、マイナス四一度にまで下がりました。そのとき、兵士の顔つきはすっかり変わってしまいました。人間はその能力の一部を失ってしまい、指はかじかみ、手足の関節は硬直してしまいました。最前線では、地面は石のように固く、道具を使って掘ろうとしても掘ることができず、歩兵がその土地を占領しても、身を隠すところがありません。自動火器は使用が困難になります。戦車や物資補給車のエンジンは、運転手の操縦に反応しなくなります。食糧や弾薬の補給、病人や負傷者の撤収は危険をともないます。寒風が雪の波を舞い上げ、道や足跡を隠してしまいます。このような天候のときには、優秀な近代的な軍隊も、その技術的優越の基本的要素を失ってしまいます。」数日間で二百人以上の兵士が凍傷にかかったため、彼らを後送しなければならず、そのうちの若干名は、手足の切断手術を受けなければならなかった。また、あまりの寒さのために精神錯乱におちいったものもいた。(72)

第六三八連隊のうち、ドリオのいた第一大隊は、フォン・ガブレンツ将軍の指揮するドイツ国防軍第七師団の予備隊に配属され、とくに雑役を担当した。第二大隊は、モスクワの方向に攻撃に向かう師団の部隊に統合されることになっていた。しかし、実際には、ドイツ国防軍は、フランス義勇軍団（LVF）の軍事能力をまったく軽視していたので、第二大隊もまた雑役に使用された。反対に、第一大隊は、一九四一年十二月一日、ジューコフの村の攻撃に参加した。危険を冒して凍結した湖を渡ろうとするラボンヌ大佐指揮下の部隊に、ロシア軍は容赦なく弾幕射撃を浴びせかけ、義勇軍団側にかなりの負傷者や死者が出た。(73) 死闘は数日続き、ほとんど毎晩、ロシア軍は攻撃をしかけてきた。フランス義勇軍団（LVF）の形勢が危機的な局面におちいった日のことについて、ドリオは次のように語っている。「それは、機関銃が用をなさないような、本当に厳しい寒さの晩でした。ロシア軍の攻撃は、最初は手榴弾で押し戻しました。機関銃手が機関銃の部品を温め直して、ようやく、いくつかの保弾帯は射撃できるようになり、攻撃してくる敵を敗走させたとき、ようやく状況を立て直すことができました。(74)」

こうして、散々な敗北に終わったフランス義勇軍団（LVF）の戦いは、結局、一九四一年十二月七日、ドイツ国防軍のバイエルン連隊に引き継がれたが、死者、負傷者、後送された傷病兵をあわせて、その兵員の半数近くを失っていた（バイエルン連隊は、のちに、ソ連軍の冬季大攻勢で、全滅することになる）。十二月十二日の通達で、フォン・ガブレンツ将軍は、フランス義勇軍団（LVF）の兵士たちの英雄的行為、軍人精神を称賛し、彼らがボルシェヴィズムに反対し、新しいヨーロッパのために戦う熱意をドイツ軍兵士との戦友愛のなかで示したことに賛辞を呈した。その後、フランス義勇軍団（LVF）はスモレンスクに戻され、パルチザンとの戦いに使われ、ついで一九四二年二月初めには、その二大隊のうちのひとつはデンバのキャンプに送り戻され、他のひとつはクルジーナのキャンプに送られ、しばらく後に全面的に再編成された。以後、フランス義勇軍団（LVF）はもっぱらパルチザンとの戦いに当たることになった[75]。

その間、ドリオは第六三八連隊の参謀本部スタッフに任命され、フランスでの「任務」のために、パリに送られることになった。一九四一年十二月末にドリオが戻ってきたパリでは、彼が死んだという噂が執拗に流れていた。彼は生きていたが、パリを留守にした四か月の間に、一九キロ瘦せていた[76]。

第四部　ヴィシー政権下のフランス人民党

一九四二～一九四四年

第一章　政権を目指して

ドリオがフランス義勇軍団（ＬＶＦ）とともに東部戦線に出掛け、パリを留守にしている間、フランス人民党は休眠状態にあったのではなかった。おそらく同党が、かつて、この時期ほど、パリ地域で多量のビラをまいたことはなかったであろう。毎週、新たなビラが五万部から十万部、さらには二十万部印刷された。開戦後軍隊を離脱してモスクワに逃亡した共産党書記長トレーズとドリオを比べた「脱走兵トレーズ！　戦士ドリオ」というビラが一九四一年九月初めに五万部印刷され、十二月半ばには十万部再発行された。「共産主義と戦闘準備状態に入れ」（九月中頃、十万部）、「ジャック・ドリオの戦い」（十月末、五万部）、「正義をおこなおう」（十一月末、二十万部）ほか、大量のビラがドリオのフランス義勇軍団（ＬＶＦ）への華々しい参加を喧伝した。また、「フランス人民党は勝利する」、「フランス人民党は共産主義を撲滅する」、「ドリオとともに、我々は勝利を収める」、「フランス人民党はフランスの力を取り戻させる」、「ドリオは正しかった」などというチラシがほとんどどれも二十万部印刷された。さらに、ドリオが東部戦線に出発した数日後には、「党首は出発した！」と題したような、しばしばカラー印刷されたポスターが街中至るところに貼られた。そして、それらのポスターは、他の対独協力派グループの指導者たちにとっては、きわめて厳しい、次のような文章で終わっていた。「部下たちに彼らの生命を彼らの理想のために危険にさらすことを求めた指導者は、みずからの生命を危険にさらすことができなければならない。(1)」

ドリオが東部戦線へ出発する以前の一九四一年八月には、フランス人民党は地区集会や公開集会を繰り返し開催していたが、その頃、共産党員からこれらの集会を攻撃するという脅しがあったため、ドリオは、集会を自身の出発まで延期させた。しかし、最初の政治的性格をもった暗殺の対象となったのは、フランス人民党員ではなく、人民戦線内閣時代の内相マルクス・ドルモワであった。その事件は、ドルモワが住居を指定されていたモンテリマール(ドローム県)で、七月二十六日に起こったが、それは共産党員の仕業ではなかった。マルクス・ドルモワといえば、一九三七年にドリオをサン・ドニ市長の職から罷免した人物であり、真偽のほどはあやしいが、一九四〇年七月のヴィシーでの国民議会のとき、ドリオが「ドルモワよ、我々はお前の息の根を止めるつもりだ」と罵倒したと噂されていた人物であった。フランス人民党は、この暗殺に関係してはいなかったのだろうか。ヴィクトル・バルテレミーは、一九四一年九月後半に、ヴィシー政府の内相ピエール・ピュシューと長い会話を交わしたとき、この事件について問われ、ピュシューが「この暗殺の命令を下したのは、自身であるのをジャックは知っている。それは、六月末、リヨンでの内輪の集会のときだ」といったのに対して、これを否定している。(2) この暗殺は元カグール団の犯行であった事実がのちに判明したが、当時は、フランス人民党の数人の幹部も、それを同党の行為であると認め、事実上の犯行声明さえ出したほどであった。(3)

共産党員による最初の暗殺の対象となったのは、フランス人民党の党首の側近や幹部ではなく、元共産党書記で同党を脱党したマルセル・ジットンで、彼は一九四一年九月四日に自宅近くで自転車に体当たりされて転倒し、翌日、死亡した。ジットンは、幾人もの著名な共産党離党者とともにフランス人民党の結成に参加したが、一九四一年七月には同党を離党し、対独協力に深入りすることなく、共産党と絆を断ったできるだけ多数の元共産党員を再結集しようと願って、フランス農民労働党（Parti ouvrier paysan français）を創立した人物であった。共産党はジットン暗殺が同党の犯行であると認めようとはしなかったが、同党指導部が内密にその指令を出していたのは、ほぼ確実であった。暗殺される数日前、ジットンは、数人の共産党からの転向者とともに、共産党支持の労働者に対して公開書簡を差し出し、パリの諸新聞が大々的にそれを発表したところであった。ドリオがフランス義勇軍団（ＬＶＦ）とともに出発したその日に起きたこのジットン暗殺事件の結果、フランス人民党は、同党の集会にも危険が迫っていることを認めざるをえず、警備組織を強化した。

一九四一年六月二十〜二十二日にリヨン・ヴィルールバンヌで開催された自由地区のフランス人民党大会のときに、ドリオは指導部をパリと統合することによって党を再編成しようと決意し、以後、ヴィクトル・バルテレミーが、ジャン・フォサーティの助けを借りながら、自由、占領両地区の書記長を引き受けることになった。バルテレミーは、パリ地域の幹部に対して、柔軟かつ確固たる態度をとって指導力を発揮し、そして、占領地区の組織責任者アラン・ジャンヴィエは、フランス人民党の名を以前のように定着させることに成功し、フランス人民党の頭文字PPFを「Premier Parti de France フランス第一の党」と読んで言葉遊びされるほどになった。また、六月二十九日のパリ地域の幹部たちの集会のときには、マルセル・マルシャルが共産党員の活動を十分取り締まれない警察の非力をフランス人民党が補わなければならないといい、多量のビラやパンフレットが配布された。十二月七日には、同じパリ地域の幹部たちに対して、マルシャルは、彼がなお市長の職にとどまっていたサン・ドニでの活動の成果を誇り、「サン・ドニでは、共産党の新聞はもはや存在していません。我々は、こうして、ドイツ人に対して、ドリオの支持者が共産主義の真の敵であることを証明したのです」と語っている(4)。

一九四一年十月三十一日には、アラン・ジャンヴィエが署名した次のような「政治的指導についての通達」が党内に配布された。それは、一九四〇年十二月九日に回覧されたが、そのときはほとんど実行されなかった指令を再度回覧したものであり、改めて党再生の動きを示すものであった。「党のすべての事務所では、ペタン元帥と党首との肖像写真をそれにふさわしい名誉ある場所に掲げなければならない。すべての集会は〝党首への敬礼〟の伝統的な儀式から開始されなければならない。フランス人民党の敬礼は、党員が出会ったときには必ず実行され遵守されなければならない。その他の挨拶の表現は、党の敬礼に〝倣う〟べき礼儀作法の規準に一致しなければならない。ジャック・ドリオが主宰する集会では、党首の到着は、〝党首〟という語を発することによって警備責任者が告げるであろう。そのとき、出席者全員は立ち上がり、党首がその席につくまで、敬礼の姿勢を取り続けなければならない(5)。」

このような党再生を示すシンボルとなったのは、ドリオが東部戦線に出発したあとの一九四一年十月二十七日、日曜日、フランス人民党がジャック・ドリオとフランス義勇軍団（LVF）を称える集会をパリのヴァーグラム会館で開催したとき、満員の聴衆を集めるのに成功したことであった。同党の幹部たちの発表によれば、広いホールと拡声器を据えつけた別館は八千人の聴衆で埋まったという（警察の推定では二五〇〇人）。ドリオのいない集会がこれだけの聴衆を集めたというのは、少々驚きであった。

三色の横断幕が二つの会場を飾り、そこには「義勇軍団が結成されたときには、私は最初に出発するであろう」、「この戦争は、今日では、ボルシェヴィズムという卑しい文明に対する戦いになった」、「私はボルシェヴィズムとの関係を絶ち切った。どうしてもそうしなければならなかった、たったひとりの人間である」などの「ドリオ自身の言葉」を読むことができた。フランス人民党書記長ヴィクトル・バルテレミー、同党指導部のロジェ・ヴォークランとジャン・フォサーティ、人類学学院民族学教授ジョルジュ・モンタンドン、在郷軍人作家協会副会長ジャック・ブーランジェ、元共産党中央委員で元モントルイユ市長フェルナン・スーペ、ジャーナリストのシャルル・ディウードネ、元在郷軍人共和連盟副会長シャルル・ネドレク、フランス同盟指導者ピエール・コスタンティーニらが次々と演説して、ジャック・ドリオの行動を賞賛した。フェルナン・スーペはフランス人民党に入党したばかりであり、「これまで共産党のために闘うことによって、我々は間違いを犯してきた。我々はモスクワに裏切られた。そのことを正直に、だれはばかることなくいわなければならない。ジャック・ドリオは、我々より先にそのことを理解した。彼は正しい」と語った。ドリオ夫人が集会の途中で来場し、演壇上の席に座るよう促され、熱烈な拍手で迎えられた(6)。

ドリオは、一九四一年九月二日（彼がフランス義勇軍団［LVF］とともに出発する前々日）に、小さな集団であるフランス同盟の指導者ピエール・コスタンティーニと共同行動を目指した声明に署名していた。ドリオはコスタンティーニが彼にもたらすわずかばかりの加勢に幻想を抱いていたわけではなかろう。しかしドリオは元カグール団団員という前歴をもつコスタンティーニとの合意が、おそらく、カグール団の組織者で、当時、デアと対立して国家人民連合を去ろうとしていたドロンクルと、彼が一九四〇年九月に設立した政治組織、革命的社会運動（ＭＳＲ）を、フランス人民党に近づけることができるのではないかと期待していたのであろう。(7)

一九四〇年九月にコスタンティーニが結成し、ドイツ大使館によって認可された「粛清、社会的相互扶助、ヨーロッパ間協力のためのフランス同盟」は、読むものもほとんどなかったその週刊機関紙『呼びかけ』の発行も含めて、全面的にドイツからの資金援助に頼っていた。一九四一年十月には、団員数は二五〇〇人を越えず、とくにパリ地域、ディジョン、リールに集中していた。この小集団の指導者コスタンティーニは、ヴァーグラム会館での一九四一年十月二十七日の集会のとき、「私は、ジャック・ドリオと固く握手した……フランス再建のための闘いにおいて、フランス同盟とフランス人民党は、同じ決意と同じ意志をもってともに闘い、これからもともに闘うであろう。我々が勝利を収めるのは、確実である。我々がもっとも公正であり、そして、我々がどうしても成し遂げたいと思っている仕事が、生命以上に大切なものだからである」と叫んだのであった。

フランス人民党の発展、コスタンティーニと締結した協定、また、国家人民連合で指導者たちの対立（とりわけデアとドロンクル）によって進行した分裂の危機などの結果、ドリオとフランス義勇軍団（ＬＶＦ）の出発後まもなく、ドリオの同僚たちは、他の対独協力派の諸党に対して合併のための話し合いを提案した。しかし、その交渉は決裂した。マルセル・デアは、その日記のなかで、「この卑劣漢たちは、ドリオひとりの勝利のために活動し、我々を追い出そうという下心をもち、潜入工作のことしか考えていない。それはふざけた行為であると同時に恥ずべき行為でもある。アベッツは、ドリオとコスタンティーニの陰謀に精力的に反対している」と激しく非難している。そして、この少しあとに、「フランス人民党との完全な決裂」と簡潔に記している。[8]

しかし、デアは国家人民連合の他のリーダーたちと良好な関係を維持できず、ついには同連合の指揮を取ることを拒否するに至った。こうして立場の弱くなったデアは、フランス同盟、革命的社会運動（MSR）、フランス人民党とともに、フランス人民党のリーダーたちが提案し、「力を合わせ、行動を強化するために定期的に集まるという決意」を明確にした共同マニフェストに署名せざるをえなかったのである。ドリオが、彼の満足の気持を表明するために、東部戦線から打った電報に対して、コスタンティーニ、デア、ドロンクルは友情と「もっとも熱烈な誓い」を表明した返電を送った。この結果、フランス人民党は、この電報の文章を再現し、ドリオを「戦前にも休戦以後も、国民革命の推進者」で、「国民的諸政党の連合の促進者」であると賞賛した、「この五年間のジャックの闘い」と題するビラを十万枚撒いた。このビラは、「フランス国民よ、ジャック・ドリオがこの国の愛国者の連合を実現するのを助けたまえ」という文章で結んでいた。[9] こうして、一九四一年十一月三十日の集会で、ヴィクトル・バルテレミーは、フランス人民党パリ地域の党員たちを前にして、単一政党は他の諸政党をうまく引き立てていくことのできる党によって組織されるであろうと宣言した。[10]

デアとドロンクルとの対立は激化した。デアは、ドロンクルを蹴落とすには、どうしてもフランス人民党の助けを必要とし、そのため、彼とドリオの仲間たちとの関係は不信から親愛に変わった。一九四一年十一月十日、フランス義勇軍団(LVF)の役員会で、ドロンクルは総裁のポストを失い、各党が二か月交代で総裁職を務めることが決定された。デアは、ドリオがフランスに帰国次第、総裁のポストを彼に委ねることに同意した。デアは、「反ドロンクル作戦」を実行するために、ドリオを当てにしていた。その作戦とは、フランス義勇軍団（ＬＶＦ）の財務勘定を査定すれば、「あらゆるレヴェルで無数の汚職を伴ったひどい乱脈経理」が明らかになるはずであり、その帳簿の提出を要求することによって、ドロンクルを「追いつめる」ことであった。(11)

したがって、ジャック・ドリオがみずからの生命をかけて戦った広大な東部戦線からパリの対独協力主義者たちの小さな世界に帰ってきたとき、パリは彼にとって最良の政治状況にあった。一九四二年一月二日、彼は、フォサーティを伴って、デアを長時間訪問し、二人の人物は意見の全般的な一致を確認しあった。ドリオはラボンヌ大佐の手紙をペタンに手渡すためにヴィシーに出発しなければならず、一月十七日にパリを立ち、十九日にペタンとダルランに迎えられた。(12) パリに戻ったドリオは、デアに会い、このときのペタンとの会見を思い起こして、「老人は、ボルシェヴィズムを粉砕することが必要であると話したあとは、ひたすら、その〝崩壊〟についてしか話さなかった」と述べている。(13)

このデアに対するドリオの打ち明け話は、一月二十三日、レストラン、トゥール・ダルジャンでの「パリ報道界」主宰の昼食会の際にされたものである。デザートのとき、ドイツ占領軍の言いなりになっていたこの組織の会長で新聞『現代』の編集主幹ジャン・リュシェールの短いスピーチのあと、ドリオが挨拶し、フランス義勇軍団（ＬＶＦ）の冒険について語り、義勇軍団の最初の負傷者であるデアを称え、ロシアにおける戦争の今後について楽天的な見通しを語った。この一九四二年一月末の日々、ドリオは、フランス義勇軍団（ＬＶＦ）役員会公認の総裁として、「ドロンクル問題」と義勇軍団の財務問題の解決に全力を注ぎ、最後には、どうにかドロンクルの恨みを買うこともなく、会計簿と財務関係の資料を彼に提出させることに成功した。[14]

ドリオは、一九四二年二月一日、日曜日のパリの冬季競輪場での大会のとき、最高の栄誉を受けた。フランス人民党は、八十万枚のビラを配り、七五〇〇枚の巨大なポスターを貼付し、公道の二五〇か所に掲示板を設置するなど、途方もない宣伝努力によって、この大会を準備した。同党の幹部たちは一万人の聴衆を集めたいと希望していたが、警察報告によれば、一万三千人の人びとが集まった。[15]フランス人民党は、それを三万人と発表した。冬季競輪場は「超満員」になり、「予想外の成功」であったとデアは日記に書きとめている。[16]大会はフランス義勇軍団（LVF）中央委員会によって企画されたので、この日の朝、同中央委員会の総裁になったばかりのマルセル・デアが議長を務めた。デアは、その短い開会のスピーチのなかで、ドリオの名をあげて拍手喝采を送らせ、「思想と行動を一致させた政治家で戦士」であるドリオに敬意を表し、ついで、もし出発の前に暗殺者がデアを傷つけなければ、彼自身もフランス義勇軍団（LVF）の戦士の一員として出発していたであろうと主張して、拍手喝采を浴びた。次に、アベル・ボナール（一九三二年にアカデミー・フランセーズ会員に選

図9　1942年2月1日、パリの冬季競輪場での反ボルシェヴィズム・フランス義勇軍団（LVF）の集会開催を告げるポスター
マルセル・デアが主催し、東部戦線から帰国したドリオが「ロシアで何を見たか」と題した講演をおこなうのを知らせている。

ばれ、一九三八年にフランス人民党に入党）が三十分に及ぶスピーチをおこない、最後に、熱狂的な拍手で迎えられてドリオが演壇にあがった。このときのドリオの演説について、『イリュストラシヨン』紙は、「超人的な風が群衆の頭上で吹き荒れた」と書いている。(17)

ドリオは熱弁をふるった。「ヨーロッパは、いま大きな危機にあります」と彼はいい、共産主義の脅威、非共産主義者間の内戦と殺し合いについて論じ、国民の伝統、家族、信仰のすべてが破壊されようとしている危険に警告を発して、「ヨーロッパを押しつぶそうとしているスターリンの途方もない行動」と、ドイツ国防軍の占領によって証明された、スターリンの建設した巨大な武器庫について語ったドリオは、このようにして脅威にさらされているのがドイツだけではなく、「ヨーロッパ全体」であり、そうである以上、いちはやく対露戦に踏み切ったヒトラーの「たぐいまれな明敏さ」と「天才的な決意の早さ」を称えなければならない、と述べた。ついで、ドリオは、次のように話を続けている。「ペタン元帥は、先日、私に、ヒトラー総統が、昨年六月二十二日にソヴィエトを攻撃することによって、ヨーロッパ、フランス、全世界のために力を尽くしてくれたといわれました。元帥は、ボルシェヴィズムを打倒しなければならないともいわれました。私は、元帥に、あの方が守っておられる大義を信じる一兵卒として、我々が今日勝利するために必要な軍隊をもっている以上、ボルシェヴィズムを打ち破ることができましょうと返答しました。」きっと、ドリオは、冬季競輪場の側面を飾る大横断幕にも使えるような、「義勇軍団の兵士たちが、ドイツが先頭に立つ十字軍に参加することによって守ろうとしているのは、諸君の祖国である。（署名）フィリップ・ペタン」という言葉を貫えるようペタンに懇願していたのであろう。事実、フランス人民党は、この日、「元帥は語った」と題して、このような文章を印刷した二十万枚のビラを撒いたのであった。さらに、ドリオは、既述したような、フランス義勇軍団（ＬＶＦ）の戦闘の話を詳しく語り、義勇軍団への参加を呼びかけ、「それはフランスに名誉と自由を取り戻す唯一で最後の手段である」と述べて、演説を締めくくった。(18) もちろん、たとえソ連を打ち倒したとしても、ドイツ軍の占領が続く限り、フランスの名誉も自由もないことはいうまでもなかった。「名誉」や「自由」というような、もっとも原理的な価値観を示す言葉も、イデオロギー的錯乱のなかでは、その意味を変えてしまっていた。

フランス人民党は、この冬季競輪場での集会直後の一九四二年二月五日には、「フランス労働戦線」という組織を発足させ、賃金労働者、フランス国鉄労働者、商業の事務労働者にアピールを繰り返し、二月十六日、マジック・シティのホールで、パリ地域の企業支部の党員とシンパの大集会を開催した。この集会のあと、フランスの労働者に向けて、一九四一年十月四日に政府によって公布された「労働憲章」とヴィシー政権の保守主義を批判し、労働規則の「根本的な革命」を要求したマニフェストが発表された。二月末には、同党は、パリにおけるヴィシー政府の公式代表であるフェルナン・ド・ブリノン、情報相のポール・マリヨン、ドイツ軍政当局の代表らによって三月一日から始められた「国際展覧会・ヨーロッパに敵対するボルシェヴィズム」という展覧会の準備に積極的に協力した。(19)

一九四二年二月二十二日、ドリオは東部戦線（実際には、ポーランドの野営基地）に向かって再び出発したが、そこに長くはとどまらなかった。ドイツ国防軍が、フランス義勇軍団（ＬＶＦ）の政治色をなくそうとして、それを再編成している最中だったからである。三月には、ドイツ国防軍司令部は、フランス義勇軍団（ＬＶＦ）兵士は以後、政治活動をおこなわないと約束した宣誓に署名するのを拒否した四人の士官と一一一人の兵卒を、フランスに送り返した。アベッツに宛てた三月十九日の書簡のなかで、同司令部は、フランス義勇軍団(LVF)が軍事的手段として役立つには、あらかじめ完全に非政治化されていなければならないと説明し、ロシア戦線にドリオが戻ることを拒否した。[20]

ドリオが、占領地区で情宣活動のための巡回旅行をおこなわなければならないとの口実を設けて、三月二十一日、パリに戻ってきたのは、このような理由からであった。[21] 彼は反ボルシェヴィズム展覧会を視察し、三月二十九日、マジック・シティでのフランス人民党のイスラム教徒党員とシンパの集会を主宰し、四月四日からは、トロワを皮切りに宣伝キャンペーンを開始した。四月四日から五月十五日まで、ドリオは占領地区全域の十八の都市を訪問して演説をおこなった。『人民の叫び』紙を信じるならば、ドリオの遊説旅行は大成功を収め、聴衆の数は合計五万六五〇〇人にのぼった。警察報告がないので比較できないが、実際の数は、おそらく公表された数字の半分とみるのが穏当ではなかろうか。

しかし、これらのフランス人民党の集会は、必ずしも絶対安全とはいえなかった。同党は、ドイツ占領軍から、ドリオの移動の際、警備はフランス人民党の党員だけでおこなうので、ドイツ軍兵士もドイツ警察も介入しないという約束をとりつけていた。しかし、四月十七日には、アンジェで周辺各地から集まった対抗デモ隊が、「ドリオに死を! ドリオを死刑にしろ!」と叫びながら、集会場近くに押し寄せてきた。この二日後、レンヌの劇場では、舞台に向かって投げられた手榴弾が観客席の方に跳ね返り、オーケストラボックスのなかで爆発し、ひとりの女性がけがを負った。一方、幹部の会合でのマルセル・マルシャルの主張を信じるならば、リールとナンシーでは、集会前日、ビラを撒いていた警備係が群衆から罵声を浴びたけれども、しかし、集会当日のドリオの登場は、「集会が開かれた広場に殺到して、立錐の余地なくぎっしりと詰まった群衆が涙を流しながら歌う〝ラ・マルセイエーズ〟」によって迎えられたという。[22]

この遊説旅行で、ドリオはなにを語ったのか。それは対独協力、その枠内でのナショナリズム、反英、反ソ、反共の主張であり、さらに、政権への接近の野心をほのめかした。「イギリスが我々から盗み取ったものを取り返すために、他のヨーロッパ諸国とともに、イギリスと戦わなければならない」(ブールジュ、五月六日)、「フランスはヨーロッパ諸国と協力するか、さもなければ消滅するかどっちかだ」(ディジョン、五月八日)、「あなた方はフランス人であろうと望んでいる。それならば、イギリス人にもアメリカ人にもロシア人にもなってはいけない〔ドリオは「ドイツ人になってはいけない」とはいっていない〕。フランス人として考えなさい。それが生き残る最善の手段である」(バイヨンヌ、四月二十八日)、「我々は、ヨーロッパの境界をウラル山脈にまで広げることによって、巨大な生存圏を得ようとしつつある」(サン・ドニ、五月十五日)、「共産党の二枚舌は、果てしなく続いている。モーリス・トレーズは、〝ラ・マルセイエーズ〟を歌いながら、フランスの軍隊に合流したが、その二週間後に、〝インターナショナル〟を口笛で吹きながらモスクワに逃亡した」(オルレアン、五月三日)、「私は、戦争責任者たちが銃殺されるという断固とした前提条件のない限り、政権を受諾しない。彼ら戦争責任者のなかにはレノー、マンデル[23]、ブルムがはいっている」(ナンシー、四月七日)、「私が、いつか政権の執行に参加したならば、ブルムやマンデルのようなくだらないやつらは四十八時間以上生かしてはおかないと約束する。あなた方もよく知っているように、私は必ず約束を守る」(サン・ドニ、五月十五日)[24]。ドリオは、さらに自由地区の十五ばかりの都市の遊説旅行を続けようとした。しかし、ヴィシー政府はその許可を与えなかった、一九四二年四月十八日、ダルラン失脚のあとを受けて、ラヴァルが政権に復帰した。[25] 前年末には、ドリオはラヴァルの政権復帰を好意的に考えていた。おそらく、それが彼自身の政権獲得以前の最後の段階になるのではないかと考えていたようである。しかし、一九四二年二月半ば、ラヴァルは、バルテレミーとフォサーティに、自分が首相になった場合でも、「少なくとも最初は」、彼の内閣にドリオもデアも入閣させることはできないだろうと打ち明けていた。ヴィクトル・バルテレミーたちは、そのとき、「ドリオには入閣の意志はまったくありません……ドリオとフランス人民党にとっては、あなたが政権に復帰するのをみるだけで十分なのです」とラヴァルに断言した。[26]

実際には、ドリオはけっして閣僚のポストを軽視していたわけではなかった。一九四二年一月には、フランス人民党の党員たちの間で、ペタン元帥がドリオを入閣させるために彼の意向を打診したという噂が流れた。[27] 三月末には、デアの言を信じるならば、ドリオは自分が内相になるという噂を流させ、巷間、大規模な内閣改造の場合には、ドリオとデアの二人が入閣し、ドリオは内閣改造のリスクの責任をひとりで引き受けないために、デアと連帯するつもりだという噂が立てられたという。[28] フォサーティは、のちに、ドリオがはっきりと内相のポストに立候補を表明して、政権復帰直前のラヴァルとの交渉を任されたことを認めている。しかし、ドリオが彼の協力者たちのために労相を含む二つか三つの追加的な閣僚ポストを要求したため、話し合いは成功しなかったという。また、ラヴァルのほうは、以前に彼を失墜させた「十二月十三日の宮廷革命」が新たに起こることを恐れて、内相のポストを自分の手に握ろうとしていた。フォサーティの証言によれば、内閣成立の二、三日前に、ラヴァルとドリオは会談したが、ラヴァルはドリオに、戦術的理由で、閣僚のポストを託すことができないと打ち明け、ドリオは、ほとんど無言で立ち去ったという。[29]

フランス人民党の下部党員たちの間では、ドリオが入閣しなかったことについてはもっと好意的に解釈され、最初、ラヴァルはドリオに植民地省の政務次官のポストを提供しようとしたが、ドリオはそれを拒否し、ついでドリオに内相のポストが提供されたが、もし内相のポストに労相、情報相、青年相の職務が加えられたならば、彼はそれを受諾したであろうと噂された。確かなことは、ドリオが、最初は穏やかに、その後は次第にはっきりと、ラヴァルがフランスの植民地を守ったり閣僚人事を刷新する能力がないのを批判しはじめたことであった。[30] そして、その一方で、ドリオは、党員たちに政権獲得の見通しをちらつかせはじめ、一九四二年五月十七日には、パリ地域の幹部党員たちの集会で、「わが党の時代は、思っていたより早くやってくるかもしれない。すでに、一九四〇年六月に、我々は政府に入ろうとすれば入ることができた。今また、その噂が我々のまわりで立てられている。しかし、党が十分強くならない限り、否！といわなければならない」、「私は自分がなにを望んでいるか知っている。私が君たちをどこに連れていこうとしているか知っている。君たちを完全な政権に率いていくのだ！」、「フランス人民党は、そのときがきたならば、弱体化した行政機関を取り替え、そして、私は、冶金工を郡長に、さらには海軍大将や海軍准将に任命するのをためらわないだろう」と発言して、虚勢を張ることを躊躇しなかった。

ドリオは、党組織のすべてのレヴェルに対して、政権の観念に慣れ、その執行の心構えをするために、市（町、村）長、警察署長など、あらゆる次元の行政担当者と接触するよう要求し、「もし君たちが政権に到達したならば、これらの人びとを支配下に置くのは君たちである。大胆になり、自分の力に自信をもちたまえ、そして、いますぐ君たちの力を行使したまえ。君たちの地区、君たちの郡のすべての企業と頻繁に接触して、その情報を得たまえ。君たちの警察力を確立したまえ。じゃま者を片づけ、君たちが住んでいるところで革命を起こす準備をしたまえ」と語った。(31) その結果、下部党員から指導部まで、党全体が熱気にとらわれ、権力がすぐ手の届くところにあるかのような妄想にまで膨れあがった自家中毒に捉えられた。(32) 一九四二年十月には、「政権要求大会」と銘打った全国大会の開催が予定されていた。

多くの人びとには、フランス人民党は唯一の有望な対独協力政党であると思われていた。一九四二年五月に、ヴィクトル・バルテレミーは、過去を振り返って、前年夏以来、フランス本土の占領地区でも非占領地区でも、さらに植民地でも、党とその指導部の不休の宣伝活動——一連の集会の開催、機関紙発行部数の増加——のおかげで、新たな入党者が著しい数にのぼったといい、「数万人にのぼる入党者が殺到した」と書いている。(33) 入党者数についてのこのようなバルテレミーの文章は、明らかに誇張されていたといわなければならないが、しかし、ドイツの政府機関自体も同様な誇張に陥り、親衛隊保安部（ＳＤ）(34)の一九四二年七月七日付の分析も、フランス人民党の党員数を占領地区六万八千人、非占領地区八万人と見積もっている。同保安部はちっぽけな集団であるコスタンティーニのフランス同盟の党員数を三万人と数えていて、ドイツの政府機関もまた、その願望を現実と取り違えたり、対独協力主義者たちの荒唐無稽な主張を現実として受け取ったりしたのである。(35)

バルテレミーのあげる数字を修正することが不可能であるとしても、フランス人民党への大量の入党者数を、一九四一年六月以来、フランス人民党が開催してきたあらゆる種類の多数の宣伝集会の成功の結果と認めることはできよう。この時期、ドロンクルの革命的社会運動（ＭＳＲ）を見舞った危機の結果、占領地区全域で革命的社会運動（ＭＳＲ）からフランス人民党へ多数の入党者が押し寄せた。

ヴィクトル・バルテレミーによれば、一地区の革命的社会運動（ＭＳＲ）の党員全員がフランス人民党に移ったこともあったという。また、この時期、国家人民連合からの転向者ピエール・セロールや、ジャン・ル・カン、少しのちにピエール・ドリュ・ラ・ロシェルなどの著名な元フランス人民党の幹部が同党の旗の下に戻り、アンリ・バルベも、国家人民連合にとどまりながらも、ドリオとの友情関係を復活させた。(36)

もちろん、フランス人民党の指導者たちは、フランスの世論の大部分が同党の対独協力主義に反対していることを自覚していた。ヴィクトル・バルテレミーは、一九四二年三月末、プラハで開かれた反ボルシェヴィズム展覧会の開会式に招かれ、フォサーティを伴って同市を訪れ、ボヘミア＝モラヴィア副護衛官のラインハルト・ハイドリッヒがホスト役を務める晩餐会に出席したとき、ハイドリッヒに対して、「我々は、あなた方ドイツ人が、対独協力主義のフランス政府は国民の間に人気があるに違いないと思うことによって、重大な誤りを犯さないだろうかと心配しています」とはっきりいっている。(37) おそらく対独協力は、ドリオやフランス人民党の指導者たちの考えでは、フランスにとっては「義務」であり、つらくても進んでしなければならないことだったのであろう。

ドリオとその仲間たちがいちばん心配していたのは、フランス人民党の幹部を狙ったテロ行為であった。一九四一年十二月末には、元共産党中央委員で同党からの離反者フェルナン・スーペが襲撃され て重傷を負い、その後も、一九四二年四月二十九日には、元共産党上院議員であったジャン・マリー・クラマミューの身代わりに、その息子が襲われ、六月二日には、『人民の叫び』紙の主筆アルベール・クレマンが殺され、さらに八月六日には、セーヌ・エ・オワーズ県連書記のギャシュランが暗殺された。八月八日におこなわれたギャシュランの葬儀のとき、ドリオは追悼の辞のなかで、「暗殺者が執拗に攻撃しようとしているのは、我々に対してである。私はいう。このような犯罪は、罰を受けないではすまない。もう沢山だ。君の血は血を呼んでいる！」と叫んだ。しかし、党内で焦燥が次第に大きくなり、報復の感情が強くなってきたにもかかわらず、そして、犯行の責任者がどこにいるか完全に分かっていたにもかかわらず、結局、ドリオはフランス人民党の党員たちを報復の道に投じようとはしなかった。報復は事態をいっそう悪化させるだけだと考えたからであったろう。(38)

「政権要求大会」と名づけた全国大会の開催が予定されていた一九四二年十月が近づいていた。しかしドリオは、九月初め以来、フランス人民党が国家の指揮をとれるまでになったという同僚たちの解釈を修正し、また、同党の指導者たちも、党が顕著に前進したことを認めながらも、なお政権を奪い取れるまでにはほど遠いことを党員たちに説明し、ドリオが力ずくで政権を手に入れようと思ってはいず、「政権要求大会」というのは、単にフランス人民党が国を統治する能力があるのを示すためだけであると主張した。しかし彼らは、全国大会がドイツ占領軍の視線の下で開催され、党の今後の運命が占領軍の判断に左右される以上、どうしても大会を成功させなければならないと主張していた。(39)

このようなフランス人民党の動きとその「政権要求大会」の接近は、他の対独協力主義組織の指導者たちを結集させて、対抗キャンペーンへと駆り立てた。マルセル・ビュキャールが『ル・フランシスト』紙上でドリオを激しく非難したが、(40)とりわけフランス人民党の運動に反対する活動の先頭に立ったのは、マルセル・デアであった。一九四二年七月十二日の国家人民連合の全国評議会で、彼は、ドリオが頑なに拒絶していた単一政党結成の計画を再び取り上げ、九月半ばには、「国民革命戦線（ＦＲＮ＝Front révolutionnaire national)」の結成を強く勧告した。この「国民革命戦線（ＦＲＮ）」は、ドイツ大使館の支持を受け、まもなく、国家人民連合、フランシスム、革命的社会運動（ＭＳＲ）、反ボルシェヴィキ行動委員会などの糾合に成功した。フォサーティとバルテレミーは、フランス人民党がこの再編成された新しい組織に入ることに反対ではなかったが、ドリオは、単一政党はさまざまな傾向の団体を寄せ集めたものではなく、それは他の対独協力グループがフランス人民党のなかに溶け込むことによって結成されなければならないと主張して、これを拒否した。十月三十日、ドリオは、アッヘンバッハとの私的な夕食会――デアも同席していた――のときに、彼のホストがおこなったあらゆる説得の試みにもかかわらず、改めてそれを拒否し、アッヘンバッハの懇願と、そして脅し――彼は、語気を強めて、ドリオの態度が、ドイツ大使館のいっさいの支持の停止とおそらくフランス人民党の解散を意味することになろうと述べた――を頑強に拒絶した。ドリオが立ち去ったあと、デアは、ドリオの「病的な自意識過剰」というアッヘンバッハの診断に同意しているが、実際には、ドリオは、もっとも堅固な政治的、イデオロギー的構造をもっていた党、フランス人民党の党首として、他の団体の「下部組織への働きかけ」を通じて、他組織の加入者たちを彼の党へ引き抜こうと考えていたに違いない。(41)

このようにして、ドリオが仕掛けた組織的キャンペーンの巨大な動きはヴィシーに大きな不安を撒き散らし、ヴィシーでは、少なくともドリオがデアとともに入閣するという噂が広がり、おそらく、彼がドイツ政府筋で得ている支持のおかげで、政権を掌握することになろうと信じられた。しかし、フランス人民党が「政権要求大会」を目前に控えていた一九四二年九月に、ドイツ大使アベッツは、外相リッベントロープに、次のようなドリオに対する批判的な電報を打っていた。「単一政党の結成が許されるとすれば、私見によれば、その指導は、ドリオの党のような、唯一の直接行動主義のグループの手に委ねることは避けなければならないでしょう。なぜなら、同党は、やがて、国家社会主義の精神をもった新生フランスを生み出すことの可能な、国民的神話を呼び起こすことをみずからの義務としかねないからです。」[42]そして、十月初めには、フランス政府筋では、リッベントロープが、すべてのドイツの機関に対して、ドリオの政権掌握に関するいっさいの噂に終止符を打つよう厳命した指示を送ったということが語られた。[43]しかし、他方で、フランス人民党の大会のときには、ナチス親衛隊（SS）が相当な物質的援助（車を所有しているフランス人民党員への燃料や通行許可証など）を提供したことも事実であった。この頃のデアの日記には、パリにあるドイツ軍政司令部の本部は、ドリオが政権につくのを望んでいるようであると書かれている。[44]

最初は十月二十一～二十四日に予定されていた「政権要求大会」は、結局、十一月四～八日に延期され、一九四二年十一月四日、水曜日に、ヨーロッパ最大の映画館ゴーモン・パラスで、フランス人民党第四回大会が開催された。ゴーモン・パラスの観客席は三四〇〇席であったにもかかわらず、同党機関紙『人民の叫び』は、大会に出席する代議員の数は七二〇〇人であると予告し、さらに、十一月五日の同紙は、赤色の大きなタイトルで、「数十万人のフランス国民を代表する七二〇〇人の革命家たちが、統一と力と名誉の壮大な示威行動のなかで、党首ジャック・ドリオの後ろに整列した」との文章を掲げた。あるいは、会場に加えられた改装と整備によって定員より多くの代議員を収容することが可能であったとしても、おそらく、この公式発表の数字には、フランス人民党に習慣的な数字の水増しの結果をみなければならないであろう。[45]

『人民の叫び』紙の発表によれば、代議員の平均年齢は三十一歳であった（一九三八年三月の第二回大会では三十四歳であった）。彼らの政治的前歴は四一・八パーセントが所属政党なし、二一・六パーセントが元共産党員、二五・九パーセントが元右翼ないし極右同盟メンバー、九・四パーセントが元社会党員あるいは中道左派政党の党員、一・一パーセントが議会右翼の出身であった。したがって、ヴィシー政権下のフランス人民党の政治的基盤は、一九三六年十一月の第一回大会以来、ほとんど変わっていなかった。また、代議員の職業構成についていえば、農民八・一パーセント、商人・職人・出張販売人九・四パーセント、公務員・公益事業従業員一五・六パーセント、工場主あるいは自由業九・二パーセント、銀行員・保険会社従業員一・九パーセントであり、残りの五五・八パーセントについては工業部門別が乱雑に示され、雇い主、雇用者(事務労働者・生産労働者)の身分別も明示されていなかった。また、冶金工、炭鉱夫、建築労働者については、それぞれおよそ二〇パーセント、七パーセント、一一パーセントというような数字が示されていた。このような不正確な統計にもかかわらず、また、これらの数字すべてが信憑性を欠いているにもかかわらず、あえてこの統計を信じるならば、戦前と比べて、フランス人民党では生産労働者の党員数が増加したと判断できるように思われる。

大会は、午前九時三十分、党の死者への呼びかけから始まった。前年六月二日、フランス義勇軍団(LVF)の兵卒として二十一歳で戦死したシモン・サビアーニの息子フランソワ・サビアーニの霊を呼び出す儀式は、とりわけ、埋葬される前の彼の遺体が包まれていたという三色旗が展示されたとき、全員の感動を引き起こした。ついで、党書記長のヴィクトル・バルテレミーが党首を称える開会のスピーチをおこない、そのあと、ドリオが演説を始めた。バルテレミーによれば、その演説は昼食のための休憩をはさんで七時間続き、超満員の会場は最大の注意を集中してそれに耳を傾け、熱烈な拍手によって演説はしばしば中断された(46)。

しかしながら、この演説のなかでドリオは、第一次世界大戦以後の彼の政治的遍歴についておそろしく長い自己正当化の釈明を展開し、ついで、未来の「フランス人民国家」についての解説に夢中になった。また、ドリオが「ユダヤ人問題」の解決のために、既述したような九つの提案をし、極端な反ユダヤ主義の態度を示したのは、この演説においてであった。さらに、彼はヒトラーを「フランスに対するドイツの勝利を超越して、ボルシェヴィズムの危険を遠ざけるために、東部における戦争の必要とヨーロッパ再編成の巨大な使命」に気づいた「この天才」、「戦時国際法の存在とフランスの政治的不安定にもかかわらず」、我々に「六十万人の捕虜を返したこの寛容な人物」と呼び（この六十万人というような数字をドリオがいったいどこからとったのか不明である）、ヒトラーの賞賛に懸命になったのであった。(47)

ドリオは、大会に対して、ペタンとラヴァルに二通の電報を打つことを提案し、了承された。ペタンには、大会は「敬意のこもった忠節」を誓い、「政府が、フランスの植民地の防衛を容易にする、ヨーロッパ間協力の風土をつくりあげるのを全力で助ける意志」を示し、ラヴァルに宛てた電報は、「党は、フランスとドイツとの緊密な協力のために、そして、フランスの植民地をアングロサクソンの攻撃から確実に守るために、あなたがなさっている努力のすべてを国全体で支えるつもりでいます」と告げていた。政権獲得問題については、ドリオは大会参加者に「君たちにはまだ、君たちの力で政権を獲得することはできない」といっただけであったが、大会参加者のうちの慧眼なものたちは、ドイツ占領軍当局の正式な同意がなければ、フランス人民党は政権をとることができないことを理解したことであろう。

十一月五日と六日にパリのいくつかの会場に分かれておこなわれた委員会別討議が終わり、十一月七日には、再びゴーモン・パラスに集まった全員出席の会議でおこなった閉会演説のなかで、ドリオは、「政治屋たちの古めかしい組み合わせなどは、私の眼中にはない！　私は急進党や社会党

（SFIO）や共和派連盟をつくろうなどとは望んでいない！　全体主義の政党をつくりたい！　ファシスト政党をつくりたいのである！」と叫んだ。熱狂した会場は際限なく続く拍手喝采をドリオに送り、フランス人民党の党歌と〝ラ・マルセイエーズ〟の合唱で彼を称えた。[48]

十一月八日、日曜日の午後には、冬季競輪場で大集会をおこなうという、打ち上げ用の最後の行事が予定され、多くの党員たちは、心のなかで、奇跡を、すなわち政権掌握に到りつく始動装置の作動を期待していたのではないかと思われる。しかし、その日の朝、英米軍が北アフリカに上陸作戦を開始したという知らせが届いた。パリにおけるヴィシー政府の代表ド・ブリノンは、北アフリカでの事件の重大な成り行きを口実にして、フランス人民党指導部に集会の中止を要請した。ドリオは拒否した。しかし、ヴィシー政府のコミュニケが午後一時のラジオのニュースで集会の中止を正式に発表したので、ドリオも折れて、予定されていた集会の開催は取り消された。[49]

しかし、フランス人民党が、すでにそのあらゆる情報経路を通じて、集会の実施命令を流していたので、当日午後には、数千人の党員とシンパがグルネル大通り（パリ一五区）の冬季競輪場の周辺や隣接する道路に集まってきた。そこで、ドリオと政治局メンバーは、車に乗って大デモ隊の先頭に立ち、デモ隊は、マルソー通り（パリ八区）を通ってエトワール広場に出、右折して、機動憲兵隊の非常線を押しのけながら、シャンゼリゼ大通りに流れ込んだ、デモ隊員は「ラヴァルを死刑にしろ！　裏切者ラヴァルを死刑に！」、「ラヴァルを辞めさせろ！　イギリスと戦え！」と叫んだ（ただし、翌日の『人民の叫び』紙は、検閲を考慮して、「ドリオ万歳！　ペタン万歳！　ドリオを政権に！　イギリスと戦え！　対独協力を！」という叫びを掲げるだけにとどめた）。党の警備係の指揮の下で、デモ隊員は縦列に整列し、フランス人民党の党歌と〝ラ・マルセイエーズ〟を声を張り上げて歌いながら、シャンゼリゼ大通りを下り、コンコルド広場で二つの部隊に分かれ、一隊はサントノレ街、他の一隊はリヴォリ街を通って、フランス人民党本部のあるピラミッド街(パリ一区)に到着した。

党本部のバルコニーから、政治局のメンバーに囲まれたドリオは、急いで取りつけた拡声器を使って、群衆に向かって話しかけ、「フランスは我々の祖国であるが、しかし、ヨーロッパは我々両国〔ママ〕の祖国である。そして、アフリカは我々すべてにとって我々の土地である。アフリカはアメリカ人のものではない。アフリカはイギリス人のものでもない。アフリカはヨーロッパのものである」と叫んだ。彼が「両国」といったとき、フランスとドイツを指していたのであろうが、そうだとすれば、ドリオは、英米軍の北アフリカ侵攻を前に動揺して感情を抑えきれず、錯乱のあまり、アフリカをドイツとフランスで分割するつもりだったのだろうか。そして、彼は英米に対する宣戦布告を要求し、北アフリカの領土を守るための植民地防衛軍団の設立を呼びかけたのである。(50)

翌朝、ヴァーグラム会館に集まった二千人の党員たちを前にドリオは彼の考えを敷衍し、ヴィシー政府に次のことを要求するメッセージを送った。(一)ただちにイギリスとアメリカ合衆国に宣戦布告すること、(二)すべての関係ヨーロッパ諸列強に対して、アフリカを守り奪回するために、植民地防衛条約の締結を提案すること、(三)反コミンテルン協定に加盟すること、(四)義勇軍部隊がつくられるのを禁止しないこと。集会後、ドリオは、オープンカーのなかに立ち、あとに続く大勢の党員たちの歓呼の声に送られながら、ヴァーグラム大通り(パリ一七区)をのぼっていった。一団は、凱旋門下の無名戦士の墓の前を行進したあと、シャンゼリゼ大通りを下ろうとしたが、パリ市警察隊によって阻止された。(51)

北アフリカに連合国軍が上陸した結果、地中海沿岸の安全を保障しなければならないという口実の下に、十一月十一日、ドイツ国防軍は自由地区に侵入してフランス全土を占領したが、ドリオはこれを当然のことと受け取った。十一月十五日、ダルラン提督が、ペタン元帥の「内密の同意」を理由に、アメリカ軍の支援を得てアルジェの支配権を握ったとき、すべての対独協力主義者同様、ドリオはダルランに罵言を浴びせて、彼を罵り、その背信を非難した。十一月十六日と十七日には、ドリオは、ジャック・ブノワ・メシャンとジョゼフ・ダルナンとに何度も会い、二人とヴィシー政権に対するクーデタの可能性を検討している。

ブノワ・メシャンは、一九四二年四月に組閣されたラヴァル内閣の首相付き仏独関係担当政務官となっていたが、フランス人民党に対して彼が抱いていた共感と、仏独関係の分野における彼の態度がドリオのそれにきわめて近かったことを理由に、九月二十七日、ラヴァルによって政府から排除されていた。(52) 戦後、彼は、当時を回顧して、「ヴィシーに向かって行進し、騒乱に乗じて政権を奪取すべきではなかったろうか。それとも、待機したままで、政府にその犯罪を完成させるべきであったろうか」と書いている。(53) この「政府の犯罪」とは、「英米のアルジェリアおよびモロッコ攻撃によって、アメリカ合衆国との外交関係が断絶した」ことを確認するだけで「満足していた」、ラヴァルの無気力と軟弱さを批判したものであったろう。

これに対して、一九四一年十二月に「フランス戦士団保安隊（ＳＯＬ＝Service d'ordre légionnaire）」を創立し、南部地区でおそらく二万から二万五千人の隊員数を数えた同隊の指導をヴィシー政府から任されていたダルナンは、ペタン元帥にきわめて忠実であり、アフリカの戦士団を組織する任務を彼に課したばかりのラヴァルにもなにほどか心を通じていたので、政府への叛乱の話には慎重な態度を示し、「この国が占領されていなければ、躊躇しないであろうが、しかし、外国の銃剣隊の真ん中でクーデタを起こすことなどできるだろうか」とドリオに述べた。ドリオもまた、なんであれ、ドイツ占領軍の合意なしに行動するなどは思いもよらないと主張した。(54)

この頃、ドリオはナチス親衛隊（SS）と頻繁に接触している。十一月十八日には、ヘルムート・クノッヘン大佐に政治状況を詳しく説明し、この六か月来フランス人民党が繰り返しおこなってきた警告にもかかわらず、ラヴァル内閣は、北アフリカで起こるかもしれない反乱を未然に防ぐためのなんらの措置もとろうとはせず、反対に、「植民地での唯一の対独協力組織であるわが党に、なんら手を差し伸べようとはしていない。ダルラン提督がアメリカ軍の陣営に移ったのは、フランス政府の共謀によるか、怠慢あるいは暗黙の了解が原因でしか起こりえないことである」と語った。また、ドリオは、英米軍のアフリカ上陸作戦以後、フランス政府とペタン元帥の態度が「きわめてあいまい」になり、ラヴァルは、十一月八日の閣議で、ヒトラーからの電報――フランス政府が英米に宣戦布告し、ドイツ帝国に味方して彼らと戦う決心をするならば、「我々は、フランスとともに、すべての障害を乗り越える用意がある」ことを明らかにしたヒトラーのメッセージ――をみせることさえしなかったといった。さらにドリオは、クノッヘンにヴィシー政府を酷評し続け、ヴィシー政府の態度は、英米軍がドイツ軍によってまだ占領されていないトゥーロンの野営基地を、ヨーロッパ大陸における橋頭堡として、利用できるまでの時間を稼ぐことにあると思われると述べ、国内的には、ラヴァルは、「英米軍の北アフリカ攻撃が反攻なしにおこなわれるよう準備した民主的、フリーメーソン的分子たちを保護し、彼らを高い地位につける」ことだけに躍起になっていると非難した。

ドリオの話を黙って聞いていたクノッヘンは、この五日後、ドリオとの会談内容を、少しの論評も加えることなく、そのまま、ヒトラーと親衛隊（SS）長官ハインリッヒ・ヒムラーに伝えた。(55)ベルリンでは、ドリオは親衛隊保安部（SD）長ヴァルター・シェレンベルクの支持を受けた。シェレンベルクは、ドリオを、ただひとりの絶対に確実な対独協力主義者とみなしていた。[56] しかし、ヒトラーはすでに決定を下していた。九月二十一日、外相リッベントロープはアベッツに電報を打ち、ヒトラーの決定にしたがって、ドリオがラヴァルにとって代わるかもしれないという、フランスで流れている噂に終止符を打つよう命令した。十二月四日には、再びリッベントロープは、仏独協力のためにとった個人的な率先行動が理由で、彼の不興をこうむった[57]アベッツの後釜にすわっていたシュライヤーに、次のように打電した。「総統は、いま一度、ドリオを将来の首相とみなすことはまったく問題にはならないと明言された。ラヴァルこそ、我々にとっては、首相として願わしい人物である。[58]」

この二週間後、ラヴァルはヒトラーおよびリッベントロープと政治会談をおこなったが、それはドリオにとって彼の努力が終わったことを意味していた。これらの会談において、ラヴァルは、存在するすべての政治集団を単一政党に融合させ、その準軍隊的団体を国家の「民兵団（ミリス）」に組織し、彼自身がこの組織の指導者になることを提案した。ドイツ政府が以後、フランスの国内問題に関してラヴァルにそれまでより大きな行動の自由を与えたことは疑いない。したがって、ドリオは、いまや、謀反人の立場に置かれたのである。[59] リッベントロープは、ドイツ政府はフランス人民党の解散には同意しないと明言したが、[60] しかし、以後、同党の活動はドイツ占領軍の厳しい検閲下に置かれ、同党が十一月二十三日にヴァーグラム会館で組織した集会についても、十二月六日に同じ会館で開催した全国評議会での討議についても、パリの新聞がそのほんのわずかな情報でも公表することは禁止された。このうちの十一月二十三日の集会は、もともとは十一月二十日に計画され、北アフリカへの英米の「侵略」に抗議するためのものであり、フランス人民党はこのために大変な宣伝努力を繰り広げたのであったが、それにもかかわらず、集会は最後の瞬間にドイツ占領軍当局によって禁止されたのである。同時に、ドリオが暗殺されたという噂が執拗に流され、下部党員たちの動揺を引き起こした。結局、集会は、クノッヘンの報告によれば、六千人か七千人の聴衆を集めて、十一月二十三日におこなわれた。クノッヘンは、この報告のなかで、このときドリオは、はじめてフランス政府を容赦なく攻撃したと書いている。そして、「ドリオはフランス政府がドイツ政府に対して誠実でないと非難し、ヒトラー総統が、フランスに軍事的援助を提供しようとして、フランス政府に電報を送ったこと、それにもかかわらず、その電報をフランス政府が閣僚たちに伝達しないで一週間も放置したことを強調した」と述べ、ドリオは、彼の党の力強い支持を受けていて、植民地防衛軍団が近く創設されるだろうが、しかし、その指導者たちの忠誠が明らかにならない限り、いかなる行動にも参加しないよう党員たちに要求した、と記している。[61]

また、十二月六日のフランス人民党全国評議会――ドイツ警察の二つの報告は、その出席者数を二千人と三五〇〇人と推算している[62]――のときにおこなった演説においても、ドリオは改めてヴィシー政府の日和見主義と裏切りを激しく非難し、聴衆は「ラヴァルを銃殺刑に！」「ドリオを政権の座に！」という叫びを何度もあげた。ドリオはトゥーロン港におけるフランス艦隊の自沈を糾弾し、これによって、フランスはおそらく「明日のヨーロッパでフランスがいつの日か重要な位置を占めるチャンスを失った」と判断し、ヒトラーがフランスの態度を卑怯とみなすのも当然であろうといい、しかし、ヒトラーがフランス政府とフランス国民宛てに書簡とメッセージを送ってきている以上、フランス国民は、政府が示す反応を無視して、ヒトラーに答えるべきであると述べた。こうしてドリオは、すべての対独協力組織がヒトラーに「国民の名において返答することに」すみやかに合意し、全

員一致を実現することが可能な対独協力のいくつかの規範的テーマを提出するよう、勧告したのであった。(63)

この一九四二年頃には、仏独関係はどのような状態にあったのだろうか。また、それはフランス人民党の姿勢にいかなる影響を与えていたのであろうか。

実のところ、おそらくドリオにとってもフランスにとっても不幸なことに、当時、ヒトラーもその他のドイツ政府の指導者たちも、フランスとの協力を真剣に考えてはいなかったことが今日では知られている。一九四二年三月七日に、ヨーゼフ・ゲッベルス宣伝相は、日記のなかで、次のように書いている。「結局、フランスは、息のある限り、我々の敵であり続けるだろう。したがって、我々は、将来のヨーロッパ連合から軍事的、政治的強国としてのフランスを決定的に排除しなければならない。」また、四月二十六日には、「フランスについては、ヒトラーは、昔も今も、友好的協定に達するのは不可能だという意見である。協力に関する駄弁は、すべて一時的な目的しかもっていない。それに、ヒトラーは事実だけしかみようとは思わず、おしゃべりを聞きたいとは思っていない。彼の意見では、戦争の結末がどうであれ、フランスはその高い費用を支払うことになるだろう。というのは、戦争を挑発し開始したのは、フランスなのだから。フランスは一五〇〇年のその国境にまで後退させられるであろう」と書いている。さらに、続けて、四月三十日には、次のように書いている。「もしフランス国民がヒトラー総統の彼らへの要求を知ったならば、彼らは涙が涸れるまで泣くことだろう。いまのところはこれを隠して、彼らの日和見主義からしぼれるだけしぼりとったほうがよいのは、そのためである。(64)」

ドリオや対独協力主義者たちは、ドイツ人によって完全に騙されていたのである。ドイツ政府は、対独協力主義者たちの間で対立と分裂を続けさせ、一九四〇年八月十七日と一九四二年十一月十九日に、リッベントロープがアベッツに宛てた電報のなかで忠告していたように、「フランス国内の不和と国の弱体化」のために力を尽くし、「フランスの政治的意志の形成を妨げることが望ましい」(65)と考えていたのであり、そして、ドリオや対独協力主義者たちは、これらのことをいっさい知らなかったのである。あるいは、彼らは、現実を正面から直視するのを拒否していたのである。その例をあげるならば、フランス人民党政治局は、一九四二年十二月一日に『人民の叫び』紙上に発表した声明のなかで、「フランスに対してヒトラー総統がとられる確固不動の態度は、フランス人民党がその結党以来要求してきた仏独協力政策を完全に正当化するものであり……それは、フランスがいま経験している悲劇的困難にもかかわらず、フランスに、立ち直りの最後の希望と再び大国になる可能性を与えるものである」ことを「確認」している。(66)この時期のドリオの態度に関して目立つのは、まともな政治的状況分析がまったくないことであり、こうして彼は、その演説のなかで、ヒトラーがフランスに「同盟関係を申し出ている」とくどくどと繰り返したのであった。フランスはドイツに敗れたのであり、ヒトラーには、事実上もはや軍隊を所有しないフランスとの同盟関係を、どうして思い浮かべることができたであろうか。(67)

連合国軍が北アフリカを占領し、ドイツ軍のロシアへの侵攻がスターリングラード手前で停止したことによって、第二次世界大戦の力関係は逆転しはじめた。しかし、他の対独協力主義者たちもドリオも、すでに後に引ける段階を越えていた。

ひとりの政治家だけが、連合国軍の陣営に合流する勇気をもっていた。それはピエール・ピュシューであり、彼は一九四一年七月にヴィシー政府の内相になっていたが、ドイツびいきではなく、ドリオやデアのように政治的、感情的な対独協力を勧めることはなかった。そして、英米連合軍が北アフリカに上陸するや、彼は、北アフリカに高飛びし、連合国軍の戦闘部隊に身を投じようとした。しかし、一九四三年五月六日、カサブランカで下船したとき、フランス警察によって逮捕され、一九四四年三月四日に開かれた特別軍事法廷で、内相のとき、「人質」に関して彼が指揮した道徳的に支持できない政策（独ソ戦開始後、一九四一年八月から始まった共産党員によるドイツ将兵殺傷事件は、八月二十二日に、ドイツ将兵一人の殺害につき数人の「人質」を銃殺すると定めた政令の公布という結果をもたらし、拘禁されている「人質」の処刑という報復を招いた。銃殺される「人質」は、主に共産主義者やユダヤ人のなかから選ばれた）[68]のため、死刑を宣告され、裁判官によって判決が執行されないようにという願望が表明されたにもかかわらず、結局、銃殺され、見せしめ的な処刑を免かれることはできなかった。しかし、連合国軍に加わろうとしたピュシューのような行動をとるという考えは、実体のない確信にとらわれていた対独協力主義者たちには、思い浮かぶことがなかったであろう。

ヴィクトル・バルテレミーは、一九四二年のクリスマスの翌日、グルネル街の党幹部用のアパートでドリオと差し向かいで交わした会話を正確に想い起こしている。連合国軍の北アフリカ上陸やフランス植民地が受けた被害など、それまでの二か月間の事件の成り行きに深く動揺していたバルテレミーは、ドリオとともに全体的な状況分析をしたいと思っていた。バルテレミーは、ドリオに次のようにいった。「我々は、十一月八日には、戦争で重要な役割を演じるというまだ我々に残されていた最後のチャンスを失ったのではありませんか……これが私を悩ませている問題なのです……今日、我々がたとえイギリスやアメリカ合衆国と戦争状態に入ったとしても、ヴィシー政府は、英米の味方ではないとしても、消極的な態度しかとらないことでしょう……それに、ヒトラーとその助言者たちも、状況を現実的で革命的に把握すべきであったにもかかわらず、ヒトラーは、対独協力主義者たちが当然彼に期待していたこの〝現実的で革命的な政策〟をおこなおうとはしませんでした。彼は東方でも同じ過ちを犯しました……なぜ、ヒトラーはこのように行動したのでしょうか。彼も、彼の副官たちも、それに、彼の同盟者のムッソリーニも、我々が尊敬し、信じたような革命家ではなかったと結論しなければなりません……フランスは率先してヨーロッパ連合のなかにほとんど力ずくでも入り込もうとしなければならなかったのに、それをしなかったのです……我々は戦争での優位を失いつつあります……最悪の事態が次々と起こっています。もし、せめて、このような状況を前にして、とりわけ北アフリカで起こったばかりの出来事を前にして、明確な決断がおこなわれていたならば、もしヒトラーがそのような決断を要求していたならば、事態は好転していたでしょうが、しかし、ヒトラーはそうはしなかったのです。彼は数週の間に二度にわたってラヴァルと面会していますが、それによって、いったいなにが変わったというのでしょうか。」

ドリオは注意を集中し、バルテレミーの独白に耳を傾けていた。そして、次のように答えた。「君はペシミストすぎると思う。間違いなく、あまりにも悲観主義的だ。ド・ゴールの言葉を茶化していえば、君を驚かせることになろうが、〝我々はひとつの戦闘に敗れたが、しかし、戦争には敗れていない〟。戦争というものは、それが終わったあとでしか、最後の四分の一が終わったあとでしか、いや、しばしば、終わって長く経ってからでしか判断を下せない。最後の四分の一になるまでには、まだほど遠い。我々は甘やかされていた。とくにドイツ人は、開戦以来ほとんど絶え間なく続いた勝利によって、甘やかされていた。我々が道の途中で少しばかりの困難に出会うのは、避けがたいことだ……しかし、ヨーロッパの軍隊は、まだロシアの大部分とバルカン半島全体を占領している……アメリカ工業の可能性は確かに非常に大きいが、しかし、ヨーロッパの工業的潜在能力もまだフルに使用されているとはとてもいえない。その人的予備軍はまだ相当大きい。ドイツでは、工業施設を改善し、それを新兵器の生産に適合させるために、巨大な技術的努力が払われつつあるのを僕は知っている……確かに、ドイツ人が、彼らの計画は必ず成功すると信じるという、大きな誤りを犯したことも僕は知っている。ロシアの戦争は、彼らにつらい教訓を課している……しかし、僕はドイツの勝利を信じている。僕が国家社会主義の革命を信じているからである。僕は、彼らの国の国家社会主義を信じている。それに、戦争を続けること以外にいったいなにができるというのだろうか。(69)」

このドリオの意見は、彼が対米、対ソ戦の厳しさに気づきながらも、心のなかでは、彼が共産主義者だった時代と同じように、イデオロギーが最高の優位を占め、その結果、現実が歪曲されていたことを示している。その意見は、確かに、自己の行動の妥当性についての微かな疑惑がドリオの心のなかにあったことを明らかにしている。しかし、ドリオは、もはや後戻りできないところにまできていたのである。

ドリオや対独協力主義者たちは、ドイツにとってはいかなる存在であったのだろうか。また、なぜヒトラーは、フランス人民党を禁止するのを拒否しながらも、ドリオが政権につくのを承諾しなかったのか。一九四一年以後、このようなヒトラーの態度がきわめて明白になったが、ハンガリーとルーマニアに対する彼の政策が、その理由を暗示しているように思われる。ヒトラーが支配した国では、彼はイデオロギーよりも秩序の確立を好み、彼と同類のファシストよりも、保守主義者の、そしてナショナリストの指導者たちを好んだのである。もし、一九四二年十一月に、ヒトラーがドリオに政権を取らせていたならば、フランスは、ドイツとの同盟、講和条約、相互的譲歩など、どうあっても同国が望んでいたことを実現しようとヒトラーに圧力をかけ続けたであろう。ドリオなら、そうしたに違いない。この意味で、ヒトラーはドリオのような人物を恐れていたといってもいい過ぎではない。他方で、ドイツ軍占領下のフランスは内戦と大混乱に陥る危険をかかえていた。もしそのような混乱に陥れば、フランスはドイツの戦争継続に不可欠な巨大な経済資源の譲渡を続けられなくなるであろう。この点では、反対に、ドリオらの存在は、フランス政府に対する対独協力のための大きな圧力をあらわしてもいたのである。(70)

ヴィシー政府は、ドイツ政府から絶え間なく圧力を受けていた。生まれながらの交渉人と「先祖伝来の悪質な周旋屋」(ジャン・レーモン・トゥルヌーの表現)(71)の素質があったラヴァルは、ドイツ人を丸め込むことができると信じていた。しかし、もちろん、それは誤りであった。ドイツ政府からの増大する要求に対して、ドリオと対独協力主義者たちは、たえずその要求をせり上げ、ヴィシー政府の無気力と不誠意を告発し、こうして、ヴィシー政府がドイツの要求に対して態度を軟化させることに一役買ったのであった。(72)

第二章　再び東部戦線へ

政権への展望は遠のいた。連合国軍が北アフリカに上陸し、その占領に成功して以後、多くのフランス国民は——一九四三年一月前半に北部地区で実施された世論調査によれば——「イギリスびいき」で「ドイツ嫌い」に変わった。この世論調査は、フランス国民の少なくとも八五パーセントがドイツに敵対的であり、ドイツに対するヴィシー政府の政策に反対であることを示していた。(1)また、イタリア外相チアーノが、その『政治日記』のなかで、「フランス全体が、いまや、ドイツが戦争に負けるだろうと確信し、その日を待っている。ラヴァルは軽蔑されているが、しかし、実は、もっと恐ろしい人物がいるので、まだラヴァルのほうがましだと思って我慢している。その人物とはドリオであり、みんなが彼を卑俗なギャングのように思っている」と記している。(2)チアーノの判断を信じれば、全体の一〇ないし一五パーセントにしかすぎない「ドイツびいき」のなかにおいてさえも、フランス人民党は毛嫌いされていた。同党がかき立てていた恐れは、それほど激しかったということになろう。マルセル・デアの日記によれば、アベッツがリッベントロープの不興を買って以来、アッヘンバッハ参事官が支配していたドイツ大使館周辺の対独協力の小さな世界においても、ドリオはじゃま者扱いされていた。(3) 一九四二年十二月六日、ヴァーグラム会館で開催されたフランス人民党全国評議会でおこなったスピーチで、ドリオは、ラヴァルが、対独協力主義政党、とりわけフランス人民党を解散させるために、ペタンから委任されたばかりの全権を使うのではないかとの恐れを表明した。各地区の集会でも、党の非合法状態への移行がありうることがほのめかされた。(4)

一九四二年十一月二十五日、ヘルムート・クノッヘン大佐が親衛隊（SS）長官ヒムラーに、フォサーティの訪問を受けたことを報告しているが、そのとき、フォサーティは、フランス人民党の財政について、負債が六〇〇万フランにのぼり、返済の見通しもなく、破局的な状態にあって、「党活動が近いうちに全面的に麻痺するのを覚悟しなければならない」と語ったという。(5) 事実、党内では、幹部が党員たちに対して、党の資産が減少し、もはや大集会の開催は不可能で、パンフレットやビラも制限することが必要だと警告していた。(6) 党の活動は、二、三人の同一メンバーの演説家がリードする各地区の型にはまった少数の集会のみになり、幹部の集会も気詰まりな雰囲気のなかでおこなわれ、大量の離党が起こり、パリ地域連合の書記も離党するというような、深刻な事態も起こった。警察報告によれば、一九四二年十一月下旬にはパリ市のフランス人民党の党員数は二七〇〇人であったが、一九四三年二月半ばには一五〇〇人にまで減少したという。すなわち、この短い期間に、およそ四五パーセントの党員が離党したのである。この時期、どうして、このような大量の離党が生じたのであろうか。その理由は、フランス人民党の党員たちに、同党の時代がすでに過ぎ、同党も戦前の多くの政党が最後には消滅したのと同一の運命をたどるのではないかという、確信にも似た気持を抱かせたことに起因していたのではなかったろうか。彼らは、なぜドリオがラヴァルに頑なに反対するのか、なぜ党にとって致命的になるかもしれない孤立状態に党を追いやろうとするのか、理解できなかった。政治局では、フォサーティ、フェルナン・キャノビオ（全国組織担当責任者）、ブーグラたちが、そしてバルテレミーも、柔軟路線の支持者であったが、これに反して、マルシャル、デュティユール、シキャールあるいはポール・チュロット（宣伝担当）らは、ドリオに盲目的に追随した。(7)

フランス人民党の党員たちのなかには、マルセル・デアが国民革命戦線（ＦＲＮ＝Front révolutionnaire national）の設立とともに開始したキャンペーンに関心を向けるものが少なくなかった。既述したように、デアは、一九四二年七月十二日の国家人民連合の全国評議会の機会に、単一政党としての国民革命戦線（ＦＲＮ）のアイディアを発表したのであったが、それは、すべての対独協力主義者をひとつの集団に結集させようとする政治連合であった。これに対してドリオは、フランス人民党以外の単一政党の新たな試みを断固として拒否したが、このデアの試みは、ドイツ大使館に熱心に支持され、フランス人民党の活動を妨害しようとしていたラヴァルに励まされて、一九四二年末には軌道に乗ったかと思われた。一九四三年初頭には、アンリ・バルベが国民革命戦線（ＦＲＮ）の書記長となり、彼は、国民革命戦線が正式に発足した二月二十二日のプレイエル会館での集会、四月十一日の冬季競輪場での大集会など、パリでいくつかの示威集会を成功させた。すべての対独協力派の指導者のうちただひとり、ドリオだけがこの組織に加盟するのを拒否し続けた。ドリオは、国民革命戦線（ＦＲＮ）のなかに、ライヴァルのデアが彼に向けた「大量破壊兵器」のにおいを嗅ぎつけていたのである。ドリオに対するアンリ・バルベの懇願も、なんの役にも立たなかった。フランス人民党は、党員数は最大ではなかったとしても、少なくとも、もっともよく組織された、もっとも戦闘的な政党であった。しかし、いまや同党は、きわめて困難な局面に置かれたのである。(8)

そのうえ、デアが盛んな活動を展開していたときに、ドリオは彼自身の党にとくに興味を示さず、幹部の集会に対してさえも無関心であるかのように思われた。彼になにが起こったのか。その頃、彼は、シャンゼリゼ大通りにあるキャバレー、ル・リドの若いダンサー、ジネット・ガルシアとの愛人関係に夢中になっていたのである。二人が知り合ったのは一九四二年二月のことであり、当時、彼女はまだ二十歳になっていなかった。その数か月後、ドリオはジネットにダンサーをやめさせ、フランス人民党の経理主任エミール・マッソンが自身の名前で借り家賃を支払っていたアパルトマンに、彼女を住まわせていた。ドリオはジネットに毎月の生活費を与え、ジネットは人目につかないように暮らし、愛人のドリオの訪問を待つだけの生活を送っていた。しかしながら、ドリオが政治的性格のレセプションを催すときには、ジネットはしばしばそれに出席し、招待客がドリオと懇意でないときには、ドリオの個人秘書として通していた。(9)対独協力者たちの小さな世界では、ジネットのことはよく知られていた。パリ警視総監ビュシエールは、デアにその「秘密」を打ち明けているが、ビュシエールの部下たちは、その報告のなかで、フランス人民党の党内では、この件でドリオが容赦なく批判され、そのため彼の権威も威信もひどく落ちていると指摘している。(10)

しかし、ドリオは愛人のもとに通うだけの生活に満足するような男ではもとよりなかった。一九四三年二月二日、スターリングラードで、フォン・パウルス元帥の率いるドイツの軍団が降伏したその日、ドリオはドイツ国防軍に再び東部戦線に出発したいと申し出た。それは、すべての対独協力主義者に対する挑戦であった。ヴィクトル・バルテレミーは「フランス人民党の党首には、このようにフランス義勇軍団（ＬＶＦ）に復帰しなければならない義務は、なにもなかった。彼は第一回派遣部隊とともに出発し、数か月間も前線に、しばしば第一線に滞在したのである。彼は、そのような行動をとった、たったひとりの党首であった……私は、心のなかで、何度も問いかけたが、答えを見出すことはできなかった。東部戦線への彼の出発は、難局打開のために思い切って打った積極策なのだろうか、あるいは破れかぶれの前進策なのだろうか……それはおそらく運命に対する挑戦――いや、むしろ挑発というべきだろう――のようなものではないだろうか」と書いている。[11] しかし、フランス人民党の幹部たちが期待したドリオの出発の宣伝効果を減殺しようと思っていた、ドイツ大使館とラヴァルの圧力のもとで、ドイツ軍最高司令部は、ドリオにフランス義勇軍団（ＬＶＦ）に復帰する許可を与えるまで、一か月半も待たせた。

一九四二年三月二十一日、ミュチュアリテ会館での集会のとき、ドリオは「パリの民衆に別れを告げ」、「私は、この困難な、きわめて憂慮すべきときにこそ、ボルシェヴィキの野蛮人たちとの戦いに参加し、彼らと戦い続けている人びととの完全な連帯を示したいと思ったのです」、「ボルシェヴィキ革命は歴史上最大の詐欺です」、「私は私の国とヨーロッパのために尽くすという確信を抱いて出発します」と言明した。これに対して、「フランス民兵団（ミリス）」の書記長ジョゼフ・ダルナンが、「武器を手に、ボルシェヴィズムに対するヨーロッパの戦いにおいて、フランス国旗の名誉を守ろうとする戦士たちの勇気」に敬意を表した。

一九四三年三月二十五日、ドリオはふたたび東部戦線へ出発した。翌日、ヴィクトル・バルテレミーは党首ドリオの二通の――一通はヒトラー宛ての、他の一通は、この手紙のヒトラーへの送付を依頼したリッベントロープ宛ての――手紙をドイツ大使館に届けた。ヒトラーに宛てた手紙では、ドリオは、「ドイツ帝国宰相」に、東部戦線に向かう許可を与えられた「喜び」を表現し、「私は、私の同国人たちに、主要な危険は東方に存在することを示し、東部戦線で戦うことによって、すべてのフランス人に、ドイツの軍隊とその同盟軍は単にドイツのために戦っているのではなくて、全ヨーロッパのために、したがってフランスのためにも戦っているのであることを理解させたかったのです」と強調している。ついで、彼はフランス人民党を熱心に擁護し、きわめて深刻な国内情勢と「ユダヤ人＝共産主義者の陰謀の驚くべき組織網の存在にもかかわらず、この党の力のおかげで、私は出発できるのです」といい、そして、「私の党は、いまや、悲劇的な事態に正面から立ち向かい、北アフリカでおこなわれた致命的で恥ずべき行為を国内でも再現しようと望んでいる者たちに対しては、情け容赦のない態度を示す決意をしています。だからこそ、ドイツ帝国宰相閣下、私は、このフランス義勇軍団（ＬＶＦ）とともに再び戦いに向かうことができるのです。義勇軍団戦士の九〇パーセントがフランス人民党の党員であり、義勇軍団の一五〇人の死者のうち百人はフランス人民党の党員であり、彼らはドイツの同志たちとともに華々しく戦い、命を投げ出したのです。私がこの二重に実り多い戦いに参加したのは、私の国の名誉のためであると考えています。なぜ、二重に実り多いのかといいますと、それは、この戦いが人類の文明を救うと同時に、同一の神聖な大義のために、ドイツの血とフランスの血を戦場で混ざり合わせるからです。これまでは、あまりにもしばしば、馬鹿な罪人どもの過ちによって、両国の血が無駄に流されてきたではありませんか」と述べていた。

ドリオの手紙はただちにベルリンに送られ、手紙の文章は電報でも伝えられた。しかしながら、ヒトラーに対してドリオがロシア戦線における独仏の運命共同体を喚起したことは、現実には、なんの成果もなかった。ペタンとラヴァルに対するヒトラーの支持は、変わらなかった。しかし、フランス義勇軍団（ＬＶＦ）のなかでのフランス人民党の主導権を堂々と主張したことは、ドイツの外交官たちの世界で、同党に対する彼らの敬意をいくらかは強める効果はあったであろう。[12]

一九四三年四月十五日、ドリオは、友人のジャン・ル・カン宛てに、次のような手紙を出している。「二十日間の旅のあと、ようやく前線に着いた。敵は一五〇〇メートルの彼方にいるが、敵味方は洪水で水位のあがった川によって分け隔てられている……しかし、春が少しずつ到来するとともに、軍事作戦に備えて塹壕を設営しなければならず、僕は土木工事の現場監督か技師のようなことをしている……」しかし、友人への手紙にドリオは書いていなかったが、このとき、フランス義勇軍団（ＬＶＦ）は、士気が低下して、まったくの無秩序状態にあり、軍事的機能は明白に無力化し、ドイツ国防軍の不信の的になっていたのである。義勇兵の大多数は、失業を回避したり、個人的な困難から逃げ出したり、違法行為を隠したりするためだけに志願していたのである。

フランス義勇軍団（ＬＶＦ）の大隊長代行ジャン・グザヴィエ・シモーニ指揮官が、陸軍省政務次官ブリドゥー将軍に、次のように報告している。「半数をはるかに越える、大隊のすべての階級の大多数のメンバーは、要するに、自分たちがロシアにいることに、フランスにいるよりもよい食物が食べられる機会しかみようとはせず、また、彼らの幹部の無能とドイツ軍連絡参謀本部〔ドイツ国防軍と、その指揮下にあるさまざまな国籍の軍隊との間の連絡機関〕の暗黙の了解のおかげで、快適な毎日が送れるある程度独立した生活、女やウォッカがたっぷりあてがわれ、のんびりした生活のできる機会しかみようとはしていません。[13]」このような状態では、フランス義勇軍団（ＬＶＦ）の軍事的効率は、きわめて悪かったであろう。義勇軍団の兵士の四〇パーセントが武器を効果的に使用することができず、集団別部隊移動、カムフラージュ、地形利用などに関するいかなる基礎知識ももってはいなかった、とシモーニは書いている。士官や下士官も経験を欠いていた。要するに、フランス義勇軍団（ＬＶＦ）は戦うことなどできない、ロシア人パルチザンによる鉄道線路の破壊に対して保線業務をかろうじておこなうことができるだけの、実際的価値のない民兵でしかないと、ドイツ国防軍によってさんざん嘲笑されたのであった。(14)

このように、前線では、義勇軍兵士は軽視され、見捨てられたかのような存在であった。それにもかかわらず、他方、パリでは、フランス義勇軍団（ＬＶＦ）の組織は肥満化し、次第に多額の金が動かされるようになっていた。志願兵ひとりあたりの平均支出は、一九四一年には七一〇〇フランであったが、一九四三年には十二万フランに、一九四四年には二十四万四千フランに急上昇した。(15)ところが、兵士のために集められたコーヒー、タバコ等の現物の寄贈品は、すべて、志願兵の友人たちに与えられたり闇市に流されたりした。一九四一年と一九四二年のクリスマスの祝日や八月二十七日の義勇軍団の記念日のために募られた慰問袋は、目的地にはまったく届かなかった。(16)それに加えて、軍の叙勲は戦闘員自身よりも参謀本部や情報部のスタッフに多く割り当てられた。シモーニ指揮官は、ドイツ軍連絡参謀長に送った怒りの手紙のなかで、彼が提出した二十人の叙勲推挙者のリストのうち、四人しか取り上げられなかったことに苦情を述べている。(17)

ブリドゥー将軍への報告のなかで、シモーニは、「人はその制服通りの人間になる」というナポレオンの言葉を引用し、フランス義勇軍団（ＬＶＦ）の兵士たちは、すっかりドイツ人になってしまっていて、フランスでの休暇のときには家族から冷ややかにあしらわれ、彼らの大部分は、家族から受ける敵意のために、家族と仲たがいし、その結果、彼らは心のなかに、フランス社会から打ち捨てられ拒否されたという感情を抱くようになっていると書いていて、彼らにフランス義勇軍団（ＬＶＦ）に参加するのを止めさせ、休戦監視軍（休戦協定の結果、フランスにもつことを許された十万の陸軍兵力）の構成員をフランス義勇軍団（ＬＶＦ）の募集源とすべきであろうと述べている。そして、「もしフランス政府がドイツの敵との戦いにフランスが参加するのが有益であると判断するならば、フランス軍の制服を着用し、できる限りフランス製の武器を装備し、すべてがフランスの将軍と連隊長によって指揮され、元フランス軍の部隊で構成されたフランス軍旅団を創設するというかたちでおこなうことが、絶対に必要である」と結論している。[18]

したがって、ドリオが前線に到着したとき、フランス義勇軍団（ＬＶＦ）はほとんど無秩序状態のさなかにあったのである。しかし、彼は、ル・カン宛ての手紙のなかでは、義勇軍団の混乱についてはいっさい触れず、「妻の面倒を少々みてくれる」よう頼むとともに、次のように、彼の日常生活を詳しく語っている。「僕の生活はどうだって？　兵士の生活、パルチザンとの戦いに身を投じた歩兵の生活だよ。探索しているときにはまったく姿をみせず、予期しないときに突然現れて、僕らを襲撃してくる敵を求めての、ロシアの森のなかでの斥候や長時間の偵察だよ……それは僕を二十五歳も若返らせ、かつてアルバニアでおこなった戦争に僕を引き戻す。僕は、武器と弾薬を携行しながら歩くことを改めて学んだよ。薬莢は二百筒ほど持ち運ばなければならない。森のなかで道に迷ってしまったら、輜重隊に弾薬を補給してもらうことはまったく期待できないからね……僕らは、一昨夜、深夜から朝の七時まで、四二キロメートルの大行軍をした。昨夜は、深夜から朝の十時まで、二五キロメートル歩いたよ。残りの時間は、偵察隊の将校として、ロシア語で捕虜を締めあげているよ。[19]」捕虜を尋問するときには、かつてコミンテルンで積んだロシア語の修業が役立つことが分かったのである。

パルチザンとの戦いは正面衝突の戦争に劣らず困難であり、多数の人命が奪われた。一九四三年八月八日、休暇でフランスに帰国したとき、冬季競輪場でおこなった演説で、ドリオは次のように語っている。「私が前線にいる間、私の大隊に起こったのは、以下のようなことです。六月九日、森の奥の電話線を修理しにいった義勇兵の我々の同志十五人が命を落としました。彼らはすっ裸にされ、銃床でなぐられて息の根をとめられていました。六月十八日、再び衝突があり、新たに五人が戦死しました。その翌日には、二人の負傷兵のとどめを刺すのに使われた斧、人肉の断片と髪の毛の切れ端がまだついている血まみれの斧がみつかりました。七月九日には、三人の志願兵が彼らの宿営地から不用意に離れ、数時間後には、彼らのうちのひとりが銃床でなぐられ、頭蓋骨を割られて、絶命しているのがみつかりました。七月十二日には、さらに五人が殺されました。[20]」

これに対して、第二次世界大戦後、さまざまな証言にもとづいて作成されたいくつかの警察報告は「この二度目の東部戦線滞在中のドリオのもっとも重要な活動は……宣伝のための写真を撮らせること」にあったようだと述べ、反パルチザン作戦のときには、ドリオは彼のコックたちとともに移動炊事車を奪おうとしていたのであろう、とからかっている。[21] 宣伝写真を撮るためだったという当てこすりは、ドリオが、ロベール・ブラジャック[22]と一緒に、立派な軍服を着て、戦車の砲身のうえでポーズをとっている写真のことをいっているのであろうが、ブラジャックが、その友人のクロード・ジャンテとともに、一九四三年六月に、フランス義勇軍団（LVF）を訪問したのは、フェルナン・ド・ブリノン（パリにおけるヴィシー政府代表）に伴われてであった。ブラジャックとジャンテは、このときの旅行についてマルセル・デアに話したようであり、デアはそれを次のように日記に書きとめている。

「彼らが白状したところによれば、ドリオは、前線から遠く離れた〝パルチザン〟地帯で、イスバ〔手近にある木材で作ったロシア農村の校倉式家屋〕に住み込み、だれにも邪魔されずにセックスができるしかるべき女をかこって、ぬくぬくと暮らしているとのことだ。(23)」このような話を聞いて、まじめで性的に潔癖な教授デアは、憤りで息が詰まったことであろう。

しかし、このような戦後の警察報告やデアの日記の文章は正確ではないと思われ――ブラジャックとジャンテは、謹厳な哲学の教授をからかったのではなかろうか――、東部戦線でドリオが実際に禁欲的な兵士として生活したのは、確かだったようである。また、ドリオがいかなる危険にも遭遇せず、快適な時を過ごしていたと主張するのも、正しくはないと思われる。フランス義勇軍団（LVF）の指揮官のひとりジャン・バソンピエール大尉が、戦後の一九四六年十二月、国家警察によって聴取されたとき、「志願兵の職務が現役軍の兵士の職務と同一ではなかったとしても、しかしながら、私は、志願兵がみずからすすんで危険な任務を実行するのを、二度も、この目でみたと申し上げねばなりません」と証言している。(24) また、戦前、フランス人民党の集会整理係を務めていたエリック・ラバ伍長が語っている次のような話も、否定されるべきではないであろう。彼によれば、一九四三年五月、致命傷を負った一曹長をみつけだすために、七十人の兵士からなる捜査隊が組織された。ドリオは、それに参加することを申し出た。「ドリオの申し出は、フランス人民党の党首である重要人物をすべての危険から保護せよという厳命を受けていた、指揮官を感激させるためではありませんでした。ドリオはそのような命令には耳を貸さず、彼の最下位の部下と同じだけの危険を冒すことを要求したのです。ドリオは、先頭グループにいて、その巨像のような背丈が高くそびえていました。」探索の結果、曹長の遺体はみつかったが、それは、まさしく、ドリオが指揮をとっていた先頭グループが、パルチザンの移動炊事車を奪い取った遠征からの帰路においてであった[25]。

一九四二年一月にドリオは二級鉄十字章を受けていたが、一九四三年十二月一日には、ドイツ国防軍の第九歩兵師団を指揮していたオシュマン将軍が、さらに、ドリオに一級鉄十字章を授与している。ドリオの勇敢さをほめ称えたスピーチのなかで、オシュマンは、「あなたは、フランス義勇軍団（LVF）の創立者である政治家たちのなかでただひとり、ドイツ軍のなかで、身をもって、我々の共通の敵ボルシェヴィズムとの戦いに参加されました……しかも、フランス義勇軍団（LVF）の兵士たちの大部分は、あなたの党の党員たちの隊列から募集されたものであります」といったのち、高ぶった調子で、「この不吉な大国に対する驚異的な戦いのなかで、ひとつに統合したヨーロッパの輝かしい未来のために、われら二大国の国民が協力しているのです」と語った[26]。

しかしながら、フランス義勇軍団（LVF）の再編成について、ヴィシー政府の政治代表（ジャック・ブノワ・メシャン）および軍事代表（ギャリー元帥）とドイツ占領軍当局との間で、果てしない話し合いがおこなわれた結果、ヴィシー政府は、フランス義勇軍団（LVF）を吸収して、ヴィシー政府に従属する「三色旗軍団」を創設することを交渉相手に了承させたかに思われた。実際に、一九四二年七月十二日の法律によって、三色旗軍団の創設が決定され、ブノワ・メシャン、コスタンティーニ、ダルナン、デア、シモン・サビアーニらとともに、ドリオも同軍団の中央委員会のメンバーに任命された。ヴィシー政府は、各知事宛てに、同軍団に志願する休戦フランス軍の軍人全員に対してすべての権利、俸給、年金、勲章等を政府が保証することを強調した通達を送り、募集事務を助けるようせきたてた。しかし、三色旗軍団を正規軍の復活とみなしたドイツ占領軍は、同軍団の創設を了承してはいず、結局、ラヴァルは、十二月二十八日、三色旗軍団を解散する法律を公布せざるをえなかった[27]。

けれども、ラヴァルは全面的には引き下がらず、一九四三年二月十一日の法律によって、フランス義勇軍団（LVF）が国家にとって有用であると宣言した。そのうえ、彼は、一九四三年七月一日の国防省事務総局からの各知事宛て通達によって、「首相は、反ボルシェヴィズム・フランス義勇軍団（LVF）にとっては、休戦フランス軍の解散した組織出身のすべての階級の志願兵をできるだけ早く募集することが、政治的にきわめて重要であると考える」と正式に通告した。しかし、集めるべき兵士の数は五千人と決められていたにもかかわらず、徴兵キャンペーンは、結局、大失敗に終わり、徴兵キャンペーンが開始された一か月後、わずかに四十人ばかりの軍人しか志願しなかった。(28)

フランス義勇軍団（LVF）に対するヴィシー政府の責任は、パリにおけるヴィシー政府代表フェルナン・ド・ブリノンが、一九四三年六月に、義勇軍団中央委員会委員長として、東部戦線を訪れた旅行によって示された。アベッツに代わってドイツ大使の職務を担当していたシュライヤーの要請もあって、ド・ブリノンは、出発前に、ラヴァルの仲介によって、義勇軍団兵士に共感を示した文章をペタンから手に入れようと努力した。しかし、結局、その努力は成功せず、東部戦線でド・ブリノンが発表した声明は、次のように、間接的な表現を用いざるをえなかった。「最近私がヴィシーを訪問したとき、元帥と長時間話しを交わしました。元帥は、義勇軍団の兵士諸君が、ボルシェヴィズムと戦うことによって、フランスの役に立っていると熱心に強調されました。(29)」義勇軍団を訪問――デアは、その事実のなかにド・ブリノンとドリオとの共謀を見たのであったが(30)――する途中で、ド・ブリノンはドリオに戦功十字章を手渡した。そして、ドリオは、既述した八月八日の冬季競輪場での演説の最後に「アフリカと本国での数々の裏切りがおこなわれたあと、義勇軍団が東部戦線で守ってきたのは、フランスの軍事的名誉のすべてであります」、「フランス政府は、ド・ブリノン氏の最近の訪問に

よって、我々の努力を支持していることを示そうと望んだのであります」と付け加えることができたのであった。(31)

フランス義勇軍団（LVF）に対するドリオの影響力は、ドイツ国防軍によって試みられた非政治化作戦にもかかわらず、義勇軍団に対する革命的社会運動（MSR）の影響の跡がほとんどみられなくなっていただけに、そして、義勇軍団の新しい幹部たちがドリオに対して共感を表明していただけに、(32)きわめて強くなっていた。こうして、ドリオは、フランス義勇軍団（LVF）に対する影響力を通じて、比類のない道具を、彼に政権への道を開くかもしれない道具を所有することができたのであった。(33)

しかし、ドリオが東部戦線にいる間、フランスでは、フランス人民党が党首の不在で苦しんでいた。一九四三年五月初めには、地方の常設事務所を増加させたにもかかわらず、党員数は増加せず、反対に減少した。地区集会には人は集まらず、募金は以前の状態には戻らず、七月初めには、パリ地域の党員数はわずか二千人足らずにすぎなかった。(34)党の弱体化は、多くの示威運動の失敗によっても確認される。五月十日、制服を着用したフランス人民党の数人の党員が、ピラミッド広場（パリ一区）のジャンヌ・ダルク像の足下に、「イギリス軍を追い払ったジャンヌ・ダルクに、フランス人民党とフランス人民党青年部が捧げる」という碑文を添えた二つの花束を置いたが、二つの花束はパリ市警の警官によってすぐさま取りのけられた。

六月二日は、前年の同日にパリで殺された『人民の叫び』紙の編集主幹アルベール・クレマンと、(35)またフランス義勇軍団（LVF）に参加してロシアで戦死したフランソワ・サビアーニ（シモン・サビアーニの息子）の一周忌にあたり、この日、フランス人民党指導部は、党の死者の追悼式を挙げた。この年の初め以来、フランス人民党に対するテロ行為が再燃し、ピエールフィット市長レーモン・ディールやヴィエンヌ県連書記で医師のゲランら、多数の党員や幹部の命が奪われたので、以後、毎年六月二日を党の死者の追悼の日と決定することによって、党指導部は党員たちの気持を引き締めようとしたのであった。

六月一日から二日にかけての夜、ピラミッド街の「党の家」（党本部）の大ホールに装飾の施された棺台が設置され、幹部たちが代わる代わる死者の通夜をした。昼間には、若干の党員と、マルセル・デアやアルフォンス・ド・シャトーブリアン（一九四〇年七月十一日にパリで創刊された対独協力主義の最初の週刊紙『ラ・ジェルブ』の主宰者で著作家）を含む対独協力派の重要人物たちが、棺台の前で身をかがめ、花束を手向けた。党の各地区支部はその地区にある教会でミサをとりおこない、党員たちは党の制服を着てそれに参列した。しかし、警察の集めた情報は、この追悼ミサという示威運動が失敗であったことを明らかにしている。すなわち、ミサの参列者数はパリ二区のノートルダム・デ・ヴィクトワール教会では党員十二人ばかり、サン・ヴァンサン・ド・ポール教会（パリ一〇区）では十七人、ピエールフィット・シュル・セーヌ市（セーヌ県）では十二人にすぎず、参列者数が最高を記録したのはパリ八区のサン・フィリップ・デュ・ルール教会で、それでも五十人ほどにすぎなかった。[36] フランス人民党の衰退は地方でも明らかであり、その傾向は、その後、フランス解放の日まで続くことになる。すなわち、アルプ・マリティム県の党員数は、一九四二年十二月には七一五人を数えたが、一九四四年四～五月には四五四人でしかなく、同じ期間に、コート・ドール県では一六八人から四十人に、ヴィエンヌ県では三百人から一〇五人に減少している。[37]

結党以後、政治局が次第に拡大され、そのメンバーがあまりに多くなっていたので、ドリオは、東部戦線への二度目の出発前に、政治局の改組を試み、党の指導を、ヴィクトル・バルテレミー書記長のまわりにシモン・サビアーニ、ジャン・フォサーティ、アンリ・レーブル、アルベール・ブーグラ、マルセル・マルシャル、モーリス・イヴァン・シキャール、クリスティアン・ルジュウール、ロジェ・ヴォークランを集めた、九人のメンバーからなる「執行部」に委ねることにし、クロード・ジャンテ、ヴィクトル・アリギ、ジャック・ブノワ・メシャンを執行部の仕事に非公式に参加させた。(38) 出発前、ドリオは、ドイツ大使館の同意を得たデアの主導によって一九四三年初めに設立された国民革命戦線（FRN）への参加について、他の対独協力主義政党との交渉を進めることをフォサーティに任せたが、しかし、交渉の結果、各党の統合にまで、ましてや合併にまで至ることがないよう、明確な指示を与えていた。フォサーティは、執行部の承認を受けて、ドイツ大使館が全力をあげて推進していた、各組織間の協力委員会の設立を受け入れるまではいってもよいと考えていたので、七月十二日、ヴァーグラム会館で開催されたフランス人民党の集会の機会に、彼は他の対独協力諸党との協定が差し迫っていることを告げた。ところが、東部戦線にいたドリオは、ドイツ国防軍参謀本部の将校から、すべての対独協力主義運動の組織的統合の実現されるのが近いとの情報を得て、ひどく心配し、ただちに短期休暇の許可を得て、七月二十二日か二十三日に、不意にパリに帰ってきた。

ドリオは、フォサーティと党執行部を激しく非難した。ヴィクトル・バルテレミーの表現によれば、ドリオは、スケープゴートを犠牲にしても、「党の一枚岩の団結を強化」しようと望んでいた。ドリオは、バルテレミーらが強く反対したにもかかわらず、七月二十七日に集められた政治局メンバーの前で、フォサーティに自己批判を強い、彼が他の対独協力主義政党との交渉においてあまりに遠くまでいきすぎたことを認めさせた。さらに八月七日に開かれた全国評議会では、あらかじめ決定されたシナリオにしたがって、フォサーティは「事実」を認め、彼に託されたすべての責任をドリオの手に戻し、ドリオはフォサーティが彼の職務を放棄するのを承認した。それは、かつて共産主義者ドリオが強いられた自己批判や、共産党からバルベ＝セロール・グループが追放された事件のときと同様の光景の再現であり、このフォサーティに対する自己批判の強制は、党首の全能と不謬性を再確認するのに役立っただけであった。[39] ドリオの突然の帰国は、こうして、フランス人民党とその他の対独協力主義組織との間で始まっていた接近のための交渉をはっきり打ち切らせたのであった。

一九四三年八月八日、すなわち、フォサーティがその職務を辞任させられた全国評議会開催の翌日、ドリオは冬季競輪場での大集会の議長を務めた。このときの演説がドリオがフランスの地でおこなった最後の演説となったが、彼の話の全体はボルシェヴィズムに対する闘いを中心に展開された。彼は「ボルシェヴィズムの脅威を受けているのは、ドイツではなく、全ヨーロッパです」といい、フランス義勇軍団（LVF）の戦士たちは最後の勝利に対する揺るがない確信をもち、「もし六月二十二日に、ヒトラーが我々の共通の敵と闘おうとする大胆な決心をしなかったならば、数百万の兵士、数万の飛行機と戦車を頼みとしたスターリンの突然の攻撃をはばむことは、だれにもできなかったでしょう。この天才的な対抗措置がヨーロッパを救ったのです」と述べた。そして、ドリオは、連合国軍はヨーロッパ文明の終わりを早めようとしているボルシェヴィズムの先駆けであるといい（それは、その後の歴史の経過からみれば、偏執狂的な妄想であったといわざるをえないが、しかし、当時には、現実感がまったくなかったわけではなかった）、「私は、かつて、人民戦線はすでに戦争であり、その戦争は敗北であるといいました……今日、私は、英米を支持することは、ボルシェヴィズムに門戸を開くことだといわざるをえません」と主張した[40]。

最後に、ドリオは、聴衆に対して、フランス人民党が「フランス衛兵隊（Gardes françaises）」という新たな組織を編成しつつあることを紹介した。「フランス衛兵隊」という表現は、かつて王政時代にフランスの土地と世襲財産の警護にあたった精兵歩兵隊の名を踏襲したものであった。しかし、それは、不幸にも、別の運命を思い起こさせた。それが想起させたのは、ナチス党員を防衛する目的で結成された組織、ナチス突撃隊（SA）に加えて、ヒトラーの護衛部隊、ナチス親衛隊（SS）を思わせる警備隊組織であった。「フランス衛兵隊」の役割は、本来、フランス人民党の集会を護衛することにあるはずであったが、しかし、連合国軍がフランス本土に上陸する見込みと共産党の蜂起の可能性が浮かびあがってくるにつれて、「フランス衛兵隊」の役割は、街頭戦の準備や党の不動産あるいは党員家族の保護に向けられるようになったのである[41]。

冬季競輪場の集会のあと、「フランス衛兵隊」の最初の数大隊のはなばなしい行進がおこなわれた。フランス人民党の目的のひとつは、一九四三年一月、南部地区で「戦士団保安隊（SOL）」から誕生した「フランス民兵団（ミリス）」の分遣隊数隊を――デアとダルナンとの間で実現した同盟の結果――七月十八日にパリのカルティエ・ラタンで行進させた、国家人民連合の示威運動に勝つことであった。制服を着用し、三色旗を先頭に高く掲げた十二「大隊」がシャンゼリゼ大通り、リヴォリ街、ピラミッド街を分列行進し、その意味では、フランス人民党の示威運動は成功であった。各「大隊」はフランスの各地方の旗を――ドイツあるいはイタリア占領軍が掲げるのを反対したアルザス、ロレーヌ、コルシカ、サヴォワ、ニース、フランドル、ブルゴーニュなどのすべての地方の旗も――掲げていた。党政治局のメンバーによって先導された各「大隊」は、シャンゼリゼ大通りのロン・ポワン

図10　シャンゼリゼ大通りでオープンカーのなかに立つドリオ、1943年8月

広場の少し上方にとまっていた、オープンカーのなかに立つドリオの前を分列行進した。その隊員の数をフランス人民党の機関紙は四千人と吹聴した（警察報告では二五〇〇人）が、実際には、もっと少なかったのではないかと思われる。[42] しかし、この示威運動のささやかな成功の結果、フランス人民党は、「フランス衛兵隊員六万人に制服を着せることができるように」、二五万メートルの軍用ラシャの購入許可を工業生産相に願い出たのであった。[43] ともかくも、一九四四年には、「フランス衛兵隊」の隊員総数は、パリ地域だけで一五六〇人にのぼったのである。[44]

休暇期限の切れた八月二十六日、ドリオは友人たちに見送られ、再びフランス義勇軍団（LVF）に合流するために、パリ東駅を出発した。旅行は、夏の暑さ、ベルリン空爆、ドイツの首都からの一部住民の脱出などで、困難をきわめた。八月三十一日、ドリオは、ル・カン

図11　1943年8月8日、パリ1区ピラミッド街10番地のフランス人民党本部前で、（左より右へ）ドリオ、シモン・サビアーニ、イヴ・ドータン、アルベール・ブーグラ

に、ポーランドの訓練キャンプにようやく着いたことを知らせている。しかし、ドリオは東部戦線には長居しないと決心していたようであった。ル・カン宛ての手紙のなかで、ドリオは、「フランスの現状を考慮すれば、十月十五日以後は義勇軍団にとどまることは難しいと僕がいったとき、たいへん驚かれた。軍の高官たちは、僕の早期の帰国が可能か疑っているようだ」と書いている。そして、フランス義勇軍団（LVF）従軍司祭マイヨール・ド・リュペの忠告にしたがって、エドガール・ピュヨー大佐が、ドリオなしで参謀部を構成したので、それにまた、陸軍省は義勇軍団の組織を手直ししようとしているようなので[45]、「だから、僕はここには長居できないのだ」と続けている[46]。

しかし、実際には、ドリオは、一九四四年二月二十五日までパリに戻ることはできず、彼が考えていたよりはるかに長く、東部戦線にとどまらなければならなかったのである[47]。

第三章　強制労働徴用

　一九四三年の秋以来、ドイツ国防軍最高司令部の命令で、ドリオは東部戦線に釘付けになっていた。イタリアが連合国軍に降伏した（一九四三年九月八日）ことを知るや、ドリオは特別休暇による帰国を願い出たが、要請は拒否された。

　パリでは、フランス人民党執行部が、党首の帰国を早めるために、懸命に努力していた。十月六日、執行部の名において、シモン・サビアーニはヒムラーに手紙を送り、「資本主義とボルシェヴィズムの手先」と闘い、「フランス国内にドイツ軍に対するこれまでより敵対的でない雰囲気をつくり出す」ためには、ドリオの存在が「絶対に必要」であることを強調した。これに対するヒムラーの返事の草稿が残されていて（それが実際に送られたかどうかは不明）、そのなかで、「ドイツ帝国内相、親衛隊・警察長官」[1]は、ドイツ国防軍によって与えられる休暇許可がこの嘆願に「まもなく満足を与えるだろう」と答えている。[2]

しかし、その後、執行部の奔走にもかかわらず、なんの結果も得られなかったので、十一月二十七日、フランス人民党はプレイエル会館で集会を組織し、この集会について報じた十一月二十九日の『人民の叫び』紙は、「今後、フランスにおけるジャック・ドリオの存在は、反共産主義の闘いに欠かすことができない」と主張した。同時に、党幹部たちは、地方のドイツ占領軍当局に対する集団的働きかけを繰り返しおこなうよう、下部党員たちに要求した。[3]

一方、ドリオは、ル・カン宛ての手紙で、「残念ながら、ドイツ大使館の意思によって、僕はここにとどまっていなければならないのだ」と書き、「内閣総辞職が決まった」場合にしか帰国できないだろうと告白している。実際、ドリオの東部戦線滞在は、彼が定期的な休暇を許可される日付の一九四四年三月一日近くまで続いたのである。ドリオはル・カンに「僕が僕自身の国で居住を禁じられていると自己申告しない限り、ドイツ大使館が僕の兵士としての権利〔定期的な休暇をとる権利〕の行使に反対するのは難しい」といい、そして、ヒトラーがフランス人民党を解散させるのを許さなかったのは幸いであったが、しかし、自分が「ひどい脅しを受けているのをヒトラーは知らないのだ」と続けている。[4]

ドリオがヒトラーを買いかぶっていたとしても、彼はドイツ大使館の演じる役割については思い違いをしてはいなかった。ドイツ大使館では、一九四三年十一月半ばに、アベッツが再び主導権を掌握し、リッベントロープ外相は、それまで外相の不興を蒙ったアベッツの代わりを務めていたシュライヤーを、ドリオに好意的で外相と直接連絡をとることを許されていた大使館主席参事館ハンス・リヒャルト・ヘメンに交代させた。一九四四年二月二十五日、リッベントロープへの秘密の報告のなかで、ヘメンは、南部地区の対独レジスタンス活動家たちのグループに対してヴィシー政府がなにもしないことを非難し、ラヴァル内閣をドリオのような人物によって率いられる「恐怖政治内閣」に代えることが望ましいのではないかと尋ねている。一方、アベッツは、その『回想録』のなかで、「私は、このような考え方には賛成できなかった。実際、ラヴァルの政策が、次第に中立的立場に傾いてきていて、部分的にしかドイツの願望に一致していなかったとしても、ラヴァルが出す指示は県行政やヴィシー政府の機関によって確実に守られたであろう。これに比べると、ドリオ派内閣になれば、確かに、占領軍に対してもっと気遣いを示した政策を約束しただろうが、しかし、まさに、その理由によって、必ずや、フランスの行政機関の崩壊を引き起こすことは避けがたかったであろう」、「私にとって唯一の問題は、占領軍の安全のためには、ラヴァル内閣かドリオ内閣かどちらがよいかということであった」と書いている。(5)

ドイツ大使の職務に復帰するや、アベッツは、友人のド・ブリノンやデアとともに、ラヴァルに対して内閣改造問題を提起し、ラヴァルはフィリップ・アンリオ(6)とマルセル・デアの入閣を受け入れた。また、ドリオの側近の一人ないし二人の入閣も承諾したという噂が立った。(7)しかし、ドリオが東部戦線にいて不在だったので、もしラヴァルがこのような行動をとったならば、フランス人民党内に深刻な分裂の種がもちこまれたことであろう。実際には、フランス人民党のジャーナリストたちから激しい軽蔑的な言葉で攻撃されていたラヴァルは、フランス人民党に対して腹を立てていて、自分の「忠実な手下たち」にこのような攻撃をさせるドリオを許せなかった。(8)

対独協力者たちの世界では、内閣改造をめぐっての興奮が長期間続いた。一九四三年十一月中頃、フォサーティは、マルセル・ブーシエール（元ヴォージュ県選出代議士、「政権要求大会」のとき、フランス人民党に入党）とともに、ひそかにドイツ大使館参事官タイレンに働きかけた。フランス人民党の二人の密使は、交渉相手タイレンに、とりわけ、ドイツ企業で働かせるフランス人労働者を確保するためにドイツが要求している「強制労働徴用[9]（STO＝Servicedu Travail Obligatoire)」に対して反抗的な対独協力拒否者の急激な増加が原因で、フランスでは社会不安が増大しているので、ラヴァル内閣になんらの変更も加えないままでいるのは難しいと強調した。そして、プラトン提督[10]を首相として、その周りに内相にドリオ、警察長官にダルナン、外相にジョルジュ・ボネ[11]を配し、デアの入閣を排除した強力な内閣を組閣するよう提案した。

タイレンは、この提案に全体としてきわめて好意的な論評を付け加えて、アベッツに伝達した。この計画が実現すれば、プラトン提督の背後で、実際には、おそらくドリオが政権の実態を行使することになったであろう。しかし、フランス人民党に対するタイレンの好意を少しも共有していなかったアベッツは、この提案をまったく考慮しようとはしなかった。その結果、一九四四年一月初めにおこ

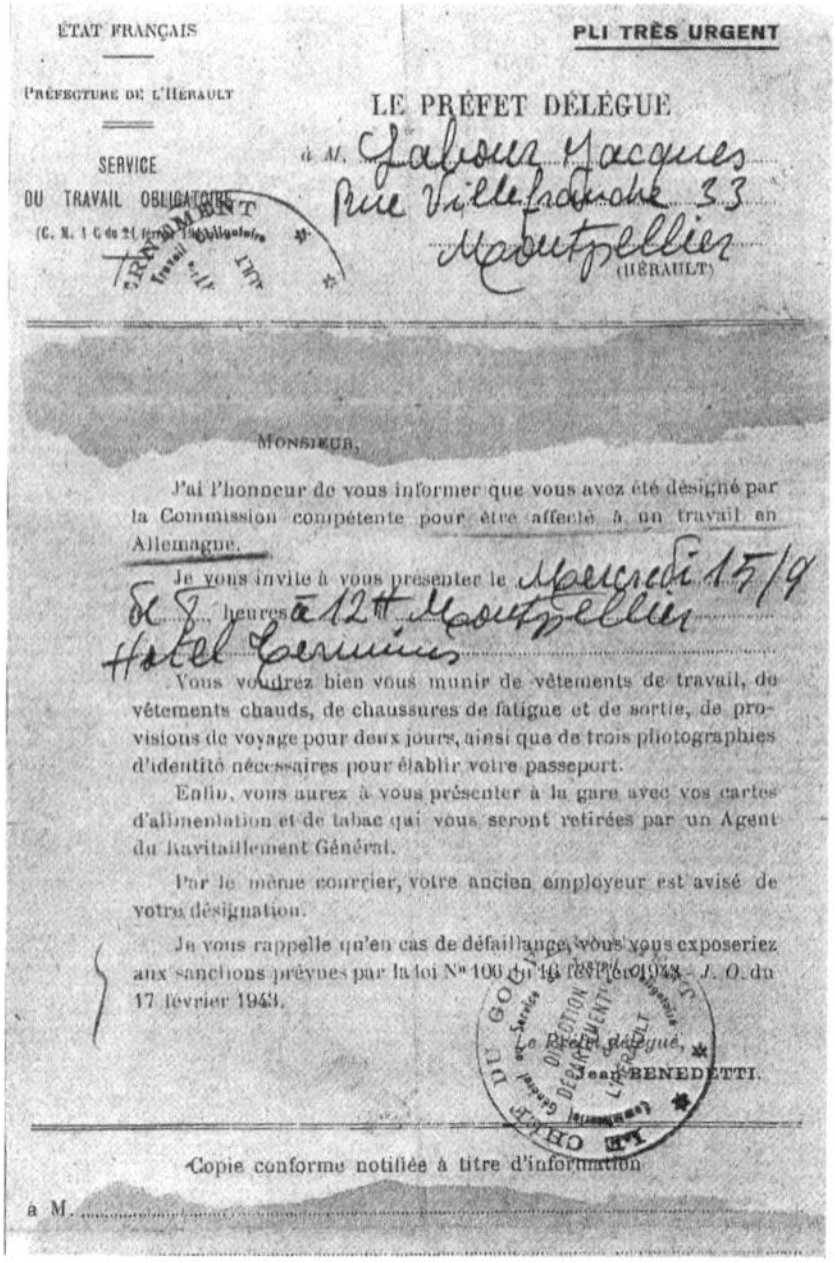
ÉTAT FRANÇAIS

PLI TRÈS URGENT

PRÉFECTURE DE L'HÉRAULT

LE PRÉFET DÉLÉGUE

SERVICE DU TRAVAIL OBLIGATOIRE

à M. Labour Jacques
Rue Villefranche 33
Montpellier
(HÉRAULT)

MONSIEUR,

J'ai l'honneur de vous informer que vous avez été désigné par la Commission compétente pour être affecté à un travail en Allemagne.

Je vous invite à vous présenter le Mercredi 15/9 à 12 h Montpellier ... heures Hotel Terminus

Vous voudrez bien vous munir de vêtements de travail, de vêtements chauds, de chaussures de fatigue et de sortie, de provisions de voyage pour deux jours, ainsi que de trois photographies d'identité nécessaires pour établir votre passeport.

Enfin, vous aurez à vous présenter à la gare avec vos cartes d'alimentation et de tabac qui vous seront retirées par un Agent du Ravitaillement Général.

Par le même courrier, votre ancien employeur est avisé de votre désignation.

Je vous rappelle qu'en cas de défaillance, vous vous exposeriez aux sanctions prévues par la loi N° 106 du 16 février 1943 - J. O. du 17 février 1943.

Le Préfet délégué,
Jean BENEDETTI.

Copie conforme notifiée à titre d'information

à M. ...

図12　強制労働徴用（STO）の出頭命令書

なわれた内閣改造は、ダルナン（警察長官）とアンリオ（情報相）だけを入閣させるという、きわめて部分的なものにとどまった。果てしない裏工作ののちに、三月十六日には、デアが労相に起用された。ラヴァルはヴィシーでの彼の旧知であったフランス人民党の一メンバー、ジャーナリストのジョルジュ・ギルボーを首相補佐官に任命しようと考えていたようであったが、しかし、結局、新たに入閣した閣僚には、ドリオの側近はひとりも含まれていなかった。

一九四四年二月二十五日、ドリオはようやくパリに戻ってきた。そのとき、フランス人民党の党員数はおそらく減少していたと思われるが、しかし、彼の補佐役たちは、対独協力組織の再編成のためにデアが始めた新しい試み――一九四三年初めの国民革命戦線（FRN）の設立――から党を守っていた。しかしながら、ドイツ占領軍はドリオに自由な行動を許さず、そのため、彼は、フランス義勇軍団（LVF）に新兵を補充するという目的のためだけにフランスに戻ってきたのであり、狭義の政治活動はいっさい自制すると断言せざるをえず、ドリオの激しいラヴァル攻撃を予想していた党員たちをとまどわせた。

ドリオは、義勇軍団の旅団長に昇進したばかりのエドガール・ピュヨー大佐、ジャン・バソンピエール大尉、フランソワ・ゴーシェ少尉、マルク・オージェ(12)（サン・ルー）、マイヨール・ド・リュペ従軍司祭らと協力して、北部、南部両地区の大都市で、フランス義勇軍団（LVF）のための宣伝遊説に着手した。彼は、四月二日にはマルセイユで、五日にはリヨンで、十六日にはパリの冬季競輪場で、十九日にはナンシーで演説をおこなった。マルセイユでは、彼は次のように叫んだ。「フランスの子供たちよ、あなた方はあなた方の国が生き続けるのを望みますか、それとも死ぬのを望みますか。その答えはあなた方にお任せします。もしあなた方が肯定的に答えるなら、フランス義勇軍団（LVF）は喜んであなた方を迎え入れるでしょう。」しかし、五月初めに終わったこの宣伝キャンペーンは、以前ほどには成功しなかった。[13]

この遊説キャンペーンを始める前の三月十四日、ドリオ、バソンピエール、ゴーシェは、ド・ブリノンの案内で、ペタンを訪問している。最初に、ド・ブリノンがペタンに「元帥閣下、これがあなたに忠誠の証拠を示しにやってきた東部戦線の三人の戦士です」と訪問者たちを紹介した。バソンピエールの証言によれば、[14]ペタンは前年バソンピエールの訪問を受けたことを覚えていたが、ドリオのことは覚えていなかった。ペタンはそれまで少なくとも二度ドリオに会っていて、一九四〇年十一月には、ドリオを引きとめて、食事を共にしていた。ペタンが訪問者たちに最初に話しかけたのは、次のような言葉だった。「諸君はだれと戦っているのですか？　ロシア人に対してですか、それともロシア人と一緒にですか？」明らかに、ペタンの老衰を示す言葉であった。ド・ブリノンの長い説明を聞かずに、ペタンは、扇形になって立っている訪問者たちの中心にいるドリオに視線を止め、「あなたにはどこかで会ったことがあるように思われる」と声をかけた。「はい、元帥閣下、おそらくスペインで、閣下が大使としてそこにおられたときです」とドリオは答えた。ペタンが「いや違う、モロッコでだと思う」といったので、「元帥閣下、私はモロッコには行ったことがありません」とドリオは応じた。それに対して、ペタンは「それはよかった。もう少しで、私はあなたを銃殺させるところだった」といったという。ついで、ペタンは、ドリオに、「みなが必要としているのは、あなたのような人物です」といったあと、訪問者たちに退去を許したという。

また、別の、しかし間接的な――おそらくドリオを情報源とする――証言によれば、[15]ペタンはつっ

図13　強制労働徴用（STO）に対する抗議行動、1943年3月10日、ドローム県ロマン・シュル・イゼール

けんどんな喧嘩腰の態度で訪問者を揶揄し、「まず聞きたいが、いったい諸君はだれと戦っているのかね？　ロシア人は、我々と同様な人間だよ。私はボルシェヴィズムのことは知らないし、あなた方の成功よりもあなた方の失敗に興味があるよ」といったという。痛ましいほど哀れなペタンの老化[16]を証明するこれらの会話は、対独協力の小さな世界では、すぐに知れわたったようであった。[17]

東部戦線からフランスに帰ってきたドリオは、帰国早々、ひとつの深刻な問題に遭遇した。それは、ドイツにとって必要なヨーロッパの労働力の調達責任者にヒトラーが直接任命したフリッツ・ザウケル（チューリンゲン大管区長官）からの執拗な要求であった。ザウケルは、フランス人民党に、強制労働徴用（ＳＴＯ）に反抗するフランスの青年たちの追跡に当たる一種の補充警察部隊を編成させようとしていて、その名前を「社会正義のための行動集団（GAJS＝Groupes d'Action pour la Justice sociale）」としようとしていた。彼は、みずから、ピラミッド街のフランス人民党本部に出向き、直接ドリオに彼の目的について話したいといってきた。すでにヴィクトル・バルテレミーが党を代表してザウケルの交渉相手になっていたので、ドリオは、バルテレミーに、会談の間、彼のそばにいてくれるよう頼んだ。

こうして二人の会見に同席することになったバルテレミーは、その会談の模様を詳しく語っている。[18] バルテレミーによれば、ドリオは、次のように話して、ザウケルの要求は受け入れがたいと説明した。「あなたは、強制労働徴用（STO）への反抗者の追跡に当たる一種の警察隊をわが党の党員のなかから募集することを我々に提案しておられます。しかし、我々はそれを望みません。我々は我々自身の警備隊をもっていて、それは一九三六年の結党以来存在しています。それは、我々の集会を守ることに充てられるのです。また、我々は最近、フランス衛兵隊という組織をつくりました。それは、もっとはっきりした軍隊式の集団で、テロ行為が広まり本格的な内戦の様子を呈するような、すべての事態に立ち向かうのが目的です。今日まで、このような事態は起こりませんでしたが、しかし、これまで、テロリストの攻撃によって多くの党員が殺害されました。わが党は、毎日ひとりの、ときには幾人もの党員を失っています。党のすべての機関はその報復を願っていますが、私はいっさいの報復措置に反対なのです……それに、あなたもご存じのように、我々は強制労働徴用（STO）という考え方そのものに反対なのです。」

これに対して、ザウケルは、次のように述べて、要求を引っ込めようとはしなかった。「そのようなことはみな知っていますし、あなたの言い分も分かっています。しかし、私の任務は、ドイツにとって、すなわちヨーロッパにとって、きわめて重要なのです。それは、我々の共通の勝利の条件のひとつなのです。だから、我々すべては、共通の利害のなかで行動するために、個人的観点を排除することができなければなりません。それに、我々の同志の何人かは、そのことをよく理解しています。マルセイユのサビアーニ氏とニースのメイサンク氏は、我々の提案に同意しました。両氏は私に同意しただけでなく、今年初めから、彼らの〝社会正義のための行動集団〟を募集し組織しはじめていて、それは良好な成果をあげています。」党の指導部の知らないうちに、マルセイユのサビアーニとアルプ・マリティィム県の党幹部メイサンクが、ザウケルの提案を受け入れていたのである。このような予期しなかった同志たちの「裏切り」の話を聞いて、ドリオの顔は青ざめ、血の気を失った。もはやドリオは断固とした拒否によってザウケルに反対することができず、「社会正義のための行動集団(GAJS)」の創設を正式に認めざるをえなかった。「しかし、私は、これらの〝行動集団〟がきわめて限定された、そして、可能な限り、理論上の活動しかしないように配慮した」とバルテレミーは書いている。サン・ポーリアンもまた、ドリオは「ザウケルと合意した」が、しかし、党政治局はそれに対して頑なに反対の態度を示したことを明らかにしている。(19)

一九四四年三月二十九日、フランス人民党セーヌ県連書記によって、「社会正義のための行動集団(GAJS)」の創設が告知された。そのメンバーになるには、それに専従し、いっさいの職業活動をやめなければならなかった。志願者は、まず、パリ二〇区モルティィエ大通りの兵舎で一週間の研修を受けなければならなかった。ついで、彼らは、武器の携帯を許可され、いつでも、どこでも巡回できる権限、反抗者の逮捕の権限を与えられ、フランスとドイツの官憲の助けを要請することのできる特別な身分証明書を受け取った。給料は月額、パリ地域については三八〇〇フランに決められたが、しかし、まもなく、五千フランに引き上げられた。

団員の身分規定には、団員は必然的に「強制労働徴用（ＳＴＯ）」を免除され、「すべての健康な党員」は「社会正義のための行動集団（ＧＡＪＳ）」に入団することができると書かれていた。しかし、しばしば、団員たちの不正行為が非難の急激な高まりを引き起こし、苦情が殺到するようになった。その結果、一九四四年八月半ばには、パリ地区の三百人の団員のうち七十三人が解雇され、さらには盗み、恐喝あるいは職権乱用で投獄されるものもいた[20]。また、一九四四年五月十日、ヴィシー政府の治安担当長官ダルナンが、カール・オーベルク親衛隊司令官への手紙のなかで、「いくつかの政党の党員たちが、ヴィシー政府の許可もないのに、あるときは個人で、あるときは小さな集団で、機関銃やピストルで武装して、街のなかを歩き回ったり、政府に反対する叫び声を上げたり、首都中の街の壁に侮辱的な落書きをしたりしている」と苦情をいっている[21]。

このような「社会正義のための行動集団（ＧＡＪＳ）」の団員数は、フランス全体で二五〇〇人に達したと思われるが、いくつかの県の例を通して、その役割と活動の実態をいっそうよく理解することができる。

たとえばアンドル・エ・ロワール県では、一九四三年には、フランス人民党は無気力状態に陥っていたが、二人の地方幹部が百人ほどの活動的なメンバーを入党させることに成功し、党は再び活発になった。その新しいメンバーの大部分は、「強制労働徴用（ＳＴＯ）」を免れようとした十八歳から二十二歳までの青年であり、そのほとんど全員が「社会正義のための行動集団（ＧＡＪＳ）」への入団を志願した。パリのモルティエ大通りの兵舎で研修を終えたのち、彼らはドイツ警察によって武装させられ、とくにレジスタンス組織を探知する役割を担わされた。彼らは、まるで民兵隊員のように、秩序を維持し、「強制労働徴用（STO）」拒否者を狩り出すという口実の下に、実際には、強盗をはたらき、彼らの網にかかった人びとから金品を脅し取った。彼らは、与えられた月給を数日で使い果たし、たえずドイツ警察に給金の追加や前払いをせがんだ。彼らの不正行為の実態は、他の対独協力組織のメンバーをも唖然とさせたほどであった。(22)

また、アリエ県モンリュソン地域では、「社会正義のための行動集団（GAJS）」は、「強制労働徴用（STO）」拒否者と同時にユダヤ人の狩り出しにあたっている。モンリュソンの副知事が知事宛てに提出した報告によれば、そのメンバーには何人かのふだつきの前科者がいたが、彼らは、何かにつけ、「ピストルを手にして、家宅捜査をおこなったり、街のなかや映画館で職務尋問をおこなったりした。これらの青年たち幾人かは、いつも酔っ払っていて、しかも、武器の取り扱いがきわめて不器用なため、その武器で自分が負傷したりした。」一九四四年七月末には、「行動集団」はきちんとして非の打ち所のない数人の青年を逮捕したり、また、自分たちをドイツの警察官と思わせて、フランスの警官たちから武器を取り上げようとしたりした。このように非道な、彼らの振舞いに激怒した世論は、「マキ〔対独レジスタンス運動の組織〕が〝社会正義のための行動集団（GAJS）〟の活動を終わらせてくれるよう、ほとんど公然と願っています」と副知事がその報告のなかで書いている。そして、実際に、それは起こったことであった。一九四四年七月二十七日午後一時三十分頃、ドイツ占領軍が徴用し、フランス人民党の党員と「社会正義のための行動集団（GAJS）」のメンバーが集まっていたモンリュソンのエキュ・ホテルを標的に、十台ほどの車で到着したマキザール（対独レジスタンス運動員）たちが作戦行動を起こし、彼らはホテルの一階に銃弾を浴びせ、その結果、「社会正義のための行動集団（GAJS）」のリーダーを含む三人が殺され、七人が重傷を負った。(23)

こうして、フランス人民党は、とくにドリオの手が届きにくい地方では、彼の指導を完全に逃れて、ドイツ警察の補充組織となったのであり、一方、ゲシュタポは、潜在的な反対者を恐怖で脅すために、殺し屋集団を社会の底辺やフランス人民党の党員のなかから集めようとしたのである。このようにして、ゲシュタポに奉仕した顕著な例のひとつは、フランシス・アンドレである。アンドレは、ドリオ同様、青年時代は共産党員であり、一九三六年に共産党と袂を分かち、フランス人民党に入党したドリオの腹心のひとりであったが、一九四四年には、リヨンの親衛隊保安部（SD）の指導者で「リヨンの虐殺者」と呼ばれたクラウス・バルビーの指揮の下、レジスタンスのテロ活動にテロで応える「反テロリズム国民運動」という組織を設立し、リヨン地域全域に遠征隊を何度も派遣した。一九四三年十一月には、彼は、部下たちとともに、グルノーブル地方の多数のレジスタンス活動家の殺害に加担し、レジスタンスを壊滅させることに一役買ったのであった(24)。

第四章　戦況の悪化

一九四四年六月には、フランス人民党の地方組織はほとんど壊滅状態にあった。たとえばリール支部には、もはや六、七人の党員しかいなかった。多くの地方幹部が辞職するか、いつのまにか姿を消してしまっていた。(1) しかしながら、パリでのフランス人民党の活動を考えるならば、同党は対独協力主義組織のうちでもっとも活動的な集団とみなされ、事実、パリでは、同党は、一九四四年七月まで、日常的な政治活動を続けていた。同年六月六日には連合国軍がノルマンディー上陸作戦を決行し、八月二十五日にはパリが解放されたことを思えば、それは驚くべきことであった。

六月末には、同党はビラの配布を増加させ、「パリを兵糧攻め!」と題したビラは十二万枚印刷され、そこには「飛行機が鉄道施設、橋、道路を爆撃するのは、数百万のパリ市民を飢えさせるためだ」などと書かれていた。その他、中産階級向け（「共産主義はあなた方を消滅させようとしている」、五万枚）、カトリック教徒向け（「神なき共産主義」、十五万枚）、農民向け（「農民の敵、共産主義がヨーロッパに侵入しようとしている」、二十万枚）、労働者向け（「戦争は我々の国、我々の頭上に迫っている」、四十万枚）の大量のビラが撒かれた。[2] さらに、集会も続けられようとした。一九四四年七月二日、党結成八周年を記念して、フランス人民党はヴァーグラム会館での大集会を招集したが、すべての政府機関が混乱し麻痺して、すでに半身不随になっていたために、ドリオがラヴァル政府を攻撃するのではないかと恐れて、アベッツは集会を禁止させた。[3] 事実、ドイツ占領軍当局の手中に握られていたはずのラジオ・パリにおいても、その著名な解説者でドリオのもっとも忠実な同調者のひとり、ジャン・エロルド・パキが、「死体置場のカラス」と題した手きびしい論説によって、ラヴァルを痛烈に批判した。しかしながら、軍事情勢の悪化につれて、フランス人民党の党員たちも次第に神経質になり、深刻な国内的騒乱が起こった場合には、自分自身も家族も安全な場所に避難したいと思うようになり、党本部にトーチカを建設して武器を集めたりした。

この頃のフランス人民党の実質的な勢力は、どちらかといえば、その党員の実員数よりも――一九四四年初めには、多数の党員が党員証を破棄して離党し、党員数は著しく減少していた――同党が「社会正義のための行動集団（ＧＡＪＳ）」やドイツの軍事組織に加入させた武装した党員たちの数にあったといえる。そのドイツの軍事組織とは、なによりも、「武装親衛隊（Waffen-SS）」であった。この組織は、一九四三年七月二十二日にラヴァルの政令によって創設されたものであり、同政令は、この組織を「国土の外でボルシェヴィズムと闘うために、ドイツ政府によって設立された組織」と表現し、フランス人がこれに入隊することを許可していた。入隊を志願したフランス人はナチス親衛隊（ＳＳ）

の制服を着せられ、「フランス武装親衛隊第七突撃旅団」を形成した。一九四四年一月には、同旅団は二八四〇人の隊員からなり、また、一九四三年十二月のドイツの資料によれば、フランス武装親衛隊隊員の二〇パーセントがフランス人民党に属していた。それに、同旅団の指揮はフランス人民党の党員ギャモリー・デュブルドー中佐に委ねられていた。[4]

これに対して、一九四一年十二月にジョゼフ・ダルナンらによって創設された「戦士団保安隊（ＳＯＬ）」の後継組織、「フランス民兵団（ミリス）」とフランス人民党との関係は、曖昧で、不安定であった。戦前から、ダルナンとバルテレミーとの個人的関係は友情で結ばれていた。[5]また、フランス人民党が主として北部地区に定着していたのに対して、民兵団はほとんどもっぱら南部地区で団員を募り、二つの組織は競合的ではなく、相互に疑念や嫉妬を抱きあう関係にはなかった。一九四四年一月半ば、ドイツ占領軍が北部地区への民兵団の拡大を許可したが、その計画は失敗に終わった。もともと反ドイツ的傾向の強かった民兵団に対して、フランス人民党とその他の対独協力組織は親独的、ファシスト的要素を存分に発揮していた。それに、少なくともそれぞれの結成時には、両組織には明らかな違いがあり、民兵団は、ドリオがあからさまに批判していたように、「ブルジョワ的反動分子の一団」であり、[6]中産階級出身の若者たちが多数を占めていたのに対して、フランス人民党ははるかに「民衆的」であった。

一九四四年春には、ドリオは、フランス人民党が独立性を失うのを恐れて、彼とダルナンとの同盟を促進しようとするアベッツと親衛隊（ＳＳ）司令官カール・オーベルク大佐の二人からの圧力に抵抗した。何度も会談がおこなわれたが、両者の両立不可能を確信することで終わった。

デアの国家人民連合が弱体化したあとでは、民兵団の指導者ダルナンが、ドリオにとって、新しい危険なライヴァルのように思われた。ドリオは、先手を取ろうとして、ピエール・アントワーヌ・クーストーらフランス人民党の党員たち数人を民兵団に参加させていたが、しかし、クーストーは、民兵団のリーダーたちが軍事的、政治的能力を持っていないことに気づくと、さっさと民兵団を退団した。四月中頃には、フランス人民党指導部は、すべての党員たちに民兵団に参加することを正式に禁止し、七月中頃には、ドリオみずから、マンシュ県に視察旅行に行った帰りに、民兵団に入っていたルーアンのフランス人民党の八人の若い党員たちを退団させようとした。(7) また、マキの組織が強力で治安が次第に悪化していたいくつかの県では、民兵団員とフランス人民党の党員たちとの間で激しい紛争が起こり、オート・ヴィエンヌ県では、オラドゥール・シュール・グラーヌ村でナチス親衛隊(SS)によって村人六四二人が虐殺された事件(8)(一九四四年六月十日)のあとは、両者の反目はゲリラ隊の攻撃や銃撃戦を引き起こすほどになった。(9)

一九四四年の春の間、ドリオは、マキと闘い、そして、彼自身が政権を取って「ヴィシーの裏切り者を追い出す」ために、フランス義勇軍団(LVF)をフランスに帰国させる方法を探し求めていた。連合国軍のノルマンディー上陸以前に、ドイツ国防軍はフランス義勇軍団(LVF)を西方へ戻そうと決めていたが、おそらく、ラヴァルとド・ブリノンの反対によって、義勇軍団は東方へ押し戻されたようであった。六月十八日には部隊の配置交替の命令が届き、義勇軍団の兵士たち自身も、ノルマンディーでドイツ軍とともに戦うために、帰国するものと信じていたが、しかし、その命令は取り消され、彼らはドイツにとどまらざるをえなかった。(10)

いずれにせよ、確かなひとつの事実は、ドリオや対独協力派組織の主要リーダーたちが、フランス義勇軍団(LVF)を、ドイツ軍とともに自由フランス軍が参加している連合国軍と戦わせるために、西武戦線へ戻したいと思っていたことであった。

六月十三日には、ドイツ大使館で、アベッツと参事官たちの主催で、親独政党・団体のすべてのリーダーたち――ドリオ、デア、ビュキャール、マックス・ニッパン（北部地区におけるダルナンの代理人）、ド・ブリノン（フランス義勇軍団［LVF］委員会の委員長として）、マリヨン（武装親衛隊［Waffen-SS］友の会委員長として）――が出席した会合が開かれた。すべての参加者が、「ドイツとヨーロッパのために身を投げ打ち、いざというときには、武器を手にして英米軍と戦おうと思っているフランス国民が、それをおこなうことのできる機会を待っていることを忘れないようにといいました」と、アベッツがリッベントロープに電報を打っている。そして、出席者全員が、「侵略」（一九四四年六月六日の連合国軍のノルマンディー上陸のこと）がおこなわれた以上、「フランス義勇軍団（LVF）と武装親衛隊（Waffen-SS）のメンバー全員が、彼らの祖国から遠いロシアでではなく、フランスの土地で国内外の敵に対して、彼らの国を守るために戦いたいという熱烈な気持をもっている」という事実を力説し、「ドリオとマリヨンは、フランス国土の内外に戦争が拡大しているという知らせを日々受けているときに、祖国から三千キロ離れた土地で戦うのは、フランス人にとってはきわめてつらいことだと強調しています」と続けている。さらに、アベッツは、フランス義勇軍兵士の戦闘意欲は、おそらく、彼らが不倶戴天の敵、ド・ゴール派とその同盟者の英米連合軍と命を懸けて戦うという信念によって強められるだろうと指摘し、最後に、すべての対独協力グループのものたちは、「ドイツの軍事的敗北は、彼らの指導者とそのもっとも重要な支持者たち自身の死をも意味していることをはっきりと認識しています」と付け加えている。(11)

このドイツ大使館での会合に先立つ六月八日、フランス人民党執行部は、同党が「今日、東方では

図14　ドイツ国防軍中尉の軍服を着たアルベール・ブーグラ、1944年7月、ノルマンディーの前線で

ボルシェヴィキの野蛮によって、西方では英米の野蛮によって、かつてなく脅威を受けているヨーロッパ、その文明、その生活原理を守るためにたえず戦ってきた」ことを強調したマニフェストを発表していた。そして、「あらゆる不測の事態に備えて、わが国が取り返しのつかない不幸にあわないようにし、わが国を名誉と尊厳の道に戻すために、我々の偉大な党のメンバーたちと一丸となるよう、みずからの責任を自覚するすべてのフランス人に親愛な呼びかけ」をおこない、最後に、フランスと他の「ヨーロッパ諸国」には、「栄光に満ちた勝利への道」が開けていると主張した[12]。

ノルマンディーでのフランス人民党の活動を組織するために、ドリオは「ノルマンディーのための党統括委員会」を設立し、それをアルベール・ブーグラ（党中央委員）に託した。同委員会の活動は、ひとつは、戦闘の被害を受けた人びとへの食糧・物資の補給や輸送を救援することであった。従軍記者としてノルマンディーの戦場に何日も滞在したドリオは、すさまじい戦闘シーンを目撃し、罹災した人びとの間に英米軍に対する恨みが広がっていることに気づいた。しかし、統括委員会の活動の第一の目的は、前線の背後でレジスタンスの活動と戦うことであった。また、パラシュートで降下した英米のスパイを摘発し、連合国軍の後方で破壊工作をおこなうための、対スパイ活動の小隊が組織された。その小隊には二五〇人ほどの工作員が参加したが、その三分の一が女性だった。ドリオは、ドイツ軍とともに戦う「ノルマンディー義勇軍」を組織して、千人の男子を三週間派遣すると請け合っていたが、しかし、やっと二百人しか集められず、その多くが十六歳から十八歳までの青年であった。これらの青年たちの多くが、ノルマンディーの地で、骨肉相食む戦闘で命を落としたのであった。(13)

この一九四四年六月から七月にかけての数週間、ドリオはデアやその他の対独協力派の人物たちの多くと会っている。彼らは大きな危険の迫りくるのを目前にして、少なくとも一時的な相互の接近の必要を自覚していた。こうして、ドリオは(当時ノルマンディーにいたので)、ヴィクトル・バルテレミーに、党首ドリオの名において、対独協力派の人物たちの「政治情勢についての共同宣言」に署名させた。この「宣言」は、プラトン提督とドミニック・ソルデ(一九三七年に設立された通信社アンテール・フランスの主宰者)との提唱によって招集された集まりにおいて起草されたものであり、署名を集めるために多数の個人的接触を経たのち、七月九日、プラトン提督によってペタンに手渡された。「宣言」は行政当局の無力、「フランス国家に属する諸機関の崩壊」、無政府状態の進行を告発していた。そして、「宣言」の署名者たちは、政府をパリに戻すこと、「文句のつけようのない人物を入閣させることによって」、政府を拡大すること——それはだれよりもドリオのためにほかならなかった——、「内戦をそそのかしたり、ヨーロッパにおけるフランスの地位を危険にさらしたりするすべての人物に対して、死刑を含む厳しい処罰」を科すことなどの、いくつかの「きわめて重要な行動」を政府に要求していた。ラヴァルに忠実な態度をとり続けていたダルナンを除いて、対独協力組織の重要人物たち全員が「宣言」に署名していた。ド・ブリノンとともに、アベル・ボナール、ジャン・ビシュロンヌ、マルセル・デアの三人の閣僚も署名していた。(14)

しかしながら、ドリオは、いずれ軍事情勢が好転すると信じていた。東部戦線から帰国したあと、彼はナチス・ドイツのパラティナおよび旧ロレーヌ大管区長官ビュルケルと知り合いになったが、ビュルケルは、フランス人民党の保護者を自任し、リッベントロープとヒムラーに対して同党の立場を熱心に擁護し、ドリオの親しい友人になった。ヴィクトル・バルテレミーが語るところによると、彼は、一九四四年八月六日、メッツ近くのビュルケルの夏の別荘で数日を過していた――この間、ビュルケルはドイツの大管区長官全員の会議に出席するために留守にしていたらしい――ドリオに呼び出され、そのとき、ドリオから、彼が内相兼任の首相になる内閣を――机上で――組閣するのを手伝ってほしいと頼まれて、当惑したという。ドリオは、バルテレミーに、あとはヒトラーひとりを説き伏せるだけでよく、ビュルケルがヒトラーの同意をとりつけてくれるだろうと述べたという。戦況の逆転については、ドイツが恐るべき破壊能力の新型爆弾の製造を完成させるのも間近という、ビュルケルの語った情報を真に受けて、ドリオは頑なにそれを信じていた。こうして、ノルマンディーでドイツ軍が退却しはじめたときも、ドリオとバルテレミーは、ヒトラーに提出して判断をあおぐ閣僚名簿（首相兼内相ジャック・ドリオ、治安担当長官ジョゼフ・ダルナン、外相ブノワ・メシャンまたはフェルナン・ド・ブリノン、労相兼経済財政相マルセル・デア、国防相プラトン提督またはブリドゥー将軍、宣伝情報相ジャン・フォサーティ、青年相ロジェ・ヴォークラン、食糧補給相フランソワ・シャセーニュまたはアンリ・バルベ）を作成するために、真夜中まで、馬鹿げた夢の一夜を過ごしていたのである。(15)

さらに、ドリオはパリで他の対独協力派のリーダーたちと協議を続け、アメリカ軍と自由フランス軍によるパリ占領の前夜には、八月十二日の『ジュ・シュイ・パルトゥー』紙(16)の最後の号に掲載されることになるピエール・アントワーヌ・クーストーとの長いインタヴューをおこなっていた。のちにクーストーは、ドリオの身体からは「最大のペシミストも勇気を取り戻すであろうような力強さの印象」が漂っていたといっている。インタヴューのなかで、ドリオはクーストーに「現代では、行動こそが秩序の唯一の要因です。革命的な政府がその模範を示そうと決意するだけで、大多数のフランス人は、即座に、その政府をわが国の伝統の最善の擁護者として認め、すぐさま、それを受け入れることでしょう」と主張している。(17) こうして、フランス人民党の忠実な党員たちが、彼らのドイツの保護者たちとともに、連合国軍の前進から逃れるために東方へ逃亡しようとしていた、まさにその瞬間にも、ドリオは驚くべき幻想能力を見せたのである。しかし、やがてドリオを容赦なくその非業の最期へと運んでいったのは、歴史の冷厳な現実であった。

八月初めには、戦況は日増しに悪化し、パリは連合国軍の射程距離内に入った。フランス人民党は跡を残さずパリから姿を消す準備をし、党員証はすべて破棄された。党指導部は、危険にさらされたフランス南部の党員たちにスペインかイタリアに逃れるよう勧め、北部と中部のフランス人民党専従職員たちは、パリ、ついでナンシーで合流せよとの命令を受けた。八月十日には、『国民解放』紙の最後の号が出た。パリに集まったフランス人民党の幹部たちは、慌ただしく、その一週間後に東方へ出発するための準備に追われた。その間、ドイツ国家保安本部の命令下に置かれたドイツ防諜隊の援助を得て、フランス人民党の幹部や党員たちを運ぶ輸送隊が組織された。その最初の宿営地は、ロレーヌ地方の中心都市ナンシーであった。(18)

第五部　フランス人民党

最後の日々

第一章　亡命

フランス人民党の幹部たちと、党活動に深く身を投じていた党員たち、そして彼らの家族を運ぶ輸送隊が、東方に向かって出発したのは、一九四四年八月十七日の早朝であった。なにも慌てることはないと思っていたドリオは、出発を延ばしていたのだが、十六日夕方、ドイツ国防軍最高司令部から撤退の命令が出たのである。ドイツ軍のトラック、サン・ドニ市役所の車両、レジスタンス活動と見せかけて土壇場に「徴発した」中央市場のトラック、個人の自動車などなど、雑多な輸送手段で構成された輸送隊が、一五〇〇人から二千人ばかりの人間を運んでいった。空襲の場合の被害を小さくするためにいくつもの隊列に分けられた輸送隊は、シャロン・シュル・マルヌ（マルヌ県）、ついでサン・ディジエ（オート・マルヌ県）でいくつかの学校に分かれて宿泊し、最後に八月十九日、集結地のナンシーに無事にたどり着き、しばらくの間、そこで落ち着くつもりであった。

東方への脱出は、パニックも恐慌もともなわず、整然とおこなわれた。ドリオとその仲間たちにとっては、戦いはなお続いていて、東方への撤収はその戦術的過程のひとつにすぎなかった。彼らは、最後まで、共産党がフランスの政権を奪い取ろうとし、その結果、内戦が起こり、そのために、フランス人民党や対独協力主義者を含むすべての反共産主義者が、ついには同じ陣営に結束するであろうと確信していた。西欧諸列強とソヴィエト・ロシアとの同盟はそんなに長くは続かず、前者は、いずれ、「反ボルシェヴィズム」のドイツと和平交渉を開始し、そのときには、長い間待ち望まれていた「全面的決着」の時代が始まるであろうと、彼らは考えていた。(1) このような分析は、必ずしもまったく馬鹿げたものではなかったとしても、しかし、それは恐ろしく偏っていて、全体として間違っていたといわなければならなかった。ドリオたちは、彼らの願望にとって都合のよい面からしか現実を読み取ろうとはしなかったのである。とはいっても、彼らがそれ以外の希望にすがることはできたであろうか。彼らの目には、ドイツはどうあっても戦争に負けてはならなかったし、負けるはずはなかった。ドイツによる恐るべき秘密兵器の完成が間近であるという噂が、なお数か月の間、彼らに気違いじみた幻想を抱かせ続けていた。(2)

ドリオは、フランス人民党の撤収部隊のなかにはいなかった。彼は、ル・カンとキャノビオを伴って八月十九日にパリを去り、直接、アルザスの北、ドイツのパラティナート地方の小さな都市ノイシュタートに、友人でナチスの大管区長官であるヨーゼフ・ビュルケルを訪ねた。ドリオとビュルケルの間で、どうして個人的な政治的接触が確立されえたのか、それを完全に明らかにすることはできないが、ビュルケルは、二人の間に顕著な類似点が存在し、ドリオが、彼同様、貧しく身分の低い家庭に生まれ、かつては革命的社会主義の生え抜きの信奉者であり、腕一本で身を立て、労働者階級の扇動家として成功し、過激主義と太っ腹で自由な振舞いとで知られ、上等のワインと美食の愛好家でもあることに無関心ではいられなかったのかもしれない。(3) なんらかの政治的利害関係もはたらいたに違いないが、ビュルケルは、パリからの輸送隊であれ、いずれの地方からきた小グループであれ、ナンシーに到着した数千人のフランス人民党の党員たちの避難所を、彼の勢力圏であるパラティナート地方に提供することを承諾した。(4) ドリオは、すぐさま、ヴィクトル・バルテレミーと執行部の指揮下整然と組織され、ナンシーを仮の都としていた彼の仲間たちに、この朗報を届けた。フランス人民党以外の対独協力主義の政党のメンバーは、事実上、散り散りに分散していて、パリにとどまるものもあれば、それぞれ自分勝手に、東方へ逃れるものもあった。国家人民連合の指導者マルセル・デアも慌てふためいていた。この難局において、フランス人民党は「力、団結、権威と党首を守り続けた唯一の組織であった」(ジャン・エロルド・パキ)(5)。

パリは一九四四年八月二十五日に連合国軍の手に落ち、ドイツ軍は西部戦線全域で後退し、ド・ゴール将軍の政権掌握が間近に迫っていた。さしあたって、ドイツ占領軍にも対独協力主義者たちにも、この後、フランス政府がいかなる形態をとるべきかという問題が提起されていた。実際、一九四四年八月二十日にペタンがドイツ占領軍によって無理矢理にベルフォールへ連れていかれて以来、もはやヴィシー政府は存在しなくなっていたからである。ペタンは、そのとき以来、みずからをドイツの捕虜とみなし、いっさいの政治活動を拒否した。ラヴァルについても同様であったが、しかしながら、彼は、一定の行動の自由を確保しようとして、辞職まではしなかった。(6) 彼は、ベルフォールで、首相の称号のままでペタンを迎え、ペタンに、ドイツに支援された政府が対独協力主義の極右過激

派、とりわけドリオ、ド・ブリノン、ダルナンたちによって構成されようとしていると警告した。(7)

実際には、事態はそれほど単純ではなかったが、しかし、フランス政府の再建という問題を解決するために、ドイツ外相のリッベントロープが、ヒトラーの総司令部があった東プロイセンのラステンブルク近くのシュタインオルト城に、ラヴァルとデアだけでなく、ドリオ、ド・ブリノン、ダルナンの三人をも召喚したことは、事実であった。ラヴァルは召喚を辞退したので、彼の代わりに――しかし、単に「情報提供者」の資格で――フランス政府建て直しの会談に参加したのは、マリヨンであった。最初はデア、ダルナン、マリヨンをスイスのフリブールまで飛行機が迎えにくる予定であったが、結局、飛行機は来ず、三人は鉄道での長旅に耐えなければならなかった。その途中で、病みあがりのド・ブリノンが彼らに合流したようであり、四人は八月二十七日にベルリンに着いた。「ベルリンを車で通り抜けたが、まるでゴーストタウンのような異常な光景であった。ほとんど焼け崩れた家屋の残骸が、果てしなく広がっていた」とデアがその『日記』のなかで書きとめている。(8) 八月二十八日にようやく、彼らはラステンブルクに着き、そこで四人はリッベントロープの用意した特別列車のなかに泊められた。そのなかで、彼らは、リッベントロープによって、個別に、あるいはサブグループ別に呼び出されるのを待ったのである。彼らはまた、アベッツから、ドリオが翌日の朝、飛行機でビュルケルとともに着くが、列車のなかでは泊まらないことを知らされた。

八月二十八日晩、ド・ブリノン、ついでダルナン、最後にデアとマリヨンが次々とリッベントロープのもとに呼ばれた。(9) 四人の意見が完全に一致していたわけではないが、しかし、彼らはすべて、亡命政府のもっていた権力をドリオがほんの少しでも摑むのをできるかぎり妨げようとしていた。彼らは、長時間打ち合わせて、たがいの意見を一致させ、また、同様な気持をもっていたアベッツとも話し合っていた。リッベントロープは、最初に呼んだド・ブリノンに、政府にはドリオ、ダルナン、デアを、そしてド・ブリノン自身をも入れるようにすべきだと頑なに指示した。ド・ブリノンは、最初は柔らかな言葉で、次にはもっとはっきりと、ドリオがかつて共産党に所属していたことを強調し、その事実はペタンも気に入らず、そのためにフランス国民の間でも評判が悪いが、それにもかかわらず、ドリオは自分から新政府の首相の座を要求しているらしいといって、ドリオの入閣を妨害しようとした。しかし、リッベントロープは、何度もドリオの名前をあげた。どうやら、ドリオは彼の信頼を得ているようであった。続いてダルナンが意見を聞かれ、彼は、行政機関の役人や、彼の指揮下にある民兵隊員たちも、「非合法な」政府、すなわちペタンが同意しない政府に従うのを拒否するであろうと強調した。ペタンは、かつてアフリカでアブデル・クリムに味方してフランス人部隊と戦ったドリオを許すことができないであろうというのが、ド・ブリノンやダルナンがあげるドリオ入閣の反対理由であった。最後に、デアとマリヨンがド・ブリノンの主張を支持すると明言し、政府の「合法性」の必要を力説した。

翌日の八月二十九日は、一日すべてがドリオのために取っておかれていた。この日の最初の会談には、ビュルケルが同席し、アベッツも会話の途中で口を挟んだが、ドリオは、「一九一六年に、サン・ドニで地方の共産党に」加入して以来の彼の政治的人生について、長々としゃべったのち、新しい政府を構成するには、もはやペタン元帥やラヴァルでは駄目だといった。ビュルケルは、ド・ゴールが、「合法性」を通さずに、政府の指導者のポストにたどり着いたことを指摘し、その事実は「合法性」の問題にはあまり重要な意味がないことを証明していると主張して、ドリオを支持した。ドリオとアベッツとの間で、ラヴァルのことで激しい口論が起こり、ドリオは、彼自身は「最初から」ラヴァルのなかに裏切り者の性格を見抜いていたのに、アベッツがラヴァルの陰謀に味方したことを激しく非難した。

この日の二回目の会談は、ドリオとリッベントロープとの間で差し向かいでおこなわれた。リッベントロープは、フランス政府の構成の問題を現実的に解決しようとして、次のような二段階での解決策を提案した。まず、老元帥ペタンによって体現される「合法性」の原則を守るために、ド・ブリノンがドイツ軍占領地域に対するヴィシー政府の代表の資格で「政府委員会」の指揮をとり、目下の業務を迅速に処理する。そのメンバーは、権限を委託された「委員」の資格しかもたない。次に、ダルナン、デア、マリヨンら、これまでの閣僚たちの多くが所属することになろう「政府委員会」は、「ドリオによって指揮された合法的で革命的な新しいフランス政府」を急速に樹立するために、ペタンに圧力をかけなければならない。ドリオは、その間、ラジオと集会による徹底した宣伝をおこない、彼の党の再編成を強化しながら、彼の政府を組織するために、軍事情勢が安定し、有利な環境が生み出されるのを待たなければならない。

しかし、二段階に引き延ばしたこのリッベントロープの解決策は、ドリオには気に入らなかった。ドリオは、念入りに用意したと思われる次のような一連の反対提案を提出した――すなわち、ドリオはただちに革命的な政府をつくる。その「合法性」は、新政府のなかに、ペタンによって任命され、いまも在職中の内閣の閣僚の大部分が存在しているという事実によって、少なくとも部分的には確保されよう。フランス義勇軍団（LVF）など、ドイツ軍のなかで戦っているフランス兵を召還して、共通の指揮下に置き、彼らの力を借りて、新政府はマキに対する精力的な戦いを開始する。労働者のための社会的施策を採用し、反ボルシェヴィズムの宣伝と同時に「植民地の保全〔フランスの全植民地の返還」を含む国土の一体性〔ノール県とパ・ド・カレー県のフランスへの返還、ただし、アルザス＝ロレーヌ問題を除く〕に基礎を置いた全国的な宣伝活動」を組織する。

これに対して、リッベントロープはフランスの「未来の運命」について約束することは拒否したが、それでも、次のような三つの指示をドリオに与えた。（一）アルザス＝ロレーヌは、ドイツ領としてとどまる（ドリオはリッベントロープに、それで問題はないと答えた）。（二）北フランスの二つの県については、可能であれば、ドリオが指し示した方向で検討される。（三）フランスの植民地は切り取られることはない。

これに対して、少しのちに、ヴィクトル・バルテレミーが、このときの会談についてドリオから聞いた詳細な報告を再現しようとして、次のように書いている。「ドリオ内閣が組閣されたときには、ロレーヌ地方を含む国土全体と植民地全体をフランスに保障する、ドイツ政府の公式声明が発表されるであろうことが了解された。アルザス問題だけが戦争が終わるときまで保留され、戦争終結後、住民投票によって決定されるであろう。(10)」このように、領土問題については、ドリオとバルテレミーとの証言はかなり食い違っている。おそらく、どちらかが嘘をついているのであろう。

ドイツ軍の制服を着て戦っているフランス義勇軍団（ＬＶＦ）の帰国問題については、リッベントロープは彼の権限外であるとした。また、亡命フランス政府の構成についてのドリオの提案に対しては、リッベントロープは、最終的には、ド・ブリノンを委員長とする革命的政府を即時樹立し、ドリオは副委員長と内相、場合によっては国防相のポストを占めるという一時的解決案を提示した。「ちょっと考えたのち、ドリオは、自分の入閣は首相として以外はありえないと反論して、この案を拒否した」と、このときのリッベントロープとドリオとの会談の通訳を務めたパウル・シュミットは書きとめている。そして、シュミットは、続けて、「もし彼の提案（ドリオ政府の即時樹立）が採りあげられないならば、彼はリッベントロープが最初に提示した案を選ぶと述べた」と記している。こうして、リッベントロープとドリオの意見はようやく一致し、ド・ブリノン、ダルナン、デア、マリヨンたちにドリオ政府の原則を受諾させるよう努めるが、もしそれが成功しなかったならば、ド・ブリノンを委員長とする暫定的な「政府委員会」の設立というリッベントロープ案に賛同するということになった。

ドリオ以外の四人のフランス人は、列車のなかで待ちくたびれていた。前日の口論でまだドリオに腹を立てていたアベッツから、ドリオの案が優位に立ったらしいと列車のなかで聞いた彼らは落胆した。デアの日記によれば、ようやく八月三十一日昼すぎ、ふたたび、四人の男はシュタインオルト城に呼び出された(11)。

最初に呼ばれたのはド・ブリノンであり、ついでダルナンが呼ばれ、そのしばらく後にデアとマリヨンが続いた。四人のフランス人のスポークスマンを務めていたド・ブリノンは、再びドリオを激しく非難し、改めてドリオの「政権掌握」に反対した。そして、ド・ブリノンがそのすぐ後に他の三人に報告したところでは、彼は、ドリオを首相ないし委員長にした政府の即時樹立という案を退けさせるのに成功した。事実、リッベントロープは、結局は、ペタンの意志に反したドリオ政府の即時樹立を断念し、ドリオとの会談のときに彼が最初に提示した案を実現することを選んだ。こうして、ペタン元帥が法的に承認するという条件で、「政府委員会」を組織する案が進められることになった。

けれども、その後の事態は、ド・ブリノンの期待通りには、すんなりとは進まなかった。

デアの日記は、次のように続けている。「リッベントロープは、ド・ブリノン委員会の構成に対するペタン元帥の承諾を得ようとすることに同意した……この間に、ドリオは、ドイツ外務省の二人の役人に支援されて……彼の党の再編成に努力するであろう。数週間後には、ペタン元帥はドリオによる組閣を承認するかどうか意見を述べることであろう。そのときまでには、戦況は変化しているであろうが、当然、我々は、フランスの領土が奪還されるという仮定に立っている。ラヴァルは溝に投げ棄てられた。」シュミット通訳の覚書きも、このデアの日記の記述の正しいことを裏付けている。リッベントロープは、「あらゆる可能な手段によって、ドリオを支持し」、それとともに、ただちに、ペタン元帥に彼がいっさいの政治活動を拒否した八月二十日の声明を撤回させ、彼が早急にドリオによって指揮される「革命的な」政府を任命する必要を強調したと、シュミットは書いている。(12)

リッベントロープは、決定された基本構想に全員が同意しているかどうかを確めるために、改めてド・ブリノンを迎え入れて、長時間会談した。この会談で、ド・ブリノンは、またもや、ドリオに対する型通りの攻撃を始め、次のように述べて、改めて、ドリオの「政権掌握」に反対した。「ドイツ政府は大きな幻想にとらわれていて、ドリオがペタン元帥なしでも政権を維持できると考えておられます。しかし、このような解決策は危険な冒険で、結局は、フランスとドイツに不利に働くことになりましょう。そのうえ、ダルナンよりドリオを優先させるのは不当であり、デアもまた、ドリオよりは影響力が大きいのです。また、このことを忘れてはなりませんが、ドリオは、一九三九年には、もっとも有力な反ドイツ好戦主義者のひとりだったのです。」このド・ブリノンの発言にリッベントロープはひどく腹を立て、反ドリオ・グループを見捨てて、フランス全体をドイツ軍政下に置き、その庇護の下に、ドリオを彼の思い通りに振舞わせることにしようと思うと脅した。驚いたド・ブリノンはいっさいの抵抗を断念し、会談の終わりには、ドイツ帝国外相の断固とした「命令」に屈服し、彼に要求されたすべて――ド・ブリノンは行政的な性格の暫定的な「政府委員会」を組織し、ペタンを説得して八月二十日の声明を撤回させ、ドリオに彼の党の再建に必要なあらゆる便宜を提供し、ド・ブリノン自身と彼の仲間は、いざという時には、ドリオ政府への参加を受諾すること――を受け入れた。

ド・ブリノンら――ドリオ以外の――対独協力派の指導者たちが、ドイツに対して無抵抗で無気力であったのに比べて、おそらくドリオだけは彼らとは別の資質の人間であり、ドイツ帝国外相に反抗することができたのは、ドリオひとりであった。しかし、彼ら対独協力派の指導者たちのすべては、いまや、フランス国民のほとんどすべてがド・ゴールを支持し、マキに味方していることを知っていた。連合国軍のノルマンディー上陸以後、対独レジスタンス運動は驚くべき勢いで拡大していた。けれども、彼らはドイツの秘密兵器製造による戦況の逆転に期待していた。ドリオ自身もまた、他の対独協力主義者たちと同じく、リッベントロープがほのめかしていた秘密兵器の完成によってドイツが最終的には戦争に勝つことができ、そして、勝ち誇った傭兵隊長として祖国に帰還できることを希望していたのであろう。

九月一日、これらドイツ政府の賓客たちは、「狼の巣穴」と呼ばれた、まるで掩蔽壕のような部屋で、リッベントロープ立ち会いのもとで、ヒトラー総統自身と会見した。写真と比べて、ヒトラーの顔は太り、背中は曲がり、彼らが予想していたより老けた物腰であったが、評判通り、人を射すくめるような目つきをしていた。ヒトラーは、戦前の独仏関係の回想や現在の状況についての長い独白にふけったあと、「現在の戦争は、いかなる結末になろうと、一九四六年や一九四七年には終わらず、非常に長い戦争になり、ヨーロッパが覇権を維持するか、あるいはアジアに降伏するかが決まって終わるだろう」、それに、「ドイツ軍が撤退したところでは、どこでも、ボルシェヴィズムが前進するだろう」と述べた。これに答えて、ド・ブリノンは、多くのフランス国民はヒトラーの偉業を賞賛し、「ヨーロッパ防衛のためのあなたの努力を大いに賛嘆しつつ、あなたについていこうとしています」と確言し、ついで、前日、リッベントロープと話し合って決定した手筈をかいつまんで述べた。けれども、ド・ブリノンは、意識してか無意識でか、ドリオのことを一言もいわなかったので、リッベントロープはただちにド・ブリノンの発言を修正し、フランスの新政府は「ドリオ政権」でなければならないと強調した。しかし、これに対してヒトラーは、彼がペタンの指揮下でつくられた政府を好むことを改めて表明した。会見は、訪問者たちそれぞれに対する総統の友好的な挨拶で終わり、ドリオに対しては、ヒトラーは、東部戦線で彼が戦功十字章を受けたことを祝福した。

結局、ドリオはすぐには「フランスの総統」として認められはしなかったが、しかし、彼自身は、政権掌握のための作戦が順調にいっていると考えていたようであった。彼は他の四人とともにベルリンまで鉄道で戻り、そこからビュルケルの飛行機でノイシュタートに帰ってきた。ヴィクトル・バルテレミーによれば、ドリオは「晴れ晴れとした顔」をしていて、党執行部と政治局のメンバーを集めて、ヒトラー総統の司令部を訪れた話をしたという(13)。

フランス人民党が居を定めたノイシュタートの正確な名はノイシュタート・アン・デア・ヴァインシュトラーセ(ワイン街道上の新しい都市)で、住民三万人の小都市であった。ノイシュタートは突然流入してきたフランス人民党の党員とその家族たちの波に飲み込まれ、街の至るところでフランス語が聞かれるようになった。これらの「避難民たち」には食糧配給切符が与えられ、彼らは菓子も腹一杯食べることができたので、一部の住民たちには妬みの感情を抱かせたと思われるが、しかし、全体としては、党員たちは住民の温かい歓迎を受けた。ビュルケル長官の官邸には、ドリオの書記局が収容され、ドリオの「私設秘書」となっていたル・カンがこれを指導していた。党のその他の機関は大きなギムナジウム（高等中学校）の校舎の一棟に設置され、そこには若干の党員とその家族も収容されていた。ドリオの家族（妻、母、二人の娘）は一軒の別荘に住まわされ、サビアーニとその家族が同じ別荘の別の階に住んでいた。[14] これらのノイシュタートの避難民のなかには、ドリオの愛人ジネット・ガルシアもいて、一九四四年四月には、ドリオの娘を生んでいた。ドリオは、ル・カンに、ひそかに愛人と子供の世話を頼んでいた。[15]

ドリオたちにとっては、ドイツに亡命中のフランス人民党を再編成する必要があった。リッベントロープが、パリのドイツ大使館でタイレン参事官と同様にフランス人民党にきわめて好意的であったシュトルーフェ参事官を、ノイシュタートに派遣してきたのに対して、ドリオは、彼の代理人として、党執行部のメンバーで彼の側近のクリスティアン・ルジュウールをベルリンに送った。ルジュウールは、ドイツの各「大管区」で、入党志願者を募り、党を再編成する許可を得た。[16] こうして、数週間後には、数千人もの党員とシンパの組織をつくることができた。当時、ドイツには、戦争捕虜、自発的にドイツに渡った労働者や強制労働徴用（ＳＴＯ）で徴用された労働者など、二百万人以上のフランス人がいたのである。彼らはすべてフランスへの帰国を望んでいたが、フランス人民党は、この集団を党員募集のための「生け贄」として利用できたのであった。[17]

シュタインオルトでの会談後、ドリオはヒトラーが彼にフランス政府再編の任務を与えたというニ

図15　ジグマリンゲンにおける（向かって左から）ダルナン、デア、ド・ブリノン、ブリドゥー将軍

ユースを広め、戦況はごく近いうちに完全に逆転すると確信して、新内閣を準備するという仕事に没頭した[18]。しかし、やがて、彼はこのような幻想を捨てなければならなかった。

一九四四年九月初めには、ペタンやラヴァルはフランスを去り、ジグマリンゲン（南西ドイツ、ヴュルテンベルク州、元ホーエンツォレルン・ジグマリゲン公国の首都）への亡命を余儀なくされるのであるが[19]、ジグマリンゲンに連れていかれる前にしばらく居を置いていたベルフォールで、ペタンは会見を拒否していたド・ブリノンから、忠実な側近ベルナール・メネトレル医師を介して、大量の報告書を受け取った。おそらく、そのなかに書かれていた戦争捕虜の問題やドイツで働くフランス人労働者の状態に気持を動揺させたのであろう、彼は、メネトレル医師に、ド・ブリノンへ次のようなメッセージを送らせた。「先月の八月二十日、元帥は、国家主席の職務を果たすのをやめることを公式に表明されました……しかしながら、問題として提起されている事柄がきわめて重要である以上、元帥は、ド・ブリノン氏が、強制的に監禁されている民間人に関して責任を負っておられる問題に引き続き取り組まれることに、異議を唱えたりはされません。[20]」このメッセージを受け取って、九月六日、ド・ブリノンは「ドイツにおけるフランスの利益を守るためのフランス政府委員会」を設立し、それがペタン元帥の「合法的な」権限に由来しているかのように装うことによって、亡命中の「真の」フランス政府として機能させようとした。しかし、ベルフォールにいた閣僚たちの大部分は、ド・ブリノン、デア、ダルナン、ブリドゥー将軍（陸軍省政務次官）らに追随して政府委員会に入るのを拒否した。

ただちにドリオは、最初は口頭で、ついで正式に書面で、以下のような一連の問題をシュトルーフェ参事官に提示し、参事官はそれをベルリンに報告した。すなわち、ペタン元帥は、このフランス政府の性格の変化に正式に同意したのか、なぜポール・マリヨンたちは、政府委員会に参加するのを拒否したのか。「ドイツ政府は、ベルフォールの決定が、ヒトラー総統の司令部で総統に対してなされた約束と合致していると考えるでしょうか。ベルフォールでとられた措置は、ヒトラー総統に対してフォン・リッベントロープ外相が表明された願望に従った、私が指揮しなければならない政府が組織されるまでの間の一時的措置とみなされるでしょうか。」これらの質問は、「フランスの総統」になれるのを切に待ち望んでいた瞬間が遠ざかっていくのを感じたドリオの落胆を示すものであったといえよう。シュトルーフェに宛てた手紙のなかで、ドリオは、彼がリッベントロープと取り決めたすべての約束――フランス人民党の指導部と党組織を全面的に再編成すること、党をいつでも行動に移れる状態にし、日刊紙と週刊紙を刊行し、ラジオ放送を滞りなくおこない、マニフェストを出し、党員数をさらに増加させること――を守ったことを強調した。ドリオは、「彼自身の態度を決める」ことができるように、彼が提示した質問に対する返答を待っていると述べ、彼が「公然と行動に移れるように」、ドイツ政府の意図をただちに教えてくれるようシュトルーフェに頼んでいる。(21)

リッベントロープがこれらのドリオの質問に答えたかどうかは、不明である。おそらく、返事はこなかったのであろう。それかあらぬか、このあと、ドリオはきわめて活発に行動し、ドイツ高官たちとの接触を増やしていった。九月十二日、彼は、ノイシュタートでフランス人民党「全国評議会」を開催し、そこでシュタインオルトでのヒトラーとの会談の話をし、政治および軍事情勢を論じ、翌日の九月十三日には、バーデン・バーデンで、ヴィクトル・バルテレミー、ローラント・ノゼック(親衛隊政治情報課長)、その上司のヴァルター・シェレンベルク(親衛隊第六部長)たちと話し合っている。九月十五日には、ビュルケルによって紹介されたヒムラーとベルリンで会談したとき、再びシェレンベルクに会っている。ヒムラーとの会談は友好的におこなわれたが、しかし、フランスにおけるフランス人民党の地下活動を組織する件については、ヒムラーは彼の部下、シェレンベルクとカルテンブルンナーに任せた。

九月二十日、ドリオは再びシュタインオルトにリッベントロープを訪ねたが、二人の間に激しい口論が起こった。リッベントロープは、ドリオが、まったくの独断でヒムラーや親衛隊の高官たちと接触した事実、リッベントロープが好ましく思っていなかったビュルケルとドリオとの関係、ドイツ帝国政府のドリオの遇し方についてドリオ自身がシェレンベルクに表明した批判等を厳しく非難した。ドリオはリッベントロープに反抗し、戦争開始以来、ドイツがフランス人民党に対してとってきた政策を批判した。こうして、あれほど順調に始まったかにみえたリッベントロープとドリオとの協力関係も、結局、ドリオが期待していたようには進展しなかった。「合法的な」政府を樹立するということに対するペタンの頑ななこだわりがある以上、そして、シュタインオルトの会談で同意されたかにみえた「ドリオ政府」については、ペタンの同意が不可欠であるとドイツ政府が主張する以上、ドリオは、短期間に「革命的な」政府を組織するという彼の計画を延期せざるをえなかった。(22)

さらに、ドリオとフランス人民党にとって手痛い打撃となったのは、その最大の保護者ビュルケルの突然の死(一九四四年九月二十九日)であった。それは自殺であったのか、ヴィクトル・バルテレミーが書いているように、急性の肝硬変による自然死だったのか、あるいは、サン・ポーリアンが噂を広めたように、殺害されたのであったのか、真相は不明であった。(23)

このビュルケルの死とともに、「フランス人民党の居留地(コロニー)」のよき季節は終わった。(24) その結果、ドリオはフランス人民党の新しい受け入れ先をみつけなければならなかった。ドイツ政府は、フランス人民党をノイシュタートにとどめておこうとはせず、その党員たちと党の諸機関を、他の亡命フランス人たちとともに、ジグマリンゲンに集めようとしていた。しかし、ドリオとしては、彼自身や党組織がフランス移民の「有毒な」雰囲気と混じり合うのは、そして、とりわけ、「政府委員会」のそばに落ちつくことによって同委員会を堅固な組織であるかのようにみせるのは、反対であった。そのため、ドリオは言を左右にし、返事を引き延ばし、アベッツに対しては、治安上の理由から、フランス人民党のラジオ情報部などの諸組織をジグマリンゲンの近くに移すことはできないという、ベルリンのドイツ帝国治安機関の意見を援用した。ドリオはアベッツに、フランス人民党の一部をヴュルテンベルクの小都市(ジグマリンゲン)に住まわせるのをけっして拒否はしないが、しかし、千人以上の党員とその家族をすでに人口過密な区域にどうして住まわせるのか、「あなたが我々に宿営地として割り当てるつもりであるシュタウフェンベルク城は、党の必要に適してはいず、それに、象徴的な観点からも、ヒトラー総統の殺害を図った人物の名の城をフランス人民党の党首の住居に使うのはよろしくないのではありませんか」と書いている（結局、この城に住むことになるのは、ラヴァルである）。そして、ドリオは、この問題の解決のために、シモン・サビアーニとマルセル・マルシャルをジグマリンゲンに派遣し、ド・ブリノン委員会に対する自身の常任の代理人を務めさせることをアベッツに申し出た。(25) ドリオの二人の代理人は、ジグマリンゲンのすぐ近くにある大きな村メンゲンに落ち着き、彼らの使命を履行した。彼らは一軒の店に党の事務所を開設し、そこには入党希望者が押し寄せた。(26)

「政府委員会」については、ドイツ政府は、それが置かれた城に治外法権の地位を認めたものの、少しも重要視してはいなかった。若干の閣僚たちは、自分たちの存在を示そうと躍起になっていたのであろう、たくさんの政令や通達を出し、つまらぬ書類を書きまくった。デアは、彼に付き従ってきたひと握りの国家人民連合の活動家たちを「労働省」の部屋に詰め込み、政府委員会の先頭に立って、それを真の政府に変えるときがくるのを我慢強く待っていた。(27) その他の対独協力主義の指導者たちは、一緒にドイツに連れてきた五千人から六千人の民兵を当てにしていたダルナンを除けば、存在しないも同然であったが、デアもダルナンも、いまでは、ドリオにとってもはや危険な競争相手ではなかった。(28)

ドリオは、結局、九月十五日にベルリンで会っていたヒムラーの支援を受け、ボーデン湖のほとりの町コンスタンツと橋でつながれた小さな島、マイナウ島にあるスウェーデン王族所有の城とその付属施設に、フランス人民党の指導部と諸機関を置くことができた。ドリオが、「政権につく」ために、彼の党の活動を強化する最後の努力を試みたのは、このマイナウ島からであった。

第二章　最後の闘い

ノイシュタートで、ドリオは、ドイツ政府の代表たちとの間で、政府の宣伝省からは独立した新聞発行とラジオ放送局の設立を目標として、話し合いを始めていたが、具体的なことは、まだなにも決まっていなかった。しかし、一九四四年九月一日、ドリオの忠実な同志で、「ラジオ・パリ」の血気盛んな論客ジャン・エロルド・パキが、ヴュルツブルク近くのバート・メルゲントハイムでフランス語の「ドイツ帝国の声」と、その他フラマン語、スペイン語、ポルトガル語の番組を放送していたドイツの放送局を味方につけた。その数日後、ピエール・アントワーヌ・クーストーと、ドリオがフランスの放送機関の局長に任命したばかりのアンドレ・アルギャロンとが、エロルド・パキと合流した。しかし、まもなく、彼らフランス人民党の放送記者たちが、ドイツ政府機関のコントロールや検閲な

図16　「ラジオ・パリ」の論説委員ジャン・エロルド・パキ

しに、フランス人民党からの指示だけを受けて放送しようとしたので、スタッフや放送をドイツの政治的、機材的管理に従わせようと考えていた元「ラジオ・パリ」局長と彼らとの間で、緊張が生じた。しかし、最終的には、一か月に及ぶ白熱した議論とドリオの奔走の結果、一九四四年十月二十日に、「ラジオ祖国」の放送が始まった。

「ラジオ祖国」は、空襲警報や連合国軍の空爆によってしばしば中断を余儀なくされながらも、きわめて反ヴィシー政権的で、「革命的な」、そして強烈に反共的な論調の放送をおこなった。戦後の裁判での証人尋問で、エロルド・パキは、「我々は、真の愛国者であったフランスのレジスタンス活動家たちに、我々がフランスの偽りの対独協力主義者たちよりも、彼らに近いことを知らせたのです」

と語っている。(1)

もちろん、「ラジオ祖国」の放送は、すでにパリが解放され、ド・ゴールを主席とする臨時政府が成立したフランスの国民たちには、まったく無視されたことであろう。しかし、国外に亡命していたフランス人の間では、その力強い活動、その信念、それが伝えたフランス人民党の政治計画は、政府委員会の広報責任者ジャン・リュシェールに牛耳られていたジグマリンゲンの放送局(「こちらフランス」)より、はるかに広範な聴衆をもったと思われる。

ジャン・エロルド・パキは、戦後の裁判で、フランス人民党のラジオ放送がもっぱら党の資金によって運営され、そのさまざまな協力者たちが、ドリオの密使が時折り運んできた「わずかばかりの金」を分け合っていたことを強調している。(2) ヴィクトル・バルテレミーが想起しているように、フランス人民党は少額の軍資金をドイツに移したようであった。同党の資金は一九四四年春にはほとんど枯渇してしまっていたが、「しかしながら、マッソン〔フランス人民党経理主任エミール・マッソン〕の倹約のおかげで、党財政は少額の資金を貯めこむことができたのである」とバルテレミーは書いている。(3)

しかし、経理主任が評判の倹約家だったとはいえ、ほとんどなくなってしまった資金からどのようにして倹約をすることができたのであろうか。ドイツ亡命後、フランス人民党の組織全体は、いかなる資金によって機能していたのか。マイナウ島の城の滞在費用や、小間使い、庭師などを含むすべてのドイツ人従業員の給金は、いかなる資金によって支払われていたのであろうか。文書資料がないために、おそらく、ドイツの機関によって多かれ少かれ規則的に支払われた一種の交付金が存在したのではないかと推測せざるをえないが、一九四四年十一月十八日に、デアが、その日記のなかで、次のように書いている。「私は、アベッツに、いったいだれの金でドリオはあちこちで彼の手先たちを養うことができるのか、ドイツの金ではないのかと尋ねた。アベッツは、それはドイツの金であるとほのめかしつつ、私の質問に同意した。[4]」

一九四五年一月には、ドリオは、以前、パリでクロード・ジャンテを編集主幹として発行されていた新聞、『ル・プティ・パリジャン』の復刊をドイツ側に認めさせることに成功した。同紙の編集は以前と同じくクロード・ジャンテに任され、日刊紙として、コンスタンツで刊行された。この結果、フランス人民党の宣伝活動は、同紙の発行によって効果的に引き継がれた。ラジオ放送の場合と同じく、ここでも、ジャン・リュシェールがジグマリンゲンで刊行していた生彩のない新聞『ラ・フランス』の「三文記事」が引き立て役を演じた。『ル・プティ・パリジャン』紙は、写真を掲載し、学芸欄、「レジャー」欄、サッカー、ラグビーなどのスポーツのニュースのほか、ドイツ語を学ぶ方法まで特集し、これらの「通俗的な」側面は同紙を「大衆化」することに役立った。しかし、その主要記事の多くは、フランスの問題に割かれていた。同紙が詳しく論じたフランス国内の政治情勢の記事——それはドイツ側の情報伝達のプリズムによって歪められてはいたが——は、解放後のフランスにおける裁判、暴力による報復、処刑、レジスタンス活動家たちの内部対立などを報じ、それらはすべて、内戦が不可避であり、それが近いことを暗示していた。

ドリオがフランスにおけるフランス人民党の非合法組織を強化する目的で、ドイツの領土に諜報員と破壊活動家を養成する学校を設立しようとしたのは、フランスにおける内戦を予想してのことであった。一九四四年十二月八日、ドイツ帝国全権公使ライネベックが、リッベントロープ宛ての電報のなかで、フランスの情勢に関するドリオの分析と彼がとろうとしている行動を、次のように述べている——ルーズベルト大統領がド・ゴール将軍からフランスを旅行するよう招待されているが、ドリオは、この旅行が効果的に引き起こされた混乱によって妨害されれば、その結果、ド・ゴールがいかに無能か、また、政府やレジスタンスに対しても、アメリカの占領に対しても、フランス人がいかに不満をもっているかが明らかになろうと考え、このような事態を発生させることに大きな関心を抱いている、さらに、彼は、アメリカ軍の部隊に対してテロを企て、それを共産党員のせいにし、同時に、食糧補給制度の欠陥に抗議するキャンペーンをまきおこせば、おそらく、激しい社会的緊張が生じ、共産党はおそらく地下に潜らざるをえず、そのときこそフランス人民党が活動を開始するべきときであろう、といっている(5)——と。ライネベックの言葉通りであったとすれば、ドリオは、パリ解放後のフランス社会について、常規を逸した妄想にふけっていたことになろう。

しかし、ドリオにとっては、解放後のフランスでのフランス人民党の地下活動は、けっして夢物語ではなかった。すでにみたように、一九四四年九月以来、ドリオは、フランスにおけるフランス人民党の非合法活動を強化するために、ヒムラー機関と話し合いを始めていた。シュトルーフェとタイレンが、リッベントロープ外相に宛てたメッセージのなかで、当時、フランスでは、フランス人民党の十五の地下放送が機能しているのを確かな事実として示し(6)、あるいはまた、ヒムラー機関が外相に「ドリオの党が、今日、敵によって占領されたフランスの国土で大々的に活動している」と報告しているのは(7)、にわかには信じがたい。しかし、ドリオが、亡命先のドイツで軍事訓練や情報活動のための学校をいくつもつくり、アルベール・ブーグラに視学総監の資格を与えて、それらの管理を託したのは、間違いなく、この目的を達成するためであった。学校は少しずつ設立され、結局六校になり(8)、あらゆる政治的、軍事的行動の基礎を教える初級学校に加えて、情報活動(情報収集技術、連絡、伝達、通信の暗号化など)、破壊活動(武器や爆発物の知識、軍事的・工業的破壊活動、街頭戦、個人の暗殺)、対スパイ活動、非合法政治活動などを教える学校が次々につくられた。

これらの学校の教育は、フランス人民党の幹部かドイツ軍人に任された。規律は厳しく、軍隊的な規則が談話室に掲示され、それに従わなかった生徒は、視学総監（ブーグラ）に通報され、懲戒から強制収容所送りまでの処罰を受けた。食物の配給制はドイツ国民と同じだったが、しかし、肉の配給は三倍であった。初級学校の入学時に、「血の河がフランスに流れるだろうが、それは神聖な大義のためである」と叫んだブーグラの熱狂的で激しい演説は、一部の生徒に不安を引き起こした。しかし、十月末頃にドリオが到来したことが、生徒たちの気持を落ち着かせたようであった。ひとりの生徒の質問に対して、ドリオは、フランス人民党がフランスでおこなおうとしている革命は数年の準備を必要とするが、しかし、資本主義体制が破綻したいまでは、それはフランスをボルシェヴィズムから守ることのできる唯一の手段であるとの意見を表明した。彼はまた、「フランス解放のために、ドイツの力を頼りにする」ことはできるが、しかし、いかなる場合も、フランス人民党の大義を「ドイツの運命と結びつけるべきではない」と何度も繰り返して生徒たちに述べた。(9)

これらの学校は、工作員をフランスに送ることだけを目的にしていて、戦後の裁判での一証言によれば、受講を終えたがフランスに発つのを拒否した生徒のひとりは、ブーグラによって強制収容所に送られたという。(10)しかし、いったい、何人の工作員がフランスに潜入することができたのであろうか。戦後の裁判の若干の尋問調書によれば、三百人の工作員が、金とにせの身分証明書をたずさえて、スイス経由でフランスに送られたという。しかし、この三百人という数字は、おそらく誇張されているのではないか。ドイツでもフランスでも彼らを取り巻いていた困難を考えれば、フランスに渡った工作員の数はせいぜい数十人であったろう。

幾人かの工作員は、パラシュートでフランス国内に降下できた。一九四四年秋に、まだドイツ軍が制圧していたいくつかの拠点近くに、何人かが降りたようである。[11] 一九四五年一月八日から九日にかけての夜にも、さらに数人がドイツの飛行機からパラシュートでモンタルジの森（ロワレ県）に降下した。彼らは送信機、金（百万フラン）、ビラ、扇動的な内容の冊子を携行し、ドリオみずからが、彼らに、ド・ゴール将軍の政府を動揺させるためにはなんでも——個人テロを含むすべてのことを——するよう、訓令を与えていた。[12] しかし、前もっていわれていたのとは違って、パラシュートの降下地点には、だれも工作員を待っているものはいず、彼らはそこからパリにたどりつき、教えられていた連絡員に接触しようとしたが、待ちかまえていた警察官たちによって捕えられた。このように、フランスと北アフリカに送られた工作員のほとんどすべては、実際には、任務を果たすことができず、大部分は逮捕され、死を免かれたものも重い禁錮刑の罰を受けた。彼らのなかにスパイが潜入していたのか、裏切り者がいたのか、いっさいは不明である。[13]

ドイツの土地に亡命したすべての対独協力主義組織のなかで、フランス人民党はもっともしっかり組織され、効果的な活動をおこなった唯一の組織ではあったが、しかし、解放後のフランス国内に工作員を潜入させ、内戦をあおろうとしたドリオたちの努力は、すべて徒労に終わった。

第三章　ジャック・ドリオの死

一九四四年十一月四日、リッベントロープは、ドリオとの三度目の会談のなかで、「フランス解放委員会（Comité français de Libération）」を発足させるよう勧告した。フランス解放委員会には対独協力主義政党のすべてが加わり、同委員会は、党派性をまったくもたず、もっとも寛大な精神で、反共産主義と真正の愛国心を鼓舞するドイツとフランス在住のすべてのフランス人を受け入れようとするものであり、「共産党と反共産主義との両派のレジスタンス活動の間に楔を打ち込み」、場合によってはド・ゴール派とも合意しあおうとするものであった。しばらくためらったのち、ドリオはそのドイツ側の提案を受け入れた。それは将来のドリオ政府に彼を導く第一段階であり、彼が活動を続けるのは、もはや一政党の党首としてではなく、フランス国内外の反共産主義のすべての同胞に開かれたフランス解放委員会の指導者としてであった。ドリオがフランスにおける彼の活動をこのように位置づけ、ドイツ敗北後も彼が生き残れる可能性をかいまみようとしたのも、このような未来の予測のなかにおいてであった(1)。

その少しのちに、リッベントロープは、彼の忠実な部下ライネベックをマイナウ島に派遣し、数週間後の十二月十四日には、これまでフランス人民党に反対する政府委員会を支持してきたアベッツを更迭し、これに代えてライネベックをジグマリンゲンの政府委員会のもとに大使として送った。明らかに、ドイツ外相リッベントロープは、ドリオの時代が到来したと考えたのであった。

そこで、ドリオは大包囲作戦を開始した。十二月末頃には、ドイツ側の助けも得て、フランス人民党はジグマリンゲンの政府委員会の宣伝機関に潜入工作をおこない、新聞『ラ・フランス』の編集部と「こちらフランス」の放送局の主要ポストに、党の仲間を配置することに成功した。また、バート・メルゲンハイムに設立された同党のラジオ放送局は、「こちらフランス」の放送電波をしばしば妨害した(2)。さらに、ドリオとその同志たちは、ド・ブリノンを含む数人の重要人物をジグマリンゲンの政府委員会の立場から引き離すことに成功し、彼らはドリオが創設しようとしていたフランス解放委員会に個人の資格で加盟することを公然と表明した。しかし、デアは、その動きを全力で阻止しようとして、ドイツの外交官シュトルーフェやタイレンに「合法的な政府」のライヴァルになる委員会をつくることなどはできないことを指摘し、そして、ドリオの委員会を「フランス解放のための全国宣伝委員会」と称するよう提案した(3)。

ドリオが「フランス解放委員会(Comité de la Libération française)」の創設を告げたのは、一九四五年一月六日、「ラジオ祖国」の放送によってであった。一月八日の『ル・プティ・パリジャン』紙に再現されたその放送のなかで、ドリオはレジスタンスの「過ち」と「犯罪」――ドリオの言葉をそのまま引用すれば、「そのために数万人のフランス人が強制収容所で苦しんでいる」――とともに、ドイツ軍が占領していたとき持続していた「平和的な秩序」（これもドリオの言葉そのままである）に対する共産党員、ド・ゴール派、ユダヤ人の破壊工作を非難したのち、次のように語った。「我々は、ボルシェヴィズムと英米の占領から国土を解放するために戦うのである。わが国の独立を取り戻すために……統一ヨーロッパのために……国家社会主義のために……ヨーロッパとアフリカの共同の防衛のために！　フランス解放委員会に結集せよ！　武器を取れ！　……永遠のフランス万歳！」(4)

ドリオが彼の委員会のために採用した名称は、ド・ゴールがロンドンでつくりあげた「フランス国民解放委員会（Comité français de Libération nationale）」の名称を意識的に剽窃しつつ、それとは一線を画そうとしたものであった。この時期のド・ゴール同様、ドリオは、自分を、やむをえない状況のために亡命を余儀なくされた愛国的指導者だと思っていたのであろう。ド・ゴールにとってと同様に、彼の運命は、おそらく一時の困難な時期を経たのち、別の方向に大きく転換すると考えていたのであろう。(5)

ドリオがフランス解放委員会の創設を発表した七週間足らず後の二月二十二日、『ル・プティ・パリジャン』紙は、「革命的統一が実現。フランス解放委員会への加盟の最初の総括をする同委員会委員長ジャック・ドリオとの会見」という大見出しを掲げ、ジグマリンゲンの政府委員会の解散がきわめて近いことを告げた。同紙の紙面は、「政府委員会委員長フェルナン・ド・ブリノン大使」をはじめとして、フランス解放委員会に加盟した多数の個人と団体の名で埋められていた。団体については、フランス人民党を筆頭として、ドイツに存在していたすべてのフランスの組織の名があげられ、必要とあらば、でっちあげもおこなわれたようであり、こうして、同委員会にはフランス青年人民同盟（フランス人民党青年部）をはじめとして、十五ばかりの青年団体が加盟しているとみなされた。新聞では、『ジュ・シュイ・パルトゥー』紙、『ル・プティ・パリジャン』紙だけでなく、ドイツにおけるフランス労働者団体の機関紙『フランスの声』、フランス戦争捕虜の新聞『ル・トレ・デュニオン』、親衛隊「シャルルマーニュ」旅団（ママ）の機関紙『将来』等の不定期刊行紙も加盟していた。

政府委員会委員長ド・ブリノンの加盟は、ドリオにとって、ジグマリンゲンの見かけ倒しの要塞にぽっかり大きな穴を開けたようなものであった。二月二十日、ド・ブリノンに送った手紙のなかで、ドリオは次のように書いている。「あなたも私も、ともに協力することを後悔する必要はないと、私は確信しています。我々は、こうして、きわめて偉大な事業、フランスの再生という事業に我々の名前を結びつけることになるでしょう……我々は、こうして実現した団結によって、このような革命的で精力的な力をつくり出すことができ、こうして、あなたは、政府のレヴェルであなた自身が追求してきた政策を強化することができるでしょう。(6)」

しかし、『ル・プティ・パリジャン』紙には、ドリオの呼びかけに応じなかったデアとダルナンの名前はなかった。二人を説得して、フランス解放委員会に加盟させなければならなかった。『ル・プティ・パリジャン』紙とのインタヴューのなかで、ドリオは彼らの慎重な態度を「フランスの現在と将来の利益にとってこのように重要な組織をつくり出そうとするときに感じるきわめて当然なためらい」と呼び、「フランスの革命的勢力の最大部分は、我々の委員会に合流した。委員会の目的は、これらの勢力のすべてが統合される日にしか達成されないであろう」とつけ加えた。

ドリオがこれまで足を踏み入れたことのなかったジグマリンゲンについにいく計画を立てたのは、デア、ダルナンとの和解を固めるためであった。彼はデアとは二月二十二日午前十一時に、ジグマリンゲンの政府委員会に対して彼の「大使」役を務めるため、サビアーニとマルセル・マルシャルを「駐在」させていたジグマリンゲン近くの村メンゲンで会う約束をとりつけた。二人は一緒に昼食をとることになっていた。ついで、午後五時に、ジグマリンゲンでダルナンと会う予定であった。デアもダルナンも、原則として、フランス解放委員会への加盟を承諾しているようであったが、しかし、彼らはいくつかの保証を要求していた。ドリオは、彼らの自尊心を傷つけないように配慮し、彼らが委員会への加盟をはっきり決めたときには、ほとんど彼らの望み通りにしようと思っていた(7)。

この二月二十二日は、数日前から、太陽がマイナウ島とボーデン湖のうえに光り輝き、例年より春の訪れが早いことを告げていた。亡命初期の厳しい耐乏生活でドリオの体重は一〇キロ減少していたが、その後、マイナウ島での生活は好転していた。アルコール、高級ワイン、手に入れにくい食品など、不足しているものはなかった。イタリアから極上の食料を積んだトラックが、規則的に到着していた。しかし、ガソリンだけは足らなかった。午前十時半頃、ドリオの運転手が彼の車、シトロエンのガソリンが切れているのを知らせてきた。ジャン・ル・カンは、おそらくなにか虫の知らせを感じたのであろうか、「メンゲンにはいかないほうがよい。いずれにしても、デアはこないでしょう」とドリオにいった。しかし、ドリオはメンゲンにいく考えを捨てず、マイナウ島に滞在していたシュトルーフェ参事官に電話して、事情を説明し、彼の車のメルセデスを貸してくれるよう頼んだ。シュトルーフェは彼の車がガス発生器で動く旧型車で最良とはいえないといったが、ドリオは「とにかく、どうしてもメンゲンにいかなければならない」と答えた。こうして、ドリオはメルセデスとドイツ人運転手を借りることになった。ドリオは、ドイツ人運転手のそばの前の席に座り、後部には、ドリオの秘書らしいひとりの女性のほかに、個人的な理由でメンゲンにいきたいと思っていた、フランス解放委員会の秘書らしい女性とが席についていた。

午前九時三十分頃には、ボーデン湖畔の町コンスタンツのサイレンが鳴り、空襲警報が発令されていたが、いつものことであった。「一週間前から、連合国軍の飛行機がうろつき、機銃掃射をしたり、爆撃したりしていた。飛行機がこの地域の上空をしつこく飛んでいたのは、おそらく連合国軍がバーゼルの北でライン川を渡っているからだと思われた。その前日にも、いくつもの鉄道の駅が攻撃されていた」と、当日、マイナウ島にいたサン・ポーリアンの証言にもとづいて、エロルド・パキが書いている(8)。アメリカ空軍の重爆撃機B17数千機が、ドイツの工業中心地や主要都市を爆撃するために、この地域の上空を飛んでいく間、連合国軍の戦闘機がその飛行ルートを露払いしようとしていたのであった。

ドリオにメンゲンにいくのを思いとどまらせるのは、難しかった。彼が出発したのは午前十一時十五分であり、まだ空襲警報は解除されていなかったが、すでに約束の時刻より遅れていた。デアは午前十一時に彼を待っていたのであり、メンゲンまでの距離は七〇キロメートル以上あった。ドリオを乗せたメルセデスは湖をまたぐ歩道橋のうえをゆっくりと渡り、常連の仲間たちが彼を見送るために集まっていた。天気はうららかであった。

車がメンゲンの手前数キロメートルまできたとき、農夫たちが数機の飛行機が車の上空を旋回していると合図した。ドイツ空軍の飛行場がすぐ近くにあったので、運転手はドイツの飛行機だと信じて、車を走らせ続けた。突然、二機の飛行機が車に襲いかかったのは、メンゲンから数百メートル手前のところであった。最初の機銃掃射がドリオの両腿に命中した。車が速度をゆるめている間、彼は外へ出ようとして、ドアをつかんだ。二機目の飛行機の発射した機銃掃射が彼の左眼を突き破り、頬とあごを打ち砕き、肺を引き裂き、心臓と肝臓を貫通した。弾丸を浴びて穴だらけになった車は道路のわきの溝のなかにひっくり返って止まり、その間に飛行機は遠ざかった。

運転手も足に重傷を負ったが、しかし、奇跡的にもドリオの秘書は無傷だった。彼女から電話で知らせを受けたデア、サビアーニ、マルシャルが現場にかけつけ、悲鳴をあげ、わめき、狂乱した。女性秘書は彼らに「党首が！　党首が！」と叫び声をあげたあと、気を失った。ドリオの友人たちが村の入口に止まっていた車のそばまでやってきたとき、車のなかはぞっとするような光景を呈していた。「ジャック・ドリオの顔は見分けられないほどに破壊され、足は体からほとんど切り離され、胸部は大きく穴を開けられ、彼の手はやっと開けることのできた――しかし、遅すぎた――ドアをつかんでいた。その夜のうちにも、遺体を柩に入れなければならなかった」（ジャン・エロルド・パキ）[9]。ドリオの遺体は柩に入れられ、マルセル・デアとの会談のために指定されていたメンゲンのホテルの一室に運ばれた。

葬儀は、二月二十五日、日曜、メンゲンでおこなわれた。儀式は村役場の大広間で始まり、フランス人民党の首脳部全員が集まった。フランス人民党執行部と政治局の名において、マルセル・マルシャルが、感きわまった声で、ドリオの政治的生涯をほめたたえる弔辞を読んだ。ついで、ド・ブリノンが、ドリオの対独協力を称賛したのち、言葉少なくではあったが、「フランス解放委員会の同志たち」に行動への呼びかけをおこなった。

さらに、ヒトラーの名において、ライネベックが、仏独和解のために、そしてボルシェヴィズムの危険と闘うヨーロッパの行動のなかで、故人が果たした役割を称える弔意の言葉を述べた。空襲警報が鳴り、上空を通過する連合国軍の爆撃機が村役場の建物全体を振動させ、照明が揺れる間、フランス人、ドイツ人の集団が次々と入場し、前者は十字を切り、後者は直立し、腕を差し出して敬礼した。最後に、サビアーニが次のような誓いの言葉を述べ、政治局のすべてのメンバーが次々とそれを繰り返した。「人民と祖国の名において、私は、人民的、社会主義的な国民革命のための、そして、真のフランス解放のための闘いのなかで倒れたフランス人民党の党首、ジャック・ドリオに忠誠を誓います。私にとっては、彼はいまも生きて行動している党首であり、その党首とともに、我々の闘いのために、至高の犠牲にまで私の力のすべてを捧げることを誓います。私は、彼が、我々の先頭に立って、わが祖国フランスに、その解放の日に帰還できるように、全力を尽くすことを誓います。」[10]

墓地では、教会の弔鐘が鳴りつづく間、ドリオの遺体を入れた柩が土中に埋められ、教禱（葬儀ミサのあとに柩の周りでおこなわれる祈り）のあと、マルセル・マルシャルが柩のうえに一握りのフランスの土を投じた。その間、涙にくれたドリオの家族は、列席者たちからの弔意を受けていた。墓地の入口では、ヒトラー・ユーゲントが整列して立っていた。フランス衛兵隊のラッパが鳴りひびいて、死者への賛美を表明した。

しかし、党首の柩の囲りに集まったこれらの列席者たちのなかには、彼ら自身の運命をも嘆き、彼らがたどってきた道がようやく終わり、ドリオの死とともにフランス人民党も死んだことを自覚しない者はほとんどいなかったであろう。そして、ドイツの敗北によって戦争が終わり、ドリオが国家反逆罪で告発され、その結果、銃殺隊の弾丸によって処刑される運命に遭うことなく生涯を終えるという幸運にめぐまれた、と突然思い始めたものも、おそらく何人かはいたのではなかろうか。[11]

その後、対独協力者を裁く戦後の裁判で、ドリオの名誉を回復するために、彼の最後を偽りの観点から描き出そうとする試みがおこなわれた。そして、ドリオは、その死の直前にドイツの大義を捨て、連合国の大義に改宗し、反共愛国主義の旗の下に集結するために、フランス軍の指導者たちと交渉を開始したと主張された。このドリオの「裏切り」を知ったドイツの諸機関が、彼の殺害を決意したのであり、一九四五年二月二十二日に、彼を乗せた車に機銃掃射を浴びせた飛行機はドイツの飛行機だったというのである。

このような主張の発端にあったのは、おそらくアルベール・ブーグラの行動であったと思われる。ブーグラがその娘マリー・シェックスにした話によれば、一九四四年七月十四日、ドリオはブーグラに「我々は間違えたのではないか」といい、九月には、彼が「あまりにも遠くまで来てしまったので、終わりまでいかないわけにはいかない」と告白したという。さらに、ドリオの死の前日の一九四五年二月二十一日には、彼はドイツの敗北を疑うことのできない事実とみなし、そして、やがて、アングロサクソンが、「ボルシェヴィキたちを我々の国境の外に押し返すために、我々に味方して」、スターリンに敵対するであろうと予想し、「フランスのなかの共産主義者でないすべてのものたちと合流できるには、柔軟で慎重な政策」を進める必要があると話したという。確かに、ブーグラ自身は、戦争末期、ドイツ軍の動きに関する情報を伝えることによって、連合国軍を手助けしたことで知られている。しかし、それはドリオの死後のことにすぎず、一九四五年四月末のことであった(12)。ブーグラがドリオの死をめぐる「伝説」をつくりだそうとしたのは、彼自身の政治的豹変の日付を実際より以前にさかのぼらせ、それをドリオの「愛国的改宗」によって補強しようとする意図からであったのではないだろうか。[13]

ドリオの乗った車を機銃掃射した飛行機の国籍については、ブーグラが、アメリカ軍の対敵諜報活動機関に、一九四五年二月二十二日にメンゲン地区上空で、連合国軍の飛行機が機銃掃射したことがなかったか調査するよう要求し、それに対しては、いかなる連合国軍の戦闘機も、二月二十二日当日、コンスタンツ＝メンゲン＝ジグマリゲン領域上空を飛行してはいないとの回答を得たとされている。[14] しかし、この回答は、当日、コンスタンツでは空襲警報のサイレンが鳴ったという事実と矛盾しているように思われる。空襲警報は、正確にいえば、午前九時三十九分より十一時三十二分まで続いたのである。また、ブーグラが連合国軍にいくらか役立つことをしたとはいえ、はたしてアメリカ軍の防諜機関が戦略上最重要な情報を（当時獄中にあったはずのブーグラに）知らせただろうかという疑問が残ろう。[15]

また、サン・ポーリアンも、一九六四年に公刊したその著書『対独協力の歴史』[16]のなかで、ドリオの車を襲った飛行機の国籍の問題を論じて、車に同乗していた女性秘書がドリオの友人たちに話したところによれば、運転手もドリオ自身も、飛行機をみつけたあと、それらがドイツ軍の飛行機だと認めたと書いていて、「我々を当惑させるのは、フランス軍当局も、イギリス軍当局も、そしてアメリカ軍当局も、ジャック・ドリオを殺そうとは望まなかったし、いかなる飛行機の搭乗員にも、いかなる飛行士にも、ジャック・ドリオを殺せと命令したことはなかったということである。このような搭乗員を発見するための活発な調査がおこなわれたが……しかし、このような搭乗員はみつからなかった」と書き加え、ドリオの死の状況は、少なくとも謎めいていたと結論している。[17] しかしながら、混乱した状況のなかでドリオの友人たちが女性秘書から聞いたという証言と同様、このサン・ポーリアンの主張も、ただちには受け入れがたいと思われる。

実際、ドリオの死に続いた数週間、ドリオはル・カンが金で買収したフランス人民党のメンバーによって、あるいはまた、サビアーニの手先の殺し屋によって殺害されたというような、突拍子もない噂が流れた。[18] しかし、ドイツの機関によって暗殺されたという噂が立ったことはなかった。ドリオの死を告げた二月二十四日、土曜日の『ル・プティ・パリジャン』紙は、「英米の飛行機によって機銃掃射を受け殺害された」との見出しをつけ、同紙が掲載した「フランス人民党政治局の声明」も、ドリオは「昼前に二度にわたって、英米の飛行機の機銃掃射を受けた」と述べていた。二月二十六日の『ル・プティ・パリジャン』紙は、ドリオの葬儀に言及した際、ドリオは、「急降下して彼の車を攻撃した二機の英米の飛行機の弾丸によって殺害された」と書き、他方、ジグマリンゲンの政府委員会系の新聞『ラ・フランス』は、ドリオは「英米帝国主義とボルシェヴィズムのテロリストの飛行士たちによって殺害された」と報じた。[19]

ヴィクトル・バルテレミーは、ブーグラやサン・ポーリアンとは違って、ドリオの政治的な名誉回復をとくに追求しようとはせず、「ドリオの死後、私がマイナウ島で過ごした二週間の間、だれからも、この主張〔ドリオがドイツ人によって殺害されたという主張〕を支持していると聞いたことがなかった。この主張は後になって生まれたのであり……このように事実に異説を立てることによって……同志たちは対独協力政策におけるフランス人民党の責任を、したがって、また、彼らの責任を軽減しようとしたのだ」と書いている。[20] これらのことから判断して、一九四五年二月二十二日にドリオを殺害したのは、ドイツ軍の飛行機よりも、おそらく連合国軍の飛行機であったという可能性のほうが大きいように思われる。

しかし、ドリオの存在が目障りであったドイツ政府のなんらかの機関がドリオを殺害しようとしていたか、あるいは、ドリオがナチスのさまざまな圧力グループの間の争いの犠牲となったという可能性も全面的に否定することはできない。[21] では、いったい、いかなるドイツの機関がドリオを殺したほうがいい、と考えたのであろうか。ヒムラーとナチス親衛隊（ＳＳ）がドリオ殺害の張本人であり、ドリオが親衛隊（ＳＳ）のフランス人部隊を西部戦線で使用することに断固として反対して以来（サン・ポーリアン）[22]、また、彼がフランス人民党の党員を軍事的任務のために提供することを拒否したために（マリー・シェックス）[23]、彼らはドリオの死を望んだのではないかというのである。

しかし、このような解釈が生まれたのは、戦後、フランスで投獄されたドリオの部下たちが法廷での弁明を準備していたときであり、彼らは、亡命先のドイツでの自分たちの行動を美化しようとして、フランス人民党の親西欧的転換について大いに弁じたがったのであろう。そして、このような弁明に完全に合致したのが、ドイツの大義を捨て、連合国の大義に改宗したために、親衛隊保安部（ＳＤ）、あるいはなんらかのドイツ政府の機関によって抹殺された党首のイメージであった。[24]

「死とは生を運命に変えるものである」とは、確かアンドレ・マルローの言葉ではなかったか。この言葉に則していうならば、ドリオの運命はずっと以前から決まっていたといえよう。一九四一年の春以来――すなわち、かつて、彼は自身の経験にもとづいた称賛すべき分析力をもち、共産党指導部やコミンテルンと闘ったが、彼が証明したそのみずからの分析力を捨てさり、彼の情熱、彼の妄想、彼のイデオロギーに合わせて、ひとつの世界、ドイツ的世界を構築しはじめて以来――、彼の運命は決定していた。最後まで、これらの情熱、妄想、イデオロギーを失うまいとするかのように、ドリオは疑惑を受けつけようとはしなかった。死の直前にも、「ドリオは一九四〇年の選択を後悔してはいなかった。彼は、そのとき間違ったとは考えていなかった。そして、もし、この革命の指導者と彼が信じていた人びとが間違っていたとしても、彼はなお希望をもち続けたことであろう。いずれにしても、彼はこのように行動したのである」とヴィクトル・バルテレミーは書いている。(25)

戦後の裁判で、フランス人民党の幹部たちは、どのような刑を受けたのであろうか。マルセル・マルシャル、ピエール・デュティユール、ピエール・アントワーヌ・クーストーは死刑を宣告されたが、しかし、恩赦を与えられた。欠席裁判を受けたシモン・サビアーニ、モーリス・イヴァン・シキャール(サン・ポーリアン)も同様であった。ジャン・エロルド・パキだけが死刑を執行された(一九四五年十月十一日)。アルベール・ブーグラは、最後の政治的豹変によって、死刑を免れ、終身刑を宣告された。クリスティアン・ルジュウール、クロード・ジャンテ、ジャン・フォサーティは七年の懲役刑、ジュール・トゥラードは五年の懲役刑を受けた。その他のものはもっと幸運にめぐまれ、党の経理主任であったエミール・マッソンは三年の禁錮刑しか受けず、ヴィクトル・バルテレミーは、しばらくの間、捜査の手を免れたあと、軍法会議に召喚されたが、数年間の禁錮刑だけで切り抜けた。

裁判はけっして公平ではなかった。起訴状が同じであるにもかかわらず、一九四五年か一九四六年に裁かれた対独協力者たちには、他の時期よりはるかに重い刑罰が課せられた。対独協力者裁判法廷(一九四四〜一九四八年の特別裁判所)の部門の違い、あるいは弁護の巧拙によって、刑の重さは大きく変わった。ドリオの女友達であったジネット・ガルシアは、フランス人民党の制服を着て、ビラを撒いただけであったにもかかわらず、一九四五年十月には、非国民罪を宣告され、一年間の禁錮刑に処せられ、市民権を剝奪された。とりわけ、ドリオとフランス人民党の裁判は、予審にも付されず、まったく弁護人もつけられず、あまりにも多くの安易で、まことしやかな、偽りの証言が採用され、戦争中のフランス人民党の現実に対しては、きわめて不十分な光しかあてられなかった。

有罪の判決を受けたフランス人民党の幹部の多くは、一九五一年一月五日の大赦法の恩恵に浴し、他は一九五三年に自由を取り戻した。しかし、だれもが、自分が道を間違えたことを認めようとはしなかった。戦後長く、一年に一度、ドリオを記念するためのミサが忠実な部下マルセル・マルシャルの指導のもとにおこなわれ、フランス人民党の忠実な党員たちを集めた。それは、逆境のなかでの、彼らの「党首」であったものに対する、死を越えた驚くべき忠誠であった。

ドリオの葬儀から三か月後、ドイツを占領したフランス軍部隊の兵士たちは、メンゲンでドリオの墓を発見した。彼らはそれを踏みつけたうえ、放尿というきわめて卑しいやり方で汚《けが》した。(26)

第四章　不条理な偏流

両大戦間フランスの政治的転向者すべてのなかで、ジャック・ドリオはもっとも有名な、しかし、もっとも謎めいた人物である。このフランス共産党のもっとも著名な活動家のひとりであった人物が、いったい、いかなる心理的、政治的転換によってファシストになったのか、これまで、その行程をたどってきた。

フランス共産党の指導的人物であり、「赤い都市」サン・ドニの市長で下院議員となったドリオは、共産党書記長のポストにつくことはなかったが、その率直さ、並はずれた体格と勇気、リーダーとしての器を備えた統率力によって、党内で絶大な人気を獲得してきた。

一九二八年以来、ドリオは、党の集会では、党の規律を尊重しながらも、他方で、だれよりも早く、社会党を極右よりもはるかに危険な敵とみなして「社会ファシスト」と非難するよう、フランス共産党に厳命したモスクワの指令に疑いの目を向けるようになった。そして、すべての左翼の人間がファシストの脅威を感じた、一九三四年二月六日の極右諸同盟による下院襲撃事件のときには、彼は共産党の戦術転換を座して待つことができず、ひとりで溝を飛び越える決断をし、共産党とコミンテルンに対する反逆の先頭に立った。この結果、一九三四年六月、ドリオは共産党から除名されたが、共産党がそれまでドリオによって強く主張され続けてきた戦術をついに正式に採用したまさにそのときに、彼は除名されたのであった。

その二年後、人民戦線が政権を掌握し、フランスが左翼と右翼に引き裂かれた一九三六年六月、ドリオはフランス人民党を結成した。それはフランスで最初にして唯一の、真の大衆的なファシスト政党であった。

第二次世界大戦の開始とフランスの軍事的崩壊の結果、ドイツとの間で休戦協定が調印され、フランスがドイツ軍の占領下に置かれて以後、とくにドイツの対ソ宣戦布告後、ドリオは対独協力のもっとも熱烈な支持者となった。共産主義に対する本能的で根深い憎悪は、ドリオを反ボルシェヴィズム・フランス義勇軍団(LVF)の創設者のひとりにし、彼は、同義勇軍団の一員として、ドイツ国防軍の制服を着て東部戦線で戦った。

一九四四年六月六日、連合国軍がノルマンディーに上陸し、八月初めには戦況が日ましに悪化し、パリが連合国軍の射程距離内に入った八月中旬、フランス人民党の幹部や党活動に専念していた党員たちとその家族は、ドイツに亡命し、最終的には、スイス国境近くバーデン地方のボーデン湖畔に居を定めた。
ドリオとその仲間たちは、共産党がフランスの政権を奪い取ろうとして、内戦が起こった結果、フランス人民党やすべての反共産主義者が、最後には、同じ陣営に結束すると確信していた。そのため、ドリオは、フランス内外の反共産主義のすべての同胞が加盟した「フランス解放委員会」の発足を宣言した。そして、デアとダルナンに加盟を要請するために、フランスの政府委員会が置かれていたジグマリンゲン近くの村メンゲンに向かう途中、ドリオの乗った車は二機の飛行機から激しい機銃掃射を受け、左眼を突き破られ、肺を引き裂かれ、心臓と肝臓を貫通されて、ドリオは即死した。

しかし、それはなんという異常な行程であったろう。それを理解するためには、その軌道を貫いて全体を結ぶ赤い糸をみつけだすことが必要な、異常な行程であった。

ドリオの生涯は、個人の歴史を大きくはみ出すものである。ドリオはひとりではなく、小集団の頭でもなかった。数万の共産党員と元共産党員が彼の反逆のあとを追って、フランス人民党に入党し、そのうちの多くは、彼とともに、対独協力の冒険に身を投じた。一九一〇年代後半から第二次世界大戦終結に至るまで、ドリオと無関係な出来事はなかった。彼はこの時代の事件の中心で生き、すべての重要な問題――労働者の悲惨な生活と労働、失業、一九一四〜一九一八年の大戦、ヴェルサイユ条約、植民地支配、軍国主義――について語り、それらに働きかけた。こうして、ドリオの政治的偏流はひとつの時代全体の深い意味について考えさせ、共産主義と一九二〇年代から一九三〇年代にかけてのその驚くばかりのセクト的形態、さらにはファシズムについての思索と検討に我々を引きずり込むものであった。ドリオの生涯を追うことを通して、再考しなければならないのは、彼と我々が生きてきた時代の全体である。

ジャック・ドリオが生きたのは、悲劇的な時代の歴史である。それは戦争に備え、戦争を起こし、その傷を癒そうとして癒せなかった時代の歴史である。この無情で容赦のない世界に対して、我々に先立つ数世代の人びとが、あらゆる打開策とあらゆるイデオロギーを試そうとした。この時代の歴史が、現代を生きる我々にとっても、とりわけ教訓に富んでいると思われるのは、おそらく、そのためであろう。

ドリオは、共産主義からファシズムへ移ることによって、ひとつのイデオロギーへの依存から他のイデオロギーへの依存へ陥ったといえよう。しかし、ドリオの人間的素質、彼の知性、勇気、情緒的きらめき、政治家としての才能を想い起こすならば、このドリオの共産主義からファシズムへの移行は、そして、その過程で彼が遭遇した数々の難局と混乱の光景は、いっそう耐えがたいものとして我々の目に映じよう。我々が追跡し説明しなければならないのは、この目もくらむような不条理な偏流である。

註

第三部　ヴィシー政権下のフランス人民党　一九四〇～一九四二年

第一章　元帥の一兵卒として

（1）第三次ダラディエ内閣の総辞職からポール・レノー内閣の成立とその総辞職までの過程については、竹岡敬温『世界恐慌期フランスの社会――経済　政治　ファシズム』御茶の水書房、二〇〇七年、六四二～六四七、六七九～六八七頁。

（2）Robert O. Paxton, *Vichy France, Old Guard and New Order, 1940–1944*, Columbia University Press, New York, 1972, 1997, (traduction française) *La France de Vichy 1940–1944*, Editions du Seuil, Paris, nouvelle édition revue et mise à jour, 1973, 1997, pp.83–84（渡辺和行・剣持久木訳『ヴィシー時代のフランス　対独協力と国民革命　１９４０－１９４４』柏書房、二〇〇四年、六四頁）.

（3）Henri Amouroux, *La grande histoire des Français sous l'occupation*, 4 vols., Robert Laffont, Paris, 1976–1998, I *Le peuple du désastre. Quarante millions de pétainistes 1939–1941*, p.369.

（4）R. O. Paxton, *op. cit.*, (traduction française), *op. cit.*, p.55（渡辺・剣持訳、三七頁）.

（5）Pierre Miquel, *Les quatre-vingts. Ils ont dit Non à Pétain le 10 juillet 1940*, Arthème Fayard, Paris, 1995.

（6）Paul Baudouin, *Neuf mois au gouvernement, mémoires*, La Table Ronde, Paris, 1948, p.293sq.; Dieter Wolf, *Doriot. Du communisme à la collaboration*, Arthème Fayard, Paris, 1967, p.326（平瀬徹也・吉田八重子訳『フランスファシズムの生成　人民戦線とドリオ運動』風媒社、一九七二年、三二五頁）。

（7）Victor Barthélemy, *Du communisme au fascisme. L'histoire d'un engagement politique*, Albin Michel, Paris, 1978, pp.178–180.

（8）Cit. par Saint-Paulien, *Histoire de la collaboration*, L'esprit nouveau, Paris, 1964, p.158. サン・ポーリアンは、第二次世界大戦中のほとんど全期間を通じて、フランス人民党の新聞発行と情宣活動の責任者であったモーリス・イヴァン・シキャールのペンネームである。

（9）*Archives de la préfecture du police de Paris*, B/a 339, rapport de police de 16 septembre 1940.

（10）Henri Du Moulin de Labarthète, *Le Temps des illusions*, Cheval ailé, Paris, 1947, p.307.

（11）一九二四年以来、ジロンド県選出の社会党代議士、ボルドー市長。一九三三年十一月、マルセル・デアやバルテレミー・モンタニョンらとともに、レオン・ブルムに率いられた社会党（ＳＦＩＯ）のマルクス主義多数派と袂を分かった社会党分派のひとり。一九三三年十二月にフランス社会党（Parti socialiste de France）を結成。一九三四年にはドゥメルグ内閣の労相となり、一九四〇年六月二十七日には、ペタン元帥の率いる最初のヴィシー政府の内相となった。この最初の内閣で、マルケはドイツとの協調の数少ない支持者のひとりであった。一九四〇年八月、ラヴァルを追放するために、ドリオとともにヴィシー政権の「宮廷革命」をたくらんだが、事前に発覚し、九月六日、内閣改造によって、内相のポストをマルセル・ペイルートンに奪われた。一九四二年四月には、ラヴァルが政権復帰したヴィシー政府に参加することを拒否し、フランス解放の日まで、ボルドー市長としてとどまった。戦後、逮捕され、四か月の獄中生活ののち、一九四八年一月、非国民罪で禁錮十年の判決を受けた。

（12）V. Barthélemy, *op. cit.*, pp.180–181. なお、ヴィシー政府の「国民革命」について論じた邦語文献には、渡辺和行『ナチ占領下のフランス　沈黙・抵抗・協力』講談社、一九九四年、八九～一〇六頁、ロバート・O・パクストン著、渡辺・剣持前掲訳書、一四五～二二四頁、川上勉『ヴィシー政府と「国民革命」ドイツ占領下フランスのナショナル・アイデンティティ』藤原書店、二〇〇一年などがある。

（13）Léon Blum, *L'Œuvre*, Albin Michel, 1955, t.5 *(1940–1945)*, pp.87–88; H. Amouroux, *op. cit.*, I, pp.494–495, II, p.304 ; Jean-Paul Cointet, *Histoire de Vichy*, Plon, Paris, 1996, p.111.

（14）Saint-Paulien, *op. cit.*, pp.109–110.

（15）Vincent Auriol, *Hier, demain*, I, Charlot, Paris, 1945, p.126.

（16）*Archives Nationales*, F^7 15588, dossier《Partis et groupements politiques》, synthèse de l'Inspection Générale des Services des RG,《Vichy, le 4 juin 1941》, 98p., pp.62–63.

（17）D.Wolf, *op. cit.*, p.322（平瀬・吉田訳、三二二頁）.

（18）Roger Langeron, *Paris, juin 1940*, Flammarion, Paris, 1946, pp.123–124 (18 juillet 1940), 135–136 (31 juillet) et 140–141 (3 août).

（19）V. Barthélemy, *op. cit.*, pp.185–186; D.Wolf, *op. cit.*, p.319（平瀬・吉田訳、三二一、三四〇頁）. ドリオは、一九四〇年六月末、ヴィシー政府に対する政権奪取計画についてドイツ側の反応を知るために、やがてアベッツ大使の代理となる予定のドイツの外交官ルドルフ・シュライヤーと接触したようだが、しかし、それについては正確な情報は存在していない、とヴォルフが述べている。

（20）Notes du 25 août et 9 novembre 1940, cit. par H. Amouroux, *op. cit.*, II *Les beaux jours des collabos, le peuple réveillé, juin 1940–juin 1942*, pp.398–399.

（21）マルセル・デアは左翼政党の社会党（ＳＦＩＯ）からファシズムに転向した人物であり、ドリオとの比較のために、少し詳しく、その生涯をたどってみたい。一八九四年にニエーヴル県の一村落に生まれ、パリのアンリ四世高校卒業後、一九一四年七月にエコル・ノルマル・シュペリウールの選抜試験に合格。第一次世界大戦には一兵士として動員され、四年間、歩兵隊に属して第一線で戦い、大尉として終戦を迎え、五度の表彰とレジオン・ドヌール勲章を受けた。戦後、勉学を再開し、一九二〇年には哲学の教授資格を獲得した。一九一四年に社会党（ＳＦＩＯ）に入党し、一九二六年の補欠選挙でマルヌ県選出の代議士となり、以後、社会党内で理論家として頭角をあらわした。一九三〇年頃には、マルクス主義を超越しようとした社会党内部の改革を企て、その著書『社会主義の展望』（一九三〇年）で、上昇しつつある中産階級と衰退しつつあるプロレタリアートを結びつける「統制革命」を提唱したが、当時としてはきわめて斬新なその思想は、党首レオン・ブルムの反対に遭った。

一九三三年七月の社会党大会では、デアは、アドリアン・マルケ、ピエール・ルノーデル、バルテレミー・モンタニョンらとともに、ネオ・ソシアリストとして、レオン・ブルムの反対派の先頭に立った。同年十月、ブルムとネオ・ソシアリストたちとの衝突の結果、デアを含む二十八人の下院議員と七人の上院議員が除名され、彼らはフランス社会党・ジャン・ジョレス連合を結成した。一九三六年には、デアは反ファシズム知識人監視委員会に加盟し、一九三六年一～五月にはサロー内閣の空相となった。チェコスロヴァキア危機に際しては、大多数のフランス国民と同様に、ミュンヘン協定（一九三八年九月三十日）を承認し、その翌年、ヒトラーが今度はポーランドに対してダンツィヒの返還を要求し、またもや戦争の気運が高まったとき、ヒトラーに東欧浸食を許し、フランスに不干渉政策を勧めた文章「ダンツィヒのために死ねるか」を、左翼の対独協力政治紙『ウーヴル』（一九三九年五月四日）に発表して、大きな反響を呼んだ。

一九四〇年六月のフランス敗北後は、それ以前にも増して、ヒトラーとの協調の可能性を信じ、みずからの左翼的確信の本質と考えていたものを捨て去ることなく、同時に、フランスの悲惨な状態がファシズムの方法に頼るのを必要としていると信じた。ヴィシー体制が樹立されると、デアは、単一政党制を新体制の組織的、機動的基礎とするよう、ペタン元帥を説得しようとしたが、成功しなかった。この計画が失敗したあと、デアはパリに戻って『ウーヴル』紙を主宰し、「教権拡張主義と反動の中枢」、ヴィシー政府を非難し続けた。

一九四〇年十二月十三日、ラヴァルが解任されたとき、デア自身もヴィシー政府の命令によってパリで逮捕されたが、数時間後にアベッツが彼を釈放させた。その後も、デアは単一政党を結成する計画を断念しようとはせず、それが一九四一年二月一日の国家人民連合（ＲＮＰ＝Rassemblement national populaire）結成の動機となった。国家人民連合はアベッツの支持とラヴァルの承認を受け、全国在郷軍人連合会長ジャン・ゴワや革命的社会運動（ＭＳＲ）の指導者で元「カグール団」のメンバーであったウージェーヌ・ドロンクルもそれに参加したが、デアとドロンクルとの同盟関係は一九四一年十月に終わった。

北部地区の対独協力運動を統一するためのデアのその後の努力はドリオの反対に遭ったが、しかしながら、一九四一年七月には、デアはドリオとともに「反ボルシェヴィズム・フランス義勇軍団（ＬＶＦ）」の結成に参加した。一九四一年八月二十七日、フランス義勇軍団の最初の部隊を派遣するための式典のとき、ラヴァルの暗殺未遂事件が起こり、デアも重傷を負い、この事件は二人の絆を固めた。一九四二年には、デアは、『ウーヴル』紙に発表した論説（単一政党制を論じた小冊子に再録）で、フランス革命とジャコバン主義が国家社会主義を到達点とするヨーロッパ革命の源泉であるとする理論を展開した。ラヴァルとの関係は一九四二年には悪化しはじめたが、一九四三年九月に、ドイツに対して対独協力政府の建設を訴え、他の対独協力主義者たちとともに署名した「フランス国家再生計画」を起草し、この計画はドイツ政府の支持を受け、ドイツ政府がヴィシー政権の改造を要求した結果、ラヴァルもこの要求に屈し、一九四四年三月十七日の政令によって、デアは労相に起用された。

一九四四年八月以後、デアはドイツに亡命し、ジグマリンゲンで実体のない「政府委員会」に加わった。戦後、欠席裁判で死刑判決を受けたが、一九四五年三月、妻とともに南チロルに逃れ、イタリア北部、トリノの修道院を最後の隠れ場所とし、そこで一九五五年一月五日に死亡した。

（22）ギャストン・ベルジュリーは中道左翼の政党、急進党からファシズムに転向した人物である。しかし、ベルジュリーの方は、デアほど、その後の人生は、ジャック・ドリオの人生と深く交叉しはしなかった。

（23）Bertrand de Jouvenel, *Un voyageur dans le siècle, 1903–1945*, Robert Laffont, Paris, 1979, p.395.

（24）*Journal de Marcel Déat, Archives Nationales*, F^7 15342, 15 et 17 août 1940. ヴィシーに駐在していたアメリカ大使館付き海軍武官がマキシム・ヴェガン将軍（敗戦時のフランス軍総司令官）と昼食を共にしたときの会話をのちに回顧しているが、それによれば、ヴェガンは、デア、ドリオ、ベルジュリーが内閣に加わるのをナチスが要求していることを明らかにし、そして、ラヴァルに対する自分の無力を説明するために、「ペタン元帥が豚肉屋（ラヴァルのこと）に騙されている以上、私にはどうすることもできない」といったという。 Nerin E. Gun, *Les secrets des archives américaines. Pétain, Laval, de Gaulle*, Albin Michel, Paris, 1979, pp.96–97; Jean-Paul Brunet, *Jacques Doriot. Du communisme au fascisme*, Balland, Paris, 1986, p.316.

（25）Jean-Paul Cointet, *Marcel Déat. Du socialisme au national-socialisme*, Académique Perrin, Paris, 1998, pp.189–190.

（26）Claude Varennes (pseudonyme de Georges Albertini), *Le destin de Marcel Déat*, Editions Janmaray, Paris, 1949, p.91.

（27）Louis Rougier, *Mission secrète à Londres*, Editions du Cheval ailé, Paris, 1948, p.54.

（28）J.-P. Brunet, *op. cit.*, pp.317–319.

（29）*L'Œuvre*, 8 juillet 1940.

（30）Jacques Doriot, *Je suis un homme du Maréchal*, Grasset, Paris, 1941, p.93.

（31）V. Barthélemy, *op. cit.*, pp.182–184.

（32）R. Langeron, *op. cit.*, p.164.

（33）*Journal de Marcel Déat*, 3 septembre 1940 et passim; *Archives Nationales*, Cour de Justice de la Seine, dossier Fossati, 《Exposé des faits》 du Commissaire du gouvernement et rapport de police sur le PPF.

（34）Saint-Paulien, *op. cit.*, pp.160, 164–166; D. Wolf, *op. cit.*, p.339（平瀬・吉田訳、三三四頁）; H. Amouroux, *op. cit.*,

II, pp.293–294.

（35）Saint-Paulien; *ibid.*, p.98.

（36）J. Doriot, *Je suis un homme du Maréchal*, *op. cit.*

（37）Saint-Paulien, *op. cit.*, pp.326–327.

（38）Philippe Burrin, *La dérive fasciste. Doriot, Déat, Bergery. 1933–1945*, Editions du Seuil, Paris, 1986, p.422; J.-P. Brunet, *op. cit.*, p.322.

（39）V. Barthélemy, *op. cit.*, pp.191, 198–200.

（40）Saint-Paulien, *op. cit.*, p.161.

（41）R. O. Paxton, *op. cit.*, (traduction française) *op. cit.*, p.234, note (113)（渡辺・剣持訳、一九〇頁、三七八頁注（111））; 渡辺前掲書、八四頁。

（42）「フランス戦士団」を創設するための法律は一九四〇年八月三十日の官報で公表されたが、戦士団が独自の軍事力になることを恐れたドイツ軍は、占領地区では、その設立を禁止した。渡辺上掲書、八四頁。

（43）*Journal de Marcel Déat*, 31 octobre 1940.

（44）竹岡敬温「ヴィシー体制と〝フランス社会進歩〟（1）（2）」『大阪大学経済学』第六一巻第一号、二〇一一年六月、六〇〜九〇頁、第六一巻第二号、二〇一一年九月、一六〜三六頁、剣持久木『記憶の中のファシズム 「火の十字団」とフランス現代史』講談社、二〇〇八年、四七〜一八三頁。

（45）R. O. Paxton, *op. cit.*, (traduction française) *op. cit.*, pp.114–117（渡辺・剣持訳、九〇〜九三頁）; François Delpla, *Montoire. Les premiers jours de la collaboration*, Albin Michel, Paris, 1996; Jean Pierre Azéma et Olivier Wieviorka, *Vichy, 1940–1944*, Académique Perrin, Paris, 2000, pp.116–118; Jean Pierre Azéma, *Vichy-Paris, les collaborations. Histoire et mémoires*, André Versaille éditeur, Bruxelles, 2012, pp.28–33.

（46）Marcel Déat, *Mémoires politiques*, Denoël, Paris, 1989, p.596; J.-P. Cointet, *op. cit.*, pp.224–236.

（47）V. Barthélemy, *op. cit.*, pp.203–205.

（48）J.-P. Azéma, *op. cit.*, pp.36–37; D. Wolf, *op. cit.*, p.341（平瀬・吉田訳、三三五頁）。とくに、この「宮廷革命」に参加し、ラヴァルの後継ダルランとともに政府に入った人物たちは、フランス解放後、このときのクーデタがドイツにとって「敗戦と同様に重大な」敗北、「軍事的対独協力の終焉」、仏独関係における「決定的な転機」になったと主張した。Yves Bouthillier, *Le Drame de Vichy, I Face à l'ennemi, face à l'allié*, Plon, Paris, 1950, pp.10, 260, 283; Marcel Peyrouton, *Du service public à la prison commune, Souvenir*, Plon, Paris, 1950, p.183; *Le Procès Flandin*, Librairie de Médicis, Paris, 1947, p.175. これに対して、ロバート・パクストンは、この政変はヴィシー政権のおこなった多くの内閣改造のなかでもっとも理解しにくいものであるが、しかし、ヴィシー政権の基本路線が一九四〇年十二月十三日に変化したとはとてもいえない、と述べている。R. O. Paxton, *op. cit.*, (traduction française) *op. cit.*, pp.132–141（渡辺・剣持訳、一〇六～一一四頁）.

(49) Alfred Fabre-Luce, *Journal de la France, 1939–1944*, Arthème Fayard, Paris, 1969, p.309.

(50) Saint-Paulien, *op. cit.*, pp.174–175.

(51) Saint-Paulien, *ibid.*, pp.182–183, 229; D. Wolf, *op. cit.*, p.341（平瀬・吉田訳、三三五頁）.

(52) R. Langeron, *op. cit.*, pp.206–209.

(53) *Archives de la préfecture de police de Paris*, B/a 339, dossier《PPF. Rapports de réunions》, rapport du 15 décembre 1940.

(54) ペタンも、この式典に参加していた。彼は、この機会にそれまで彼には禁じられていたパリへの旅行ができるのを楽しみにしていた。ラヴァル解任は、この式典のためにペタンがヴィシーを留守にする間に、ラヴァルがペタンにとって代わって国家主席になろうと企てているとペタンに信じ込ませた、ラヴァルに反対する閣僚たちの陰謀の結果であった、という解釈もおこなわれている。いずれにせよ、仏独和解を象徴するかに思われていた人物の解任は、大きな反響を呼んだ。J.-P. Azéma, *op. cit.*, p.37.

(55) J.-P. Brunet, *op. cit.*, p.326.

(56) *Archives Nationales*, F^7 15145,《Der Befehlshaber der Sicherpolitzei und des SD im Bereich des Militärbefehlshabers in Frankreich》, 12 août 1942.

(57) V. Barthélemy, *op. cit.*, p.225.

(58) J.-P. Brunet, *op. cit.*, p.327.

第二章　フランス人民党の再生——反ユダヤ主義の激化

(1) M. Déat, *op. cit.*, p.596; J.-P. Cointet, *op. cit.*, p.224sq.

（2）アンリ・バルベは、一九四二年十月に、ドリオと和解し、国家人民連合と決別しないまま、フランス人民党に再接近した。

（3）H. Amouroux, *op. cit.*, II, pp.277–285.

（4）V. Barthélemy, *op. cit.*, p.213.

（5）*Journal de Marcel Déat*, 4 et 5 avril 1941.

（6）*Botschaft Paris*/1276, 11 Februar 1941; Ph. Burrin, *op. cit.*, p.426. しかし、どうやらドリオは、その後、必要な資金をみつけたようであり、『人民の叫び』紙の発行はドイツ軍占領の終わりまで続き、発行部数も一九四四年七月の十一万五千部にまで伸びた。

（7）Pierre Albert, Gilles Feyel et Jean-François Picard, *Documents pour l'histoire de la presse nationale aux XIXe et XXe siècles*, Editions du CNRS, Centre de documentation des Sciences humaines, Paris, 1977, p.74sq.

（8）J.-P. Brunet, *op. cit.*, p.331.

（9）*Archives de la préfecture de police de Paris*, B/a 339, dossier《PPF. Rapport de réunions》, rapports des 15 décembre 1940 et 9 mars 1941.

（10）Pierre Nicolle, *Cinquante mois d'armistice*, Editions André Bonne, 1947, I, p.273.

（11）Alfred Fabre-Luce,《L'oreille au ventre》, *Journal de France*, Paris, 1942, chap. VIII, cit. par R. O. Paxton, *op. cit.*, (traduction française) *op. cit.*, p.281（渡辺・剣持訳、二二八頁）.

（12）R. Langeron, *op. cit.*, p.124.

（13）ジョルジュ・スカピーニは盲目の元保守派代議士で、在郷軍人の指導者であり、一九三〇年代にヒトラーと会見し、一九三五年にはアベッツらとともに仏独委員会を設立した人物である。R. O. Paxton, *op. cit.*, (traduction française) *op. cit.*, pp.112, 117（渡辺・剣持訳、八九、九三頁）.

（14）*Archives de la préfecture de police de Paris*, B/a 339, note du 15 décembre 1940.

（15）*Archives de la préfecture de police de Paris*, B/a 339, rapports du 23 novembre 1940 et du 28 avril 1941.

（16）*Journal de Marcel Déat*, 4 et 8 novembre, 26 mars 1941 et passim.

（17）R. O. Paxton, *op. cit.*, (traduction française) *op. cit.*, p.282（渡辺・剣持訳、二二九頁）.

（18）J.-P. Brunet, *op. cit.*, pp.334–335.

(19) 自由地区のドイツ赤十字社は、ドイツ政府の防諜活動の隠れみのとなっていた。V. Barthélemy, *op. cit.*, p.224.

(20) V. Barthélemy, *ibid.*, pp.224–225; *Archives Nationales*, Cour de Justice de la Seine, dossier Fossati, rapport sur le PPF; J.-P. Brunet, *op. cit.*, p.335. フィリップ・ビュランは、第二次世界大戦史委員会（現代史研究所に吸収）所蔵の史料にもとづいて、フランス人民党が正式に承認されたのは、一九四一年十二月であったとしている。Ph. Burrin, *op. cit.*, pp.428, 498 note (27).

(21) *Archives de la préfecture de police de Paris*, B/a 339, et 340.

(22) J.-P. Brunet, *op. cit.*, p.336.

(23) *Archives de la préfecture de police de Paris*, B/a 339.

(24) *Archives de la préfecture de police de Paris*, B/a 336.

(25) V. Barthélemy, *op. cit.*, pp.230–231.

(26) *Archives de la préfecture de police de Paris*, B/a 339, rapport du 15 décembre 1940.

(27) R. Langeron, *op. cit.*, pp.173 (mardi 1er octobre 1940), 146(dimanche 1er août), 149–154, 163–170.

(28) 《Il faut régler la question juive》, *L'Emancipation nationale*, 7 septembre 1940;《Le Statut des juifs》, *Le Cri du Peuple*, 21 octobre 1940.

(29) J. Doriot, *Je suis un homme du Maréchal, op. cit.*, pp.41, 106 et 110 (articles du *Cri du Peuple* des 16 novembre, 24 et 25 décembre 1940).

(30) Jacques Doriot, *Réalités*, Les Editions de France, Paris, 1942, pp.67–68.

(31) J. Doriot, *Réalités, ibid.*, pp.113–114.

(32) Jacques Doriot, *L'Agonie du communisme*, brochure, 1941, pp.12–13.

(33) J.-P. Brunet, *op. cit.*, pp.341–343.

(34) *Journal de Marcel Déat*, 21 août 1941. マイケル・マラスとロバート・パクストンは、グザヴィエ・ヴァラが「一九四二年にドイツ人の信頼を失ったとき、ドイツ人は、一時、ドリオを選ぶことを検討したが、結局、その後任をダルキエに決めた」と書いている。Michaël Marrus et Robert O. Pexton, *Vichy et les Juifs*, Calmann-Lévy, Paris, 1981, p.263.

(35) *Le Cri de Peuple*, 6 novembre 1942.
(36) *Archives de la préfecture de police de Paris*, B/a 339, rapports respectifs des 7 octobre 1941 et 6 août 1942.
(37) *Archives de la préfecture de police de Paris*, B/a 339, rapport du 8 décembre 1941.
(38) *Archives de la préfecture de police de Paris*, B/a 340, pièce du 13 décembre 1941.
(39) J. Doriot, *Réalités, op. cit.*, p.68.
(40) *Archives de la préfecture de police de Paris*, B/a 339, rapport du mai 1941.
(41) Maurice Duverger, *L'autre côté des choses*, Albin Michel, Paris, 1977, pp.86–88, cit. M. Marrus et R. O. Paxton, *op. cit.*, p.223.
(42) Claude Lévy et Pierre Tillard, *La grande rafle du Vel'd'Hiv'*, Robert Laffont, Paris, 1967, pp.23, 37–38; M. Marrus et R. O. Paxton, *op. cit.*, p.233.
(43) *Archives de la préfecture de police de Paris*, B/a 339, rapport du 6 septembre 1942.
(44) Marc Knobel, *Doriot, le PPF et les Juifs*, mémoire de DEA, Institut d'Etudes Politiques de Paris, 1983–84, pp.16–19; J.-P. Brunet, *op. cit.*, pp.345–346.
(45) *Archives de la préfecture de police de Paris*, B/a 336, dossier《PPF. Correspondance relative aux réunions》, chemise《Affaire de la synagogue, 44, rue de la Victoire (20 juillet 1942)》, lettres du Grand rabbin au Préfet de police et à Laval.
(46) M. Marrus et R. O. Paxton, *op. cit.*, pp.172–174.
(47) M. Marrus et R. O. Paxton, *ibid.*, pp.240–241.
(48) *Archives Nationales*, Cour de Justice de la Seine, dossier Beugras, Celor et autres.
(49) J.-P. Brunet, *op. cit.*, p.349.
(50) D. Wolf, *op. cit.*, pp.343–344（平瀬・吉田訳、三三七頁）.
(51) *Archives Nationales*, F^7 15 583, Dossier《Partis et Groupements politiques》, synthèse de l'inspection générale des Services administratifs de Vichy, 4 juin 1941, p.64.
(52) Rapport des Renseignements généraux, J.-P. Brunet, *op. cit.*, p.350.
(53) *Journal de Marcel Déat*, vendredi 13 juin 1941; H. Amouroux, *op. cit.*, II, pp.291–292.
(54) J. Doriot, *L'agonie du communisme, op. cit.*, p.2.

第三章　親独反共

（1）V. Barthélemy, *op. cit.*, p.187.

（2）V. Barthélemy, *ibid.*, pp.188, 190, 216–222; J.-P. Brunet, *op. cit.*, pp.354–357; Ph. Burrin, *op. cit.*, pp.429–430.

（3）*Archives de la préfecture de police de Paris*, B/a 339, dossier《PPF, rapports de réunions》, rapport du 15 décembre 1940.

（4）J. Doriot, *Réalités, op. cit.*, p.66.

（5）*Archives de la préfecture de police de Paris*, B/a 332, dossier《PPF, rapports de réunions》, pièce《24 novembre 1940. Réunion des cadres de la Région parisienne du PPF tenue le 23》 et rapport du 7 décembre 1940. マルセル・デアも同様な分析をしていて、一九四〇年十二月二十六日の日記のなかで、「すでにフランス政府に提示されている講和条件――すなわち、アルザス＝ロレーヌの併合のみ、占領費以外の戦争賠償金なし、ヨーロッパ間協力の範囲での経済的合意、アフリカの植民地の保障――が」十二月十三日までに「公表されることが望ましかったが、あの馬鹿なやつら［ラヴァル解任の件である］がすべてを台なしにしてしまった」と書いている。*Journal de Marcel Déat*, 26 avril 1941.

（6）J. Doriot, *Réalités, op. cit.*, pp.54, 57–59, 61, 63, 65, 67, 101–102, 105–106.

（7）V. Barthélemy, *op. cit.*, p.221.

（8）J. Doriot, *L'agonie du communisme, op. cit.*, pp.14–15.

（9）*Archives de la préfecture de police de Paris*, B/a 339, rapport du 17 septembre 1941.

（10）*Archives de la préfecture de police de Paris*, B/a 339, rapport du 20 octobre 1941.

（11）*Archives de la préfecture de police de Paris*, B/a 339, rapport du 7 juillet 1941 (meeting de la salle Wagram).

（12）「労働憲章」については、Hoover Institute (Stanford University), *La vie de la France sous l'occupation (1940–1944)*, Plon, Paris, 1957, vols 3, tome I, pp.163–185; Georges Lefranc, *Les expériences syndicales en France de 1939 à 1950*, Editions Montaigne, Paris, 1950, pp.54–61; Michèle Cointet, *Nouvelle histoire de Vichy (1940–1945)*, Arthème Fayard, 2011, pp.337–345; Jean-Pierre Le Crom, *Syndicats, nous voila! Vichy et le corporatisme*, Editions de l'Atelier, Paris, 1995, pp.121–144; Jacques Julliard, La Charte du travail, in Fondation nationale des Sciences politiques, *Le Gouvernement de Vichy, 1940–1942* (Actes du colloque des 6 et 7 mars 1970), Armand Colin, Paris, pp.157–194; Michel Margairaz, *L'Etat, les finances et l'économie. Histoire d'une conversion, 1932–1952*, Comité pour l'Histoire économique et financière de la France, Ministère de l'Economie et du Budget, I, pp.564–570. 邦語文献としては、田端博邦「ヴィシー体制下の産業・労働統制――〝労働憲章〟を中心に」東京大学社会科学研究所編『ファシズム期の国家と社会5 ヨーロッパの法体制』東京大学出版会、一九七九年、一九一～二三四頁、渡辺前掲書、一〇五、二六〇～二六一頁などを参照のこと。

（13）*Archives de la préfecture de police de Paris*, B/a 339, rapport du 23 novembre 1941.

（14）*Archives de la préfecture de police de Paris*, B/a 339, rapports des 12 et 13 septembre 1941, 15 février 1942.

（15）J. Doriot, *Réalités*, *op. cit.*, pp.107–108.

（16）*Archives Nationales*, Cour de Justice de la Seine, le dossier Fossati,《Rapport sur le PPF》（フランス解放時に総合情報室によって作成された報告）, pp.10–16.

（17）*Archives Nationales*, F^7 15588, Dossier《Partis et groupements politiques》, Rapport cité supra, pp.63–64.

（18）V. Barthélemy, *op. cit.*, pp.235–236; J.-P. Brunet, op. cit., p.359sq.

（19）J. Doriot,《Ecrason l'infâme》, *Le Cri du Peuple*, 27 juin 1941.

（20）J. Doriot, *L'agonie du communisme*, *op. cit.*, p.6.

（21）*Archives de la préfecture de police de Paris*, B/a 339, rapport du 7 juillet 1941.

（22）Eberhard Jäckel, *La France dans l'Europe de Hitler*, Arthème Fayard, Paris, 1968, chapitre X, pp.235, 241, 249; R. O. Paxton, *op. cit.*, (traduction française) *op. cit.*, pp.149–158（渡辺・剣持訳、一二二～一二九頁）.

（23）J.-P. Brunet, *op. cit.*, p.362.

第四章　反ボルシェヴィズム・フランス義勇軍団

（1）Ph. Burrin, *op. cit.*, p.430; J.-P. Brunet, *op. cit.*, p.362.

（2）Pierre Giolitto, *Volontaires français sous l'uniforme allemand*, Académique Perrin, Paris, 2007, p.16.

（3）Cit. par Pierre Bourget, *Histoires secrètes de l'occupation de Paris*, I *Le joug*, Hachette, Paris, 1970, p.298.

（4）Jacques Delarue, *Trafics et crimes sous l'Occupation*, Arthème Fayard, Paris, 1968, p.162.

（5）Barbara Lambauer, *Otto Abetz et les Français ou l'envers de la collaboration*, Arthème Fayard, Paris, 2001, pp.401–402.

（6）Saint-Paulien, *op. cit.*, p.240.

（7）Philippe Aziz, *Les dossiers noirs de l'Occupation*, 4 vols., Famot, Genève, 1979, II, p.195.

（8）B. Lambauer, *op. cit.*, pp.401–402.

（9）ピエール・コスタンティーニ。一八八九年にコルシカのサルテーヌに生まれ、第一次世界大戦には空軍士官として参加、傷痍軍人となったにもかかわらず、第二次世界大戦に召集され、クーロミエの空軍基地を指揮し、イギリス空軍のメル・セル・ケビル空爆後、イギリスに対して宣戦布告したポスターをパリの街の壁に貼りつけた。一九四〇年九月十五日、ドイツ大使館の同意を得て、「粛清、社会的相互扶助、ヨーロッパ間協力のためのフランス同盟」を結成したが、短命に終わったあと、ドイツ大使館の意志によって、フランス義勇軍団（ＬＶＦ）の創立者のひとりとなった。

（10）ピエール・クレマンティ。コルシカ出身のジャーナリストで政治活動家。一九三三年に、急進党系日刊紙『共和国』のスポーツ記者となった。一九三四年二月六日の極右諸同盟の暴動事件直後に、フランス国家共産党を結成し、一九三六年に機関紙『自由の国』を発刊、反ユダヤ主義、反資本主義、反マルクス主義のイデオロギーを広めた。彼は、一九四〇年夏に、パリで、ドイツ大使オットー・アベッツと接触した最初の対独協力組織の指導者であり、一九四一年七月には、彼の組織の貧弱さにもかかわらず、フランス義勇軍団（ＬＶＦ）の創立者のひとりとなった。フランス義勇軍団（ＬＶＦ）結成時のコミュニケには、「国家集産主義党党首」と署名した。一九四二年には義勇軍団の軍事作戦に参加したが、一九四三年に傷病兵としてフランスに送還された。

（11）*Bundesarchiv-Militärarchiv, N 756/201. 8. Französische SS-Freiwilligen Sturm-Brigade*, p.1; J.-P. Brunet, *op. cit.*, p.363; Krisztián Bene, *La collaboration militaire française dans la Seconde Guerre mondiale*, Edition Codex, Paris, 2012, p.55.

（12）Ph. Burrin, *op. cit.*, p.472.

（13）当時フランスで生活していた白系ロシア移民の多数がソ連との戦いに参加するのを望んだが、彼らも募集から排除された。

（14）Institut d'Histoire du Temps Présent, *Soldats français sous uniformes allemands, 1941–1945*, Comité d'histoire de la Seconde Guerre mondiale, p.3.

（15）P. Giolitto, *op. cit.*, pp.47–48.

（16）*Le Cri du Peuple*, 8 juillet 1941.

（17）反ボルシェヴィズム・フランス義勇軍団（ＬＶＦ）について論じた邦語文献としては、長谷川公昭『ナチ占領下のパリ』草思社、一九八六年、一三〇〜一五二頁がある。

（18）P. Bourget, *op. cit.*, I, p.300; *Le Cri du Peuple*, 18 juillet, 1941; K. Bene, *op. cit.*, p.57.

（19）V. Barthélemy, *op. cit.*, pp.239–240.

（20）Ph. Aziz, *op. cit.*, II, pp.197–198.

（21）Saint-Paulien, *op. cit.*, pp.309–310; D. Wolf, *op. cit.*, p.351（平瀬・吉田訳、三四八頁）; J.-P. Brunet, *op. cit.*, p.363.

（22）*Archives de la préfecture de police de Paris*, B/a 340, pièce du 2 décembre 1941.

（23）J. Delarue, *op. cit.*, chapitre《Ce que fut la LVF》, p.161.

（24）J.-P. Brunet, *op. cit.*, p.363.

（25）ある若い飛行士が、休戦で帰休中の兵士のなかからフランス義勇軍団（ＬＶＦ）のための志願兵を募集しようとしたが、逮捕され、軍人離叛と脱走教唆の罪で懲役十八か月の判決を受けた。J. Delarue, *op. cit.*, p.162.

（26）Ritter à Abetz, 14 juillet 1941, no.662, *Büro des St. S. Frankreich/5*; D. Wolf, *op. cit.*, p.350（平瀬・吉田訳、三四八頁）; Ph. Burrin, *op. cit.*, p.431; J.-P. Brunet, *op. cit.*, p.365.

（27）B. Lambauer, *op. cit.*, p.407.

（28）J. Delarue, *op. cit.*, pp.156–157.

（29）*Archives Nationales*, F 60 235, Etude sur la LVF, pp.6–7.

（30）*Archives Nationales*, F 60 235, Etude sur la LVF, p.7.

（31）*Archives Nationales*, W III 110, Rapport de la Police Judiciaire sur la LVF, 13 avril 1945; J. Delarue, *op. cit.*, p.155; J.-P. Brunet, *op. cit.*, p.364; K. Bene, *op. cit.*, p.59.

（32）フランシストのビュキャールは欠席した。彼の党が弱体であるという理由からであったが、アラン・ドニエルによれば、事実は、本来、彼の党の支配下に置かれるべきフランス義勇軍団（ＬＶＦ）が、逆に、彼の党にとって恐ろしい道具になることを自覚したからであった。Alain Deniel, *Buccard et le Francisme*, Picollec éd., Paris, 1979, p.189.

（33）J. Doriot, *Réalités*, *op. cit.*, pp.117–119.

（34） P. Giolitto, *op. cit.*, p.48. もっとも、当時、対独協力派内で激しい対立があったので、募集事務所の襲撃者のなかには、軍事的対独協力に反対するフランス人だけではなく、反対派の対独協力者たちもいたかもしれない。 H. Amouroux, *op. cit.*, II, pp.193–194.

（35） *Service historique de la défence, Vincennes, 2 P 14*, Rapport du lieutenant Ourdan, p.4; K. Bene, *op. cit.*, p.61.

（36） *Archives Nationales*, F 60 235, Etude sur la LVF, p.13; P. Bourget, *op. cit.*, I, p.308.

（37） D. Wolf, *op. cit.*, p.352（平瀬・吉田訳、三四九頁）.

（38） J.-P. Brunet, *op. cit.*, p.365.

（39） アベッツは、「新兵たちは、平和時にはとうてい考えられないような、きわめて入念な仕方で検査され、志願者の大部分は失望し、あきらめて帰らざるをえなかった」と不満を述べている。 Cit. par Philippe Masson, La LVF nach Mascou, *Historia*, hors-série no.40 consacré à la Milice et la collaboration en uniforme, 1975, p.140; Antoine Plait, La LVF (1941–1944): une collaboration militaire vouée à l'échec, *Revue historique des armées*, no.207, juin 1997, p.48.

（40） V. Barthélemy, *op. cit.*, pp.241–242; J. Delarue, *op. cit.*, pp.163, 176–177, 191; H. Amouroux, *op. cit.*, II, pp.210–211; Eric Labat, *Les places étaient chères*, La Table Ronde, Paris, 1969, pp.27–28; Fernand de Brinon, *Mémoires*, LLC, 1947, p.76; Pascal Ory, *Les collaborateurs*, Editions du Seuil, Paris, 1976, p.238; K. Bene, *op. cit.*, pp.58–61; *Archives Nationales*, 3 W 212, III 2A2 (dossier Laval), note sur la LVF, W III 110, sous-dossier 13, pièce 4, rapport de l'inspecteur Valentini de 20 octobre 1944.

（41） *L'Œuvre*, 10 août 1941, cit. par J. Delarue, *op. cit.*, p.164 et aussi par J.-P. Brunet, *op. cit.*, p.366.

（42） Cit. par J. Delarue, *ibid.*, p.162.

（43） *Archives Nationales*, W III 110, sous-dossier 13, pièce 45, Lettre de Darlan en date 21 août 1941.

（44） *Bundesarchiv-Militärarchiv*, Freiburg, RS 3-33-33, p.6; Ph. Aziz, *op. cit.*, II, pp.202–203; J.-P. Brunet, *op. cit.*, p.367; K. Bene, *op. cit.*, p.65.

（45） Saint-Loup (Marc Augier), *Les Volontaires*, Presses de la Cité, Paris, 1963, p.27.

（46） B. Lambauer, *op. cit.*, p.410.

（47） Saint-Paulien, *op. cit.*, II, pp.216–220; Ph. Burrin, *op. cit.*, p.429; J.-P. Brunet, *op. cit.*, p.367.

（48） *Journal de Marcel Déat*, 24, 29 juillet, 26 août 1941, 17 mars 1942 et passim; J. Delarue, *op. cit.*, pp.166, 173–175. コレットは死刑の宣告を受けたが、ラヴァルとデアのとりなしもあって、ペタンによって恩赦を与えられた。一九四三年にはドイツの強制収容所に収容されたが、フランス解放後、幸運にも、そこから生還することができ、一九八四年には、レジオンドヌール勲章騎士章を与えられた。

（49） *Archives de la préfecture de police de Paris*, B/a 339, rapports des 31 août et 3 octobre 1941; V. Barthélemy, *op. cit.*, p.246.

（50） *Archives de la préfecture de police de Paris*, B/a 340, Discours de Doriot au Vel'd'Hiv', le 8 août 1943.

（51） J.-P. Brunet, *op. cit.*, p.368.

（52） Cit. par H. Amouroux, *op. cit.*, I, p.285 et aussi par J.-P. Brunet, *op. cit.*, p.368.

（53） ドリオの中尉への昇進は、一九四一年十月六日、パリで認められた。*Archives de la préfecture de police de Paris*, B/a 339, pièce du 6 octobre 1941.

（54） H. Amouroux, *op. cit.*, I, p.247; J.-P. Brunet, *op. cit.*, p.368.

（55） ドリオの留守家族の面倒をみていたのは、ジャン・ル・カンであった。ル・カンは一九三八年初めにドリオと仲たがいしていたが、元フランス人民党幹部で一九三九年初めに党を去ったジャン・フォントノワが、一九四〇年に、彼の新聞の経営権を奪い取ろうとしたとき、ドリオがドイツ占領軍当局に口をきいて、それを阻止してくれて以来、ドリオに限りない感謝の念を抱くようになった。ル・カンはロリアン、サン・ナゼール、そしてトゥーロンにおけるドイツ海軍のための造船所や要塞をつくる公共工事を請け負い、戦争中のフランス人民党への大口献金者のひとりとなった。彼とドリオとの間で交わされた書簡が示しているように、ドリオは、東部戦線にいる間、ル・カンに宛てて、政治、財務あるいは個人的問題について語った手紙を規則的に差し出していて、フランス人民党党首にとって、ル・カンは全面的に信用できる通信員の役割を演じていたようであった。ドリオはル・カンに自身の家族の問題を包み隠さず語り、ときには自身の情事も打ち明けた。東部戦線から送った手紙のなかで、ドリオは妻マドレーヌのことを気づかい、あいかわらずサン・ドニ、ジャノー街一番地に住んでいるマドレーヌがパリ一五区ショメル街にあるアパート――ドリオ夫婦が購入したのだが、その借家人が出るのを渋っていたアパート――に転居するのを手助けしてくれるよう、しきりにル・カンに頼んでいる。*Archives Nationales*, Cour de Justice de la Seine, dossier Le Can.

(56) J. Delarue, *op. cit.*, p.180.

(57) J. Delarue, *ibid.*, p.165.

(58) *Journal de Marcel Déat*, 22 août 1941.

(59) *Service historique de la défence*, *Vincennes*, 2P14, Rapport du lieutenant Ourdan, p.2; K. Bene, op. cit., p.60.

(60) その後、一九四二年五月十五日のサン・ドニ市立劇場での演説のなかで、ドリオはなぜ彼がドイツ軍の制服を着用したのか説明している。*Archives de la préfecture de police de Paris*, B/a 339, rapport du 16 mai 1942; *Archives Nationales*, F^{7} 15300, dossier Jean Bassompière; *Archives Nationales*, F 60235, Etude sur la LVF, p.26; Saint-Loup (Marc Augier), *op. cit.*, p.33 et passim; H. Amouroux, *op. cit.*, II, pp.227–229.

(61) *Archives Nationales*, F^{7} 15300, Procès-verbal de l'interrogatoire de Bassompierre, 2 décembre 1946. 裁判でのジャン・バソンピエール（フランス義勇軍団［ＬＶＦ］の歩兵隊長）の証人尋問。H. Amouroux, *op. cit.*, II, pp.229–231; J.-P. Brunet, *op. cit.*, p.370; K. Bene, *op. cit.*, p.80.

(62) J. Delarue, *op. cit.*, pp.179, 182.

(63) *Service historique de la défence*, *Vincennes*, 2P14, Légion tricolore, LVF, rapport du 24 juin 1943 du commandant Simoni, p.4; K. Bene, *op. cit.*, pp.79–80.

(64) *Archives Nationales*, 3W101, rapport du 20 octobre 1944.

(65) *Service historique de la défence*, *Vincennes*, 2P14, Légion tricolore, LVF, rapport du lieutenant Ourdan, p.5; K. Bene, *op. cit.*, p.64.

(66) *Archives Nationales*, W III 110, rapport du général Lavigne-Delville, inspecteur général de la LVF à Benoist-Méchin, 18 septembre 1942; *Archives de la préfecture de police de Paris*, B/a 339, notes et rapports du 2 août, 1er décembre 1941, 13 et 18 janvier 1942.

(67) 最後の部隊は、十一月一日にキャンプを出立した。*Bundesarchiv-Militäarchiv*, Freiburg, RH 53–23/49, Le journal de guerre du cadre d'instruction de la Légion française (24 août 1941–31 mars 1942), p.77; K. Bene, *op. cit.*, p.89. これに対して、ジャン・ポール・ブリュネは、フランス義勇軍団（ＬＶＦ）がデンバを発った日を一九四一年十月三十一日としている。J.-P. Brunet, *op. cit.*, p.371.

(68) Lettre du Maréchal Pétain au colonel Labonne, cit. par Louis Noguères, *Le véritable procès du Maréchal Pétain*, Arthème

Fayard, Paris, 1955, aussi par K. Bene, *ibid.*, p.445 et par J.-P. Brunet, *ibid.*, p.371.

（69）*Archives Nationales*, W III, sous-dossier 13, pièce 44; J. Delarue, *op. cit.*, pp.164, 181–182; H. Du Moulin de Labarthète, *op. cit.*, pp.395–396; H. Amouroux, *op. cit.*, II, pp.200–202; Herbert R. Lottman, *Pétain*, Edition du Seuil, 1984, p.400; J.-P. Brunet, *ibid.*, pp.371–372; K. Bene, *ibid.*, pp.97–98.

（70）連隊の最後の部隊がスモレンスクに到着したのは、その五日後である。*Bundesarchiv-Militärarchiv*, Freiburg, N 756/201, 638e régiment d'infanterie, Légion française (LVF), La brigade d'assaut des volontaires français de la SS, rapport sur la LVF, p.27; Charles Larfoux, *Carnet de campagne d'un agent de liaison. Russie hiver 1941–1942*, Editions du Lore, Paris, 2008, pp.15–16; K. Bene, ibid., p.89. ジャン・ポール・ブリュネは、フランス義勇軍団（ＬＶＦ）がスモレンスクに到着した日を一九四一年十一月四日としている。J.-P. Brunet, *ibid.*, p.372.

（71）H. Amouroux, *op. cit.*, II, pp.237–240; K. Bene, *ibid.*, pp.89–97.

（72）Jacques Doriot, *Ce que j'ai vu en Russie soviétique*, Imprimerie spéciale du PPF, 1942, brochure de 30 pages, pp.15–17; Saint-Loup (Marc Augier), *op. cit.*, pp.77–81; H. Amouroux, *ibid.*, II, 238; K. Bene, *ibid.*, p.103; 海原峻編『レジスタンス　ドキュメント現代史８』平凡社、一九七三年、二三一～二三二頁、渡辺前掲書、一五五～一五六頁。

（73）J. Delarue, *op. cit.*, p.183; Saint-Loup (Marc Augier), *ibid.*, p.77; J. Doriot, *Ce que j'ai vu en Russie soviétique*, *ibid.*, p.25.

（74）J.-P. Brunet, *op. cit.*, pp.372–373.

（75）J. Doriot, *Ce que j'ai vu en Russie soviétique*, *op. cit.*, pp.24–28; J. Delarue, *op. cit.*, pp.185, 191–192; K. Bene, *op. cit.*, pp.98–116.

（76）*Journal de Marcel Déat*, 23 et 29 décembre 1941.

第四部　ヴィシー政権下のフランス人民党　一九四二～一九四四年

第一章　政権を目指して

（１）これらのポスターやビラは、現物でか、あるいはタイプライターで打って転写するかして、ヴィシー政府の総合情報室（RG）によって保存された。*Archives de la préfecture de police de Paris*, B/a 340.

（2）Victor Barthélemy, *Du communisme au fascisme. L'histoire d'un engagement politique*, Albin Michel, Paris, 1978, pp.260–261.

（3）*Archives de la préfecture de police de Paris*, B/a 339, pièce du 22 août 1941.

（4）*Archives de la préfecture de police de Paris*, B/a 339, rapports des 30 juin et 8 décembre 1941.

（5）*Archives de la préfecture de police de Paris*, B/a 340, pièce du 12 novembre 1941.

（6）Jacques Doriot, *Réalités*, Les Editions de France, Paris, 1942, Préface《Hommage à Jacques Doriot et à la Légion》, pp.I–XI, meeting du 27 octobre 1941; *Archives de la préfecture de police de Paris*, B/a 339, les pièces des 25, 26 et 27 octobre 1941; *Archives de la préfecture de police de Paris*, B/a 340, copies de tracts de Soupé et Nédelec, ヴァーグラム会館でおこなったフェルナン・スーペとシャルル・ネドレクの演説の一部を再現したパンフレット。

（7）コルシカ出身のピエール・コスタンティーニは、元カグール団団員で、そのむら気と逆上的性格によって有名であり、他の対独協力派グループからはあまり信用されていなかった。彼はイギリスに対しては病的なまでの憎悪を抱き、メルセル・ケビル事件のあと、イギリスと戦争を始めるために、飛行士を集めようとした。それとは反対に、一九三六年に、当時、フランスとドイツとの友好関係の促進をはかって設立された仏独委員会のベルリンでの事務局長であったヴェストリックと知り合いになり、それ以来、彼のドイツびいきは亢進し続け、一九四〇年十月に発行された彼の著書『ボナパルトの偉大な思想』のあとがきのなかで、「いま連合の構想過程にあるヨーロッパから、かつて統一ヨーロッパの神託を告げた武人であったあの人〔ナポレオン・ボナパルトのことである〕に対して、感謝の賛歌の声が高まり、その感謝の歌声は、明日には、アドルフ・ヒトラーへの諸民族の感謝の気持と合流するであろう！」と書くまでになった。一九四五年逮捕され、一九五二年に裁判にかけられたが、精神医学的鑑定によって責任無能力者と認められた結果、釈放され、コルシカに帰された。

（8）*Journal de Marcel Déat*, 12, 15, 17, 25, 26 septembre et 1er octobre 1941.

（9）*Archives de la préfecture de police de Paris*, B/a 340, note et copie du tract en date du 30 octobre 1941; V. Barthélemy, *op. cit.*, p.262.

（10）*Archives de la préfecture de police de Paris*, B/a 339, rapport du 1er décembre 1941(réunion du 30 novembre).

（11）Jacques Delarue, *Trafics et crimes sous l'Occupation*, Arthème Fayard, Paris, 1968, pp.189–190, 195–198; *Journal de Marcel Déat*, 10, 20, 26 septembre et 31 décembre 1941.

（12）ディーター・ヴォルフによれば、このとき、ヴィシーでは、ドリオは、ペタンとダルランに冷淡に迎えられ、苦い幻滅を味わったという。Dieter Wolf, *Doriot. Du communisme à la collaboration*, Arthème Fayard, Paris, 1969, p.354（平瀬徹也・吉田八重子訳『フランスファシズムの生成　人民戦線とドリオ運動』風媒社、一九七二年、三五三～三五四頁）.

（13）*Journal de Marcel Déat*, 23 janvier 1942; *Archives de la préfecture de police de Paris*, B/a 339, rapport du 18 janvier 1942.

（14）*Journal de Marcel Déat*, 23, 27 et 28 janvier 1942.

（15）ディーター・ヴォルフによれば、約一万五千人。D. Wolf, *op. cit.*, p.358（平瀬・吉田訳、三五四頁）.

（16）*Journal de Marcel Déat*, 1er et 2 février 1942.

（17）*Jean-Paul Brunet, Jacques Doriot, Du communisme au fascisme*, Editions Balland, Paris, 1986, p.382.

（18）Jacques Doriot, *Ce que j'ai vu en Russie soviétique*, brochure, 1942, pp.6–9, 12, 30, J. Doriot, *Réalités*, *op. cit.*, pp.120–142に再録。*Le Cri du Peuple*, 2 février 1942; *Archives de la préfecture de police de Paris*, B/a 339, rapport des 15 et 18 janvier 1942 et B/a 340, pièce du 24 janvier 1942; *Archives Nationales*, W III 110, rapport sur le PPF de la Police judiciaire (13 avril 1945), p.9; Cour de Justice de la Seine, dossier Fossati, rapport sur le PPF des Renseignements Généraux.

（19）V. Barthélemy, *op. cit.*, p.280.

（20）Henri Amouroux, *La grande histoire des Français sous l'occupation*, Robert Laffont, Paris, 1976–1993, I *Le peuple du désastre. Quarante millions de pétainistes 1939–1941*, pp.265, 314.

（21）デアが、その日記のなかで、この事実をほのめかしている。*Journal de Marcel Déat*, 24 mars 1942.

（22）*Archives de la préfecture de police de Paris*, B/a 339, rapport du 1er mai 1942. このときのドリオの巡回旅行全体については、*Archives de la préfecture de police de Paris*, B/a 340; Saint-Paulien, *Histoire de la collaboration*, L'esprit nouveau, Paris, 1964, pp.302–303; V. Barthélemy, *op. cit.*, pp.297–298, 301–302; H. Amouroux, *op. cit.*, I, pp.405–408. 休戦協定の結果、リールを県庁所在地とするノール県とその隣県のパ・ド・カレー県は、ベルギーのドイツ軍政司令部の管轄下に置かれ、立ち入り禁止地区となって、フランスの他の地方から切り離され、ナンシーを旧首府とするロレーヌ地方はドイツ併合地区になった。また、占領地区全体で、三色旗の掲

揚や〝ラ・マルセイエーズ〟の演奏は禁止されていた。したがって、マルセル・マルシャルが語ったような群衆の感情と行動は、おそらく、フランス人民党の姿勢への賛同以上に、そのときまで押し殺していた愛国心のほとばしりの結果であったろう。J.-P. Brunet, *op. cit.*, p.385.

(23) ジョルジュ・マンデル。伝統的右翼の政治家、第三次ダラディエ内閣（一九三八年四月十日成立）とその後継のレノー内閣（一九四〇年三月二十一日成立）に植民地相として入閣。文相のジャン・ゼーとともに、ダラディエ内閣における二人のユダヤ人閣僚のひとり。

(24) J.-P. Brunet, *op. cit.*, p.386.

(25) Robert O. Paxton, *La France de Vichy 1940–1944*, Nouvelle édition revue et mise à jour, Editions du Seuil, Paris, 1973, 1997, pp.174–178（渡辺和行・剣持久木訳『ヴィシー時代のフランス　対独協力と国民革命　１９４０–１９４４』柏書房、二〇〇四年、一四〇～一四三頁）; D. Wolf, *op. cit.*, p.359（平瀬・吉田訳、三五五頁）.

(26) V. Barthélemy, *op. cit.*, pp.290–291.

(27) *Archives de la préfecture de police de Paris*, B/a 339, rapports des 13 et 15 janvier 1942.

(28) *Journal de Marcel Déat*, 24 et 31 mars 1942.

(29) *Archives Nationales*, Cour de Justice de la Seine, dossier Fossati《Exposé des faits》du Commissaire du gouvernement et procès-verbaux d'interrogatoires.

(30) *Archives de la préfecture de police de Paris*, B/a 339, rapports des 13 juin et 25 juillet 1942.

(31) *Archives de la préfecture de police de Paris*, B/a 339, rapport des 18 et 22 mai 1942.

(32) J.-P. Brunet, *op. cit.*, pp.387–388.

(33) V. Barthélemy, *op. cit.*, p.302.

(34) ドイツ国内外で諜報活動をおこなった親衛隊の組織。

(35) *Archives Nationales*, F^7 15145, note intitulée Der Befehlshaber des Sicherheitpolizei und des SD im Bereich des Militärbefehlshabers in Frankreich, 7 juillet 1942.

(36) V. Barthélemy, *op. cit.*, pp.309–313, 317; *Archives de la préfecture de police de Paris*, B/a 339, plusieurs rapports.

(37) V. Barthélemy, *op. cit.*, pp.291, 294.

(38) V. Barthélemy, *ibid.*, p.30; *Archives de la préfecture de police de Paris*, B/a 339, 一九四二年八月から十月にかけての多

数の警察報告。

（39） *Archives de la préfecture de police de Paris*, B/a 339, rapport du 11 septembre 1942.

（40） Marcel Bucard, *Le Franciste*, no.230, 11 juillet 1942, cit. par Alain Deniel, *Bucard et le Francisme*, Picollec éd., Paris, 1979, pp.214–215.

（41） *Journal de Marcel Déat*, 2 septembre, 3, 17, 30 octobre 1942. A Deniel, *ibid.*, pp.216–218; Claude Lévy, *Les Nouveaux Temps et l'idéologie de la collaboration*, Fondation Nationale des Sciences Politiques, Paris, pp.216–218; J.-P. Brunet, *op. cit.*, pp.390–391.

（42） Actes du Secrétariat d'Etat aux Affaires étrangères, France, vol.10, Télégramme no.5295 du 15 novembre 1942, cit. par D. Wolf, *op. cit.*, p.333（平瀬・吉田訳、三三〇頁）. 第二次世界大戦中のドイツの対仏政策の矛盾については、D. Wolf, *ibid.*, pp.326–335（平瀬・吉田訳、三二五〜三三一頁）.

（43） *Journal de Marcel Déat*, 7 octobre 1942.

（44） *Journal de Marcel Déat*, 28 octobre et 13 novembre 1942.

（45） ヴィシー政府の総合情報室（ＲＧ）の報告によれば、フランス人民党の指導部は、パリ地域の党員全員を集め、大会の代議員数を実際より多くみせるために、彼らを地方やアフリカからきた多数の代議員のそばに並ばせたという。J.-P. Brunet, *op. cit.*, p.392; Philippe Burrin, *La dérive fasciste. Doriot, Déat, Bergery, 1933–1945*, Editions du Seuil, Paris, 1986, p.436.

（46） V. Barthélemy, *op. cit.*, p.318.

（47） J.-P. Brunet, *op. cit.*, pp.392–393.

（48） V. Barthélemy, *op. cit.*, p.319; J.-P. Brunet, *ibid.*, pp.393–394.

（49） V. Barthélemy, *ibid.*, p.324; Jacques Benoist-Méchin, *De la défaite au désastre*, II *L'espoir trahi, avril-novembre 1942*, Albin Michel, Paris, 1985, p.220.

（50） *Le Cri du Peuple*, 9 novembre 1942.

（51） *Archives de la préfecture de police de Paris*, B/a 339, plusieurs documents; *Le Cri du Peuple*, 10 novembre 1942.

（52） 戦後、ジャック・ブノワ・メシャンがジャン・ポール・ブリュネにそのように語っている。J.-P. Brunet, *op. cit.*, pp.396–397.　ブノワ・メシャンは戦前からの仏独和解の熱心な信奉者で、この精神からフランス人民党に入党した。

（53）J. Benoist-Méchin, *op. cit.*, II, pp.245–248.

（54）J.-P. Brunet, *op. cit.*, p.397.

（55）*Archives Nationales*, F^7 15145, dossier 3, note de Knochen au Reichsführer et au Reichsicherheitshauptant, 23 novembre 1942; Eberhard Jackel, *La France dans l'Europe de Hitler*, Arthème Fayard, Paris, 1968, p.346 et passim.

（56）ニュルンベルク文書館、現代ユダヤ関係資料センター、一九四二年十一月十七日の覚書き。

（57）一九四二年十一月十九日に、リッベントロープからアベッツに、次のような秘密の個人的電報が打たれている。「フランスにおける政治の動きと独仏関係の問題へのいっさいの働きかけをやめ、いかなる個人的イニシャティヴもとらないように願う。」*Archives Nationales*, W350, bordreau 1310, pièce 19.

（58）これらの電報は、ディーター・ヴォルフとジャン・ポール・ブリュネによって引用されている。D. Wolf, *op. cit.*, pp.367, 371（平瀬・吉田訳、三六〇、三六四頁）; J.-P. Brunet, *op. cit.*, p.398. アベッツの蒙った不興の理由については、Otto Abetz, *Histoire d'une politique franco-allemande, 1930–1950, Mémoires d'un ambassadeur*, Stock, Paris, 1953, pp.283–284.

（59）ヴィシー政府によって政治的決定がおこなわれるたびに、ドリオは政府より過激な解決策を提案した。ディーター・ヴォルフによれば、「政府の政策を競り上げていくというこの方法は、ヴィシー政府の観点からすれば、〝裏切り〟に近かった。なぜなら、ヴィシー政府は、自陣営の極端派とドイツ占領軍当局の両者に対して、二正面作戦を強いられたからである。フランス人民党の政策は、フランス政府をドイツ占領軍の要求に対していっそう従順にさせることに貢献したのは疑いない……他方、ドリオとラヴァルの衝突は、すべてに腹を決め、背水の陣をしいた狂信者と、交渉者としての自分の才能に望みをかけ……まだ政治的交渉の余地があると信じている男との闘いであった。」D. Wolf, *ibid.*, p.361（平瀬・吉田訳、三五六〜三五七頁）.

（60）D. Wolf, *ibid.*, pp.371–372（平瀬・吉田訳、三六四頁）.

（61）*Archives Nationales*, F^7 15145, dossier 3, rapport du 24 novembre 1942 et pièce annexe; *Archives de la préfecture de police de Paris*, B/a 339, pièces des 20, 22 et 27 novembre 1942; *Archives de la préfecture de police de Paris*, B/a 340, tract《La Patrie est en danger! L'Amérique attaque la France!》

(62) *Archives Nationales*, F^{7} 15145, pièces des 6 et 9 décembre 1942.

(63) *Archives de la préfecture de police de Paris*, B/a 339, rapport du 6 décembre 1942.

(64) Joseph Goebbels, *Tagebücher aus den Jahren 1942–1943*, L. P. Lochner, Atlantis-Zürich, 1948, pp.114, 177, 185, cit. par D. Wolf, *op. cit.*, pp.329–330, note（平瀬・吉田訳、三四一～三四二頁）.

(65) C. Lévy, *op. cit.*, pp.233–234 に引用された一九四〇年八月十七日と一九四二年十一月十九日のアベッツ宛てリッベントロープの電報。

(66) Cit. par V. Barthélemy, *op. cit.*, p.332.

(67) J.-P. Brunet, *op. cit.*, pp.400–401.

(68) 渡辺和行『ナチ占領下のフランス　沈黙・抵抗・協力』講談社、一九九四年、一四二、一九〇～一九二頁。

(69) V. Barthélemy, *op. cit.*, pp.334–337.

(70) 一九四二年七月、アメリカ軍参謀部の情報部がアメリカ政府に送った報告が強調していたように、休戦以来、ドイツは常にフランスとフランス政府を有効に利用しようとする要求をし、これに対してフランス政府は抗議を続け、ドイツ政府の「悪意」に不満を表明し続けた。Cit. par Nerin E. Gun, *Les secrets des archives américaines. Pétain, Laval, de Gaulle*, Albin Michel, Paris, 1979, p.220.

(71) Jean-Raymond Tournoux, *Le royaume d'Otto*, Flammarion, Paris, 1982, p.182.

(72) J.-P. Brunet, *op. cit.*, p.403.

第二章　再び東部戦線へ

(1) ニュルンベルク文書館、現代ユダヤ関係資料センター、一九四三年二月にドイツ政府に提出された文書、cit. par Dominique Rossignol, *Vichy et les francs-maçons. La liquidation des sociétés secrètes, 1940–1944*, J.-Cl. Lattès, Paris, 1981, pp.177–181.

(2) Galeazzo Ciano, *Journal politique, 1939–1943*, II, Ed. La Presse française et étrangère, 1947, pp.228–229.

(3) *Journal de Marcel Déat*, 27 novembre 1942, 8 décembre 1942, 17 janvier 1943 et passim.

(4) *Archives de la préfecture de police de Paris*, B/a 339, rapport des 16 décembre 1942 et 18 décembre 1942.

（5）*Archives Nationales*, F^{7} 15145, dossier 3, pièce du 25 novembre 1942; J.-P. Brunet, *op. cit.*, pp.405–406.

（6）*Archives de la préfecture de police de Paris*, B/a 339, rapport du 22 novembre 1942 et divers comptes rendus de réunions de sections.

（7）*Archives de la préfecture de police de Paris*, B/a 336, dossier《PPF. Rapports d'ensemble》. その他、一九四二年十二月末から一九四三年三月まで定期的に送られてきたきわめて多数の報告。

（8）V. Barthélemy, *op. cit.*, pp.342–343, 347, 349, 351; Saint-Paulien, *op. cit.*, pp.378–379; D. Wolf, *op. cit.*, p.386（平瀬・吉田訳、三七五頁）.

（9）*Archives Nationales*, Cour de Justice de la Seine, dossier Ginetta Garcia.

（10）*Journal de Marcel Déat*, 17 janvier 1943; *Archives de la préfecture de police de Paris*, B/a 336, rapport du 15 janvier 1943; J.-P. Brunet, *op. cit.*, pp.407–408.

（11）V. Barthélemy, *op. cit.*, pp.344–345.

（12）*Archives Nationales*, W III 396 (Archive de Berlin), bordereau 4152, pièce 21; *Archives de la préfecture de police de Paris*, B/a 339, rapports de police, 12 et 18 mars 1943; D. Wolf, *op. cit.*, pp.476–477（平瀬・吉田訳、四二三～四二五頁）; J.-P. Brunet, *op. cit.*, pp.408–409; Ph. Burrin, *op. cit.*, pp.438–439.

（13）*Archives Nationales*, W III 110, sous-dossier 13,《Rapport sur la situation de la LVF dans l'EST》, 一九四三年六月二十四日、ヴェルサイユで作成された報告。 Krisztián Bene, *La collaboration militaire française dans la Seconde Guerre mondiale*, Editions Codex, Paris, 2012, p.67.

（14）*Archives Nationales*, W III 110, sous-dossier 13,《Résumé des principales opérations du 1/638e RIF du 22 décembre 1942 au 11 mai 1949, sous le commandement du chef de bataillon Simoni》; J.-P. Brunet, *op. cit.*, p.410.

（15）J. Delarue, *op. cit.*, p.223.

（16）J. Delarue, *ibid.*, pp.224–225.

（17）*Archives Nationales*, 3 W 212, pièce 24, lettre de Simoni du 23 avril 1943.

（18）*Archives Nationales*, W III 110, sous-dossier 13,《Rapport sur la situation de la LVF dans l'Est》, op. cit.; J.-P. Brunet, *op. cit.*, pp.411–412; K. Bene, op. cit., p.139.

（19）*Archives Nationales*, Cour de Justice de la Seine, Dossier le Can, chemise Correspondance Doriot/Le Can, lettre du 4 juillet

1943.

（20） Jacque Doriot, *Le destin français*, brochure de 8 pages, 1943.

（21） J. Delarue, *op. cit.*, p.211.

（22） ロベール・ブラジャック、著作家、ジャーナリスト。一九〇九年三月三十一日生まれ、一九二八年にエコル・ノルマル・シュペリウールに入学し、二十二歳のとき、『アクシヨン・フランセーズ』紙で文学批評を担当。一九三六年二月六日の極右諸同盟による下院襲撃事件に影響を受け、一九三六年六月以来、右翼週刊紙『ジュ・シュイ・パルトゥー』の定期的寄稿家となり、一九三七年六月、同紙の編集主幹となる。

一九三九年の開戦後、動員され、一九四〇年にドイツ軍の捕虜となったが、一九四一年四月に釈放されてフランスに帰国し、『ジュ・シュイ・パルトゥー』紙に復帰した。その後、同紙の一九四一年四月二十五日号から一九四三年八月十三日号まで、編集主幹として社説を執筆、ソ連のボルシェヴィズムとアメリカの資本主義という二つの全体主義的物質主義の膨張からヨーロッパを守るためには、ドイツとフランスとの協調関係を確立することが必要だと主張し、ヴィシー政府を支持して、対独協力を推進しようとした。しかしながら、一九四三年八月二十七日に公表した最後の論文で、今後、対独協力をやめると発表した。一九四二年十一月八日、連合国軍が仏領北アフリカに上陸し、さらに、ロシア戦線でドイツ軍の敗走が報じられた時点で、ブラジャックは、もはやドイツの勝利はありえないと判断したのであった。一九四一年四月にフランスに帰還してから、対独協力者として活動したのは、一年半ほどにすぎなかった。

ブラジャックは、ファシズムをどう考えていたのか。彼にとっては、ファシズムは政治思想などではなく、ましてや、経済学の学説などでもなかった。ファシズムについて、彼は次のように書いている。「ファシズムに敵対する者たちは、ファシズムがもたらすこのよろこびを理解することができない……フランスのファシズムとはひとつの精神なのだ……この精神は、階級的偏見をはじめ、あらゆる偏見を排除する。これは友愛の精神だ。わたしたちはこの精神を、すべてのフランス国民を結びつける友愛の精神にまで高めたいと願ったのだった。」Robert Brasillach, *Notre Avant-Guerre*, Plon, Paris, 1941; Robert Brasillach, *Ecrit à Fresnes*, Les Sept Couleurs, Paris, 1955（高井道夫訳『われらの戦前／フレーヌ獄中の手

記』国書刊行会、一九九九年、二五〇～二五一、四一九～四二〇頁）。

　一九四四年八月、連合国軍がパリに入ったとき、ブラジャックはフランスを去ることを拒否し、地下に潜伏したが、彼の身代わりになって逮捕された母親を釈放してもらうために、パリ警視庁に自首した。一九四五年一月十九日、高等法院でのわずか一回の公判で死刑の判決が下され、多数の著作家たちの助命嘆願にもかかわらず、銃殺刑に処せられた。

（23）*Journal de Marcel Déat*, 23 juin 1943.

（24）*Archives Nationales*, F^7 15300, Dossier Bassompirre, 5e audition, 5 décembre 1946.

（25）Eric Labat, *Les places étaient chères*, La Table Ronde, Paris, 1969, pp.147–148.

（26）*Cahiers de l'Emancipation nationale*, novembre 1943–avril 1944, p.101sq. cit. par D. Wolf, *op. cit.*, p.480（平瀬・吉田訳、四二八～四二九頁）.

（27）渡辺前掲書、一五六～一五七頁。

（28）*Archives Nationales*, 3 W 212, III 2A2, pièces 11 à 15.

（29）*Archives Nationales*, W III 110, sous-dossier 13, coupure du *Cri du Peuple* du 8 juin 1943.

（30）*Journal de Marcel Déat*, 6 et 19 juin 1943.

（31）J. Doriot, *Le destin français*, *op. cit.*, p.6; *Le Cri du Peuple*, 3 juillet 1943.

（32）一九四三年十月一日に義勇軍団の指揮をとりにやってきた、エドガール・ピュヨー大佐の例がそうであった。一九四四年十月の一警察報告によれば、ピュヨー大佐はドリオの庇護下にあり、ドリオは、彼が政権を取ったときには、ピュヨーを陸相に任命すると約束していたという。また、ドリオは、フランス義勇軍団（ＬＶＦ）の文民局長で「フランス義勇軍団友の会」をピュイザール将軍、全国在郷軍人連合会長のセルヴァン中尉、そして、少佐に昇進してパリ勤務になるまえに第三大隊を指揮していたドメシーヌ大尉らを頼りにすることができた。*Archives Nationales*, W III 110, sous-dossier 13, pièce 4, rapport de l'inspecteur Valentini.

（33）J.-P. Brunet, *op. cit.*, pp.415–417.

（34）*Archives de la préfecture de police de Paris*, B/a 336 の大量の警察報告。

（35）フランソワ・サビアーニは、十八歳のとき、休戦協定調印後の一九四〇年七月、イギリスに渡ってド・ゴールと合流しようとしたが失敗し、父親に厳しく説教され、翌年、フランス義勇軍団（ＬＶＦ）に加わって東部戦線に出発、ロシアで戦死した。

（36）*Archives de la préfecture de police de Paris*, B/a 336; V. Barthélemy, *op. cit.*, pp.349–350.

（37）第二次世界大戦史委員会（現在、現代史研究所）がおこなった県単位の調査からの抜粋。J.-P. Brunet, *op. cit.*, p.418.

（38）*Archives de la préfecture de police de Paris*, B/a 336; V. Barthélemy, *op. cit.*, pp.345–346; Ph. Burrin, *op. cit.*, p.439; J.-P. Brunet, *ibid.*, p.418.

（39）V. Barthélemy, *ibid.*, pp.355–362; Saint-Paulien, *op. cit.*, pp.384–387; D. Wolf, *op. cit.*, p.387（平瀬・吉田訳、三七五頁）; Ph. Burrin, *ibid.*, p.442; J.-P. Brunet, *ibid.*, pp.419–420.

（40）J. Doriot, *Le destin français*, *op. cit.*; *Archives de la préfecture de police de Paris*, B/a 336, rapports des 28, 31 juillet et 7 août 1943.

（41）J.-P. Brunet, *op. cit.*, pp.420–421.

（42）各「大隊」は、実際には、五人の隊員を七列に集めた三十五人で構成されていたが、しかし、列の間隔は軍隊の分列行進よりも少し広く、各「大隊」の間隔も広く、おそらく、隊員の総数は千人を下回ったであろう。J.-P. Brunet, *ibid.*, pp.421–422.

（43）*Archives Nationales*, F^7 14897, dossier 301–PPF.

（44）V. Barthélemy, *op. cit.*, pp.357, 362–369, 384; Saint-Paulien, *op. cit.*, pp.387–389; *Journal de Marcel Déat*, 20 août 1943; D. Wolf, *op. cit.*, p.388, note(2)（平瀬・吉田訳、三七五〜三七六頁、四〇一頁注（31））; J.-P. Brunet, *op. cit.*, p.422.

（45）ヴィシー政府によるフランス義勇軍団の連隊の再編成（一九四三年十月〜一九四四年六月）については、K. Bene, *op. cit.*, pp.140–150.

（46）*Archives Nationales*, Cour de Justice de la Seine, dossier Le Can, sous-dossier Correspondence Doriot/Le Can.

（47）Ph. Burrin, *op. cit.*, p.442; J.-P. Brunet, *op. cit.*, p.423.

第三章　強制労働徴用

（1）ハインリッヒ・ヒムラー自身のこと。親衛隊（ＳＳ）は、ヒトラーの護衛部隊として、一九二五年に突撃隊から独立して結成されたが、一九二九年にヒムラーがその全国指導者になって以後、勢力を拡大した。親衛隊長官となったヒムラーは、一九三三年にバイエルン州警察長官に、一九三六年六月には全ドイツ警察長官に就任し、それまで各州の州政府に委ねられていた警察権を掌握した。その後、ヒムラーは警察組織を親衛隊（ＳＳ）に組み入れ、さらに、一九三九年には国家保安本部を創設し、その下に親衛隊保安部（ＳＤ）とゲシュタポ、刑事警察を統括した。

（2）ドイツ帝国外務省政治文書。D. Wolf, *op. cit.*, pp.478–479（平瀬・吉田訳、四二六〜四二七頁）.

（3）*Archives de la préfecture de police de Paris*, B/a 336, rapport du 13 janvier 1944 et du 28 décembre 1943; V. Barthélemy, *op. cit.*, p.377.

（4）*Archives Nationales*, Cour de Justice de la Seine, Dossier Le Can, sous-dossier Correspondence Doriot/Le Can, lettre de Doriot à Le Can des 14 et 30 décembre 1943.

（5）O. Abetz, *op. cit.*, pp.301–303.

（6）フィリップ・アンリオは、一八八九年一月、ランスで生まれた。一九二四年の総選挙での「左翼連合（カルテル・デ・ゴーシュ）」の勝利後、一九二五年に、カステルノー将軍が創立した「全国カトリック連盟」に加盟、一九三二年にボルドーから代議士に選出された。一九三六年にもふたたび選出され、ルイ・マランが委員長をつとめる共和派連盟の議員として、下院に議席をもった。一九三八年には仏独協調に賛成し、対独強硬派と対立したが、対独宣戦布告後は、戦争遂行を支持した。一九四〇年六月の休戦協定調印後は、ペタン元帥を支持し、週刊紙『グランゴワール』に寄稿しながら、毎週、ヴィシー政府ラジオ局で論説を担当し、国民革命支持のための講演旅行をおこなった。ドイツの対ロシア宣戦布告後は、対独協力の支持者となり、一九四四年一月、ヴィシー政府の情報相となったが、一九四四年六月二十八日明け方、パリ七区ソルフェリーノ街一〇番地の官舎で、武装したレジスタンス活動家たちによって暗殺された。

（7）Fernand de Brinon, *Mémoires*, Editions LLC, Paris, 1949, pp.191, 210; Saint-Paulien, *op. cit.*, pp.410–411.

（8）J.-P. Brunet, *op. cit.*, pp.447–448.

（9）ドイツは、戦争遂行のために、フランスの労働力を必要としていた。ヴィシー政府は、ドイツへの労働力提供にも協力し、一九四〇年九月には、ドイツ企業によるフランス人労働者の募集を認め、失業対策という観点からも、ドイツへの出稼ぎを奨励した。しかし、最初の二年間でドイツへ赴いたフランス人労働者は、十五万人弱にすぎなかった。

ヒトラーは、ナチ党員で、狭量で粗暴な性格で知られたチューリンゲン大管区長官フリッツ・ザウケルを、一九四二年三月、外国人労働力の調達責任者に任命し、ベルギー、オランダ、そしてフランスにおける労働力の徴用にあたらせた。フランスに着任したザウケルとラヴァルとのあいだで、一九四二年五月十五日に、フランス人労働者の最初の引き渡しが取り決められ、二十五万人の労働者（うち熟練労働者十五万人）が要求された。この要求に対して、ラヴァルは全面的協力を約束し、一九四二年六月には、「交替制」の原理（フランスの戦時捕虜ひとりの釈放と引き替えに、熟練労働者三人をドイツの工場に送り出すという制度）を提案した。

しかし、この「交替制」は、志願制にもとづいていたので、成功しなかった。結果はザウケルの要求した数字にまったく届かず、このため、ついに一九四三年二月には、「強制労働徴用（ＳＴＯ）」の制度が徴兵年齢者全員に適用されることになった。この結果、ラヴァルの政権復帰とともに、フランスは、ポーランドについでドイツに外国人労働者をもっとも多く供給する国になり、また、すべての被占領国のなかで、熟練労働者の最大の供給源となった。

こうして、一九四二年六月一日から一九四四年六月までにドイツに送られたフランス人労働者の累積数は七十五万千人にのぼった。しかし、「強制労働徴用（ＳＴＯ）」は、フランスの若者たちをレジスタンスに走らせる重要な原因のひとつとなった。若者たちは、ドイツ行きの列車に乗り込むか、山に逃げるかの選択に迫られ、こうして、マキと呼ばれる対独抵抗組織が、アルプスや中央山塊地帯やピレネー地方に広まった。

渡辺前掲書、一四六〜一四九頁、R. O. Paxton, *op. cit.*, pp.332, 350–351, 361–362, 406–410（渡辺・剣持訳、二七四、二八八〜二八九、二九七〜二九八、三三四〜三三八頁）; Robert Aron, *Histoire de Vichy 1940–1944*, Arthème Fayard, Paris, 1954, pp.532–535, 624–631; Edward L. Homze, *Foreign Labor in Nazi Germany*, Princeton University Press, Princeton, 1967; Jacques Evrard, *La déportation des travailleurs français dans le IIIe Reich*, Arthème Fayard, Paris, 1972; Alfred Sauvy, *La vie économique des Français de 1939 à 1945*, Flammarion, Paris, 1978, pp.177–178; Jean-Pierre Azéma et Olivier Wieviorka, *Vichy 1940–1944*, Académique Perrin, 2000, pp.97–99, 101–103, 113–114, 255–

257; John F. Sweets, *Choices in Vichy France. The French under Nazi Occupation*, Oxford University Press, New York, Oxford, 1994, pp.23–29, 196–198; Michel Margairaz, *L'Etat, les finances et l'économie. Histoire d'une conversion, 1932–1952*, Comité pour l'Histoire économique et financière de la France, Ministère de l'Economie des Finances et du Budget, I, pp.692–707; Patrice Arnaud, *Les STO. Histoire des Français requis en Allemagne nazie 1942–1945*, CNRS Editions, Paris, 2010.

（10）シャルル・プラトン、一八八六年、ボルドーのプロテスタントの家庭に生まれる。海軍兵学校卒業、第一次世界大戦中は潜水艦の艦長。一九四〇年九月六日、ラヴァルが副首相であった内閣で植民地相に任命されたが、心底からのイギリス嫌いで、ドイツの勝利を確信し、対独協力に全面的に身を投じた。一九四二年四月には首相補佐官となり、陸海空三軍の調整を担当したが、ヴェガン将軍やオーファン提督と意見が対立し、また、とりわけ、彼に委ねられた反フリーメーソンの闘いで、厳格なプロテスタントであるプラトンはラヴァルと衝突し、一九四三年三月二十六日、政府から排除された。一九四四年七月二十一日、対独レジスタンス組織、義勇遊撃隊に捕えられ、八月二十八日、正式の裁判なしで死刑を執行された。

（11）ジョルジュ・ボネは、一九三八年四月十日から一九三九年九月十三日まで、第三次ダラディエ内閣で外相を務めた。

（12）マルク・オージェ、一九〇八年、ボルドーに生まれる。作家、ペン・ネームは「サン・ルー」。兵役を終えたのち、『オートバイ評論』のスポーツ・ジャーナリストとなり、彼自身も、オートバイに乗り、登山やノルディック・スキーをおこない、また、ユースホステル運動の創始者のひとりとなった。一九三五年に社会党（ＳＦＩＯ）に入党し、一九三六年には、人民戦線内閣のスポーツおよびレジャー担当の政務次官になった。一九三七年、ユースホステル運動の代表として、世界青年会議に出席のため渡米したが、その旅行中、共産党の代表たちがドイツを対象とする激しい好戦主義的キャンペーンをおこなっていることを知り、平和主義的感情を傷つけられて、会議への出席をとりやめた。それ以後、ユースホステル運動のなかで、反戦キャンペーンを展開した。一九四〇年のフランス敗戦後、一九四〇年七月の『ラ・ジェルブ』紙（パリで発行された対独協力に好意的な最初の週刊紙）の創刊に積極的に参加し、翌年には、対独協力グループ青年組織、「新ヨーロッパ青年団」を創立した。一九四一年夏にフランス義勇軍団（ＬＶＦ）が結成されたとき、彼は、これをヨーロッパ共同体の実現という彼の理想の始まりと考え、義勇軍団に参加して東部戦線へ出発した。一九四二年七月にロシアの戦場に到着し、秋まで対ゲリラ作戦に参加したが、傷病兵として本国に送還されされたあと、一九四三年六月に、フランス義勇軍団（ＬＶＦ）の機関紙『ヨーロッパ戦士』を創刊した。また、一九四三年末に設立されたフランスのナチス武装親衛隊（Waffen-SS）の機関紙『ドヴニール』（「ヨーロッパ共同体のための闘いの新聞」という副題をつけて、一九四四年二月から七月までフランスで、ついで一九四五年四月までドイツで発行された）を主宰したが、親衛隊（ＳＳ）のイデオロギー上の責任者たちの偏狭な考え方と衝突した。一九四五年四月には「アルプスのあばら家」に避難したが、ひそかにフランスに帰国し、ついでアルゼンチンに逃れた。一九四八年十一月十五日に欠席裁判で死刑を宣告されたが、それより以前、一九四六年に、サン・ルーのペンネームで小説を公刊して大好評を博し、出版界にカムバックしていた。一九五一年には特赦を受け、一九五三年五月にフランスに帰国した。その後、サン・ルーは約三十冊の小説を発表し、それらは広範な読者を獲得した。そのうちのもっとも有名な小説（『義勇兵』、『異端者たち』）は、フランス義勇軍団（ＬＶＦ）とフランスのナチス武装親衛隊（Waffen-SS）の戦士たちの冒険的体験を描いたものである。

（13）J. Delarue, *op. cit.*, p.218; V. Barthélemy, *op. cit.*, p.392.

（14）*Archives Nationales*, F7 15300, dossier Bassompierre, 2e audition de l'intéressé par un commissaire des Renseignements Généraux, le 2 décembre 1946; H. Amouroux, *op. cit.*, IIII *Un printemps de mort et d'espoir. Joies et douleurs du peuple libéré, septembre 1943–août 1944*, p.328.

（15）*Archives Nationales*, Cour de Justice de la Seine, dossier Ginette Garcia, procès-verbal d'audition du 31 juillet 1945.

（16）ペタンとドリオたちとの会見がおこなわれたのは、午後五時頃であった。ペタンの官房長ムーラン・ド・ラバルテートによれば、ペタンは朝には才気煥発であったが、午後には精神的混乱の形跡を示し、それは時間とともに次第に悪化していったという。Georges du Moulin de Labarthète, *Le temps des illusions*, Editions du Cheval ailé, Paris, 1947, pp.175, 182.

（17）*Journal de Marcel Déat*, 18 mars 1944.

（18）V. Barthélemy, *op. cit.*, pp.374–377, 383–390.

（19）Saint-Paulien, *op. cit.*, p.433.

（20）*Archives Nationales*, Cour de Justice de la Seine, dossier Lesueur, audition de Henri Andrieu, 13 juillet 1945; *Archives de la préfecture de police de Paris*, B/a 336, dossier《PPF. Groupe d'action pour la Justice sociale》, rapports des 30 mars, 7, 8, 25, 28 avril, 8 mai 1944; *Archives de la préfecture de police de Paris*, B/a 340, numéro de mai 1944 de *La correspondance populaire française*, article de F. Canobbio, secrétaire national à l'organisation,《les Groupes d'action pour la Justice sociale》.

（21）*Archives Nationales*, F^7 14897, dossier 301.

（22）*Ibid.*, transmission par le préfet d'Indre-et-Loire au ministre de l'Intérieur, le 22 juillet 1944.

（23）*Archives Nationales*, loc. cit., rapport du sous-préfet de Montluçon au préfet régional (28 juillet 1944) et rapport du procureur général près la Cour d'appel de Riom au Garde des Sceaux (1er août 1944).

（24）Jacques Delarue, Un SS nommé Barbie, *L'Histoire*, no.82, p.60; Marcel Ruby, *La Contre-Résistance à Lyon*, Hermé, Lyon, 1981; J.-P. Brunet, *op. cit.*, pp.451–454. フランシス・アンドレは、一九四五年春に、逃亡先のイタリアで捕えられ、リヨンで裁判にかけられて死刑を宣告され、一九四六年三月九日、多くの部下とともに処刑された。

第四章　戦況の悪化

（1）*Archives Nationales*, F^7 14897, dossier 301, rapport du préfet du Nord (juin 1944).

（2）*Archives de la préfecture de police de Paris*, B/a 336, 多数の報告とビラの写し。

（3）D. Wolf, *op. cit.*, p.394（平瀬・吉田訳、三八一頁）。

（4）ニュルンベルク文書館、現代ユダヤ関係資料センター、CXXXVIII-26, 一九四三年十二月八日にドイツ政府に提出された文書。Jean Mabire, *La brigade Frankreich*, Arthème Fayard, Paris, 1973, p.29 にギャモリー・デュブルドーの写真が掲載されている。Pascal Ory, *Les collaborateurs*, Editions du Seuil, Paris, 1977, pp.265–267; Jean-Raymond Tournoux, *Le royaume d'Otto*, Flammarion, Paris, 1982, pp.336–337; J.-P. Brunet, *op. cit.*, pp.454–455.

（5）V. Barthélemy, *op. cit.*, pp.341–342, 370.

（6）Jacques Delperrié de Bayac, *Histoire de la milice*, Arthème Fayard, Paris, 1969, pp.178, 235.

（7）J. Delperrié de Bayac, *ibid.*, pp.248–249; *Archives de la préfecture de police de Paris*, B/a 336, rapport du 13 janvier 1944;

（8）*Archives Nationales*, Cour de Justice de la Seine, dossier Cousteau, pièce 41, procès-verbal d'audition de Cousteau le 11 janvier 1943; *Archives Nationales*, F^7 14897, dossier 301–PPF, notes et rapports des 4 mars, 11 avril et 19 juillet 1944. 藤村信「オラドゥルの村」『世界』岩波書店、一九八〇年八月号、六四～七五頁、杉山毅『緑の中の廃墟』渓水社、一九八七年、五～三五頁、渡辺前掲書、二三四～二三五頁、Robin Mackness, *Oradour: massacre and aftermath*, Bloomsbury Publishing Ltd., London, 1988（宮下嶺夫訳『オラドゥール　大虐殺の謎』小学館文庫、一九九八年）、内堀稔子（文）・吉田一法（写真）『失われた土曜日』透土社、一九九一年。

（9）J. Delperrié de Bayac, *op. cit.*, p.432; Saint-Paulien, *op. cit.*, pp.450–451.

（10）*Archives Nationales*, W III 110, sous-dossier 13, pièce 4, rapport de l'inspecteur Valentini; J. Delarue, *op. cit.*, pp.219–221; J.-P. Brunet, *op. cit.*, pp.456–457.

（11）*Archives Nationales*, W III 357, bordereau 6080, pièce 13, télégramme d'Abetz à Ribbentrop, le 13 juin 1944.

（12）V. Barthélemy, *op. cit.*, pp.399–400.

（13）*Archives Nationales*, Cour de Justice de la Seine, dossier Beugras et dossier Dautun, exposé du commissaire du gouvernement; *Archives de la préfecture de police de Paris*, B/a 336, dossier《PPF, rapports divers》, rapport du 15 juin 1944, note du 24 juillet 1944 et dossier《PPF Rapports d'ensemble》, rapport du 8 août 1944; Saint-Paulien, *op. cit.*, p.439sq.; J.-P. Brunet, *op. cit.*, p.458.

（14）*Archives Nationales*, Cour de Justice de la Seine, dossier Barbé; V. Barthélemy, *op. cit.*, pp.405–408.

（15）V. Barthélemy, *ibid.*, pp.412–414.

（16）『ジュ・シュイ・パルトゥー』紙は、歴史家ピエール・ガクソットをリーダーとし、クロード・ジャンテ、リュシアン・ルバテ、ピエール・アントワーヌ・クーストー、ロベール・ブラジャック（一九三七年六月に編集主幹）などを編集スタッフとして、一九三〇年十一月二十九日に、アルテーム・ファイヤール書店によって創刊された。同紙は、急速にイタリア、ドイツの独裁体制に対する共感を表明するようになり、一九三〇年代後半には、フランス流ファシズムの知的るつぼのひとつとなった。同紙の「危険な」姿勢に恐れを抱いたファイヤール書店が、一九三六年六月の人民戦線の勝利後まもなく、その発行停止を決意したため、ブラジャックたちは外国の出資者に援助を求め、そのひとり、アルゼンチン出身のシャルル・レスカが経営を引き受けた。

一九三九年の第二次世界大戦の開戦によって執筆者の大部分は動員されて散り散りになり、同紙の発行も停止された。ドイツ軍の捕虜となったブラジャックは一九四一年四月に釈放され、同紙は、一九四一年二月七日以後、ふたたび発行されはじめた。戦前の若きファシストたちの編集チームは、ナチス・ドイツに対していくらか慎重な態度をとっていたが、再発行以後は、対独協力だけが、唯一、まずフランス、ついで全ヨーロッパで、『ジュ・シュイ・パルトゥー』紙の夢を勝利させることができると考え、対独協力の大義を支持した。同紙の最後の号の発行は、一九四四年八月のことであった。同紙は、その極端な言説にもかかわらず、とりわけ才覚にあふれた戦闘的な編集チームの協力の結果、当時の出版界ではきわめてユニークな地位を占めた。

『ジュ・シュイ・パルトゥー』紙に関する参考文献としては、Pierre-Marie Dioudonnat, *Je suis partout 1930–1944. Les maurassiens devant la tentation fasciste*, La Table Ronde, Paris, 1973があり、また、邦語文献としては、南祐三『ナチス・ドイツとフランス右翼　パリの週刊誌『ジュ・スイ・パルトゥ』によるコラボラシオン』彩流社、二〇一五年がある。

（17）*Archives Nationales*, Cour de Justice de la Seine, dossier Cousteau, transcription de l'article de *Je suis partout* et transcription de sa chronique radiodiffusée à《Radio-Patrie》du 22 mars 1945.

（18）D. Wolf, *op. cit.*, pp.394–395（平瀬・吉田訳、三八一頁）.

第五部　フランス人民党　最後の日々

第一章　亡命

（1）Dieter Wolf, *Doriot. Du communisme à la collaboration*, Arthème Fayard, Paris, 1969, p.409（平瀬徹也・吉田八重子訳『フランスファシズムの生成　人民戦線とドリオ運動』風媒社、一九七二年、三九二頁）.

（2）Jean-Paul Brunet, *Jacques Doriot. Du communisme au fascisme*, Balland, Paris, pp.461–462.

（3）D. Wolf, *op. cit.*, p.396（平瀬・吉田訳、三八二頁）; J.-P. Brunet, *ibid.*, p.462.

（4）D. Wolf, *ibid.*, p.397（平瀬・吉田訳、三六三頁）; Victor Barthélemy, *Du communisme au fascisme. L'histoire d'un engagement politique*, Albin Michel, Paris, 1978, p.424.

（5）Jean Hérold-Paquis, *Des illusions...Désillusions. Mémoires de Jean Hérold-Paquis, 15 août 1944–15 août 1945*, Bourgoin éd., 1984, p.30; J.-P. Brunet, *op. cit.*, p.462.

（6）V. Barthélemy, *op. cit.*, p.423.

（7）Herbert Lottman, *Pétain*, Editions du Seuil, Paris, 1984, pp.524–525.

（8）*Journal de Marcel Déat*, 27 août 1944.

（9）以後の記述は、次の諸文献による。Henry Rousso, *Un château en Allemagne*, Ramsay, Paris, 1980, pp.80–102; 通訳パウル・シュミット（Paul Schmidt）の覚書き（Politisches Archiv des Auswärtigen Amt, Bonn, les traductions effectuées par les services de la Haute Cour de Justice, W350, bordereau 1021）; D. Wolf, *op. cit.*（平瀬・吉田訳、三八四〜三九〇頁）; J.-P. Brunet, *op. cit.*, pp.463–468.

（10）V. Barthélemy, *op. cit.*, p.431.

（11）*Journal de Marcel Déat*, 31 août 1944.

（12）Cit. par D. Wolf, *op. cit.*, pp.401–405（平瀬・吉田訳、三八六〜三九〇頁）.

（13）V. Barthélemy, *op. cit.*, p.428.

（14）V. Barthélemy, *ibid.*, pp.426–427; J. Hérold-Paquis, *op. cit.*, p.66 et passim; *Archives Nationales*, Cour de Justice de la Seine, dossier Jean Hérold-Paquis, procès-verbal d'audition du 12 juillet 1945; H. Rousso, *op. cit.*, passim.

（15）ル・カンとドリオとの親密な関係は、ル・カンに対する党員たちの無理解と妬みの原因となり、彼を同性愛者でモルヒネ常用者だと主張するものもいた。のちにドリオとフランス人民党の諸機関がノイシュタートから移動しなければならず、ボーデン湖畔のマイナウ島に居を定めたとき、ル・カンはジネットをボーデン湖の向こう岸、ユーバリンゲンに住まわせた。しかし、ドリオの妻と母にはそれを秘密にしなければならず、この数か月間の亡命生活中、ドリオはジネットから引き離されていた。*Archives Nationales*, Cour de Justice de la Seine, dossier Le Can, document de défense préparé par Le Can et dossier Ginette Garcia, procès-verbal d'audition, le 31 juillet 1945; J.-P. Brunet, *op. cit.*, pp.468–469.

（16）J. Hérold-Paquis, *op. cit.*, pp.70–71.

（17）H. Rousso, *op. cit.*, pp.295, 315–316, 323, 336, 346–347, 357, 389–391; D. Wolf, *op. cit.*, pp 407–408（平瀬・吉田訳、

三九一頁); J.-P. Brunet, *op. cit.*, p.470.

(18) *Archives Nationales*, W350, bordereau 1446, dossier Auswartiges Amt, 《Hébergement du gouvernement français》, renseignements fournis par le responsable SS de la 6e circonscription de la région Ouest, 7 septembre 1944; J.-P. Brunet, *ibid.*, p.471.

(19) 三谷隆信『回顧録』中公文庫、一九九九年が、日本大使として、フランス政府(正確には、政府委員会)とともにジグマリンゲンに移り、その後の八か月間、この地において経験した生活を証言している。

(20) Louis Noguères, *Le véritable procès du Maréchal Pétain*, Arthème Fayard, Paris, 1955, pp.78–79; H. Rousso, *op. cit.*, pp.108–117.

(21) *Archives Nationales*, W 350, bordereau 1446, dossier Auswartiges Amt, 《Hébergement du gouvernement français》, pièces 24 et 25, télégramme de Struve du 9 novembre 1944 et lettre de Doriot à Struve du 9 novembre 1944; J.-P. Brunet, *op. cit.*, pp.471–472.

(22) D. Wolf, *op. cit.*, pp.408, 411–412 (平瀬・吉田訳、三九一〜三九二、三九三〜三九四頁).

(23) V. Barthélemy, *op. cit.*, p.433; Saint-Paulien, *Histoire de la collaboration*, L'Esprit nouveau, Paris, 1964, p.494.

(24) D. Wolf, *op. cit.*, p.412 (平瀬・吉田訳、三九三〜三九四頁).

(25) *Archives Nationales*, W 350, bordereau 1443, dossier Auswartiges Amt, 《Hébergemet du gouvernement français》, pièce 28, télégramme d'Abetz au ministre des Affaires étrangères du 29 septembre 1944.

(26) J.-P. Brunet, *op. cit.*, pp.473–474.

(27) *Archives Nationales*, F^7 15288, dossier Sigmaringen.

(28) ダルナンに連れられてドイツに移住した民兵たちには、しかしながら、いかなる自由もなかった。ダルナンは、彼らがフランス軍の制服を着て、フランスの国旗、フランス軍の司令部の指揮下で戦いを続けるのだといっていた。しかし、彼らが再編成されたウルム(ヴュルテンベルク州)で、ダルナンから、ドイツ軍のなかで戦っているすべてのフランス軍部隊、主としてフランス義勇軍団(ＬＶＦ)と武装親衛隊(waffen-SS)のフランス旅団をひとつにまとめて編成することに決まったシャルルマーニュ旅団に、かれらも配属されるといわれた。*Archives Nationales*, F^7 15300, dossier Darnand, note des RG en date du

26 août 1944 transmise à la Haute Cour de Justice. 彼らがナチス親衛隊（ＳＳ）の制服を着て戦い、ヒトラーに忠誠を誓わなければならないと知ったとき、彼らのうちの数百人は反対を表明し、民兵団（ミリス）を離脱しようとした。ダルナンは、シャルルマーニュ旅団に配属されるか、あるいは塩鉱での労働に従事するか、その選択を彼らに任せた。こうして、約一八〇〇人の民兵隊員がシャルルマーニュ旅団に配属されることになり、同旅団が宿営していたヴィルトフレッケンのキャンプに出発した。彼らは十一月五日にキャンプに着いたが、冷淡に迎えられ、フランス義勇軍団（ＬＶＦ）と武装親衛隊（waffen-SS）の隊員たちは、彼らを笑い者にし、侮辱し、迫害した。Jacques Delperrie de Bayac, *Histoire de la milice*, Arthème Fayard, Paris, 1969, pp.576–580.

ダルナンは、ドリオを追い抜くために、シャルルマーニュ旅団を利用しようと考えていた。彼は、「フランスの総統」のポストにつくために、同旅団の「政治的指揮」をとることを承認させたいと願っていた。しかし、ダルナンがヴィルトフレッケンのキャンプに出向いたとき、キャンプの指揮官クルッケンベルク将軍は、彼をそっけなく追い返した。クルッケンベルクは、フランス義勇軍団（ＬＶＦ）の前任指揮官の教えを守って、新しく編成された旅団に政治的ライヴァル関係を入り込ませまいとしたのであった。結局、ダルナンは「幻影を追って獲物を逃がし」（ジャン・ポール・ブリュネ）、彼の部下たちは彼が自分たちを売ったことを非難し、彼を「最後の奴隷商人」と呼んだ。*Archives Nationales*, F^7 15300, dossier Darnand, note citée supra; J.-P. Brunet, *op. cit.*, p.475.

第二章　最後の闘い

（1）*Archives Nationales*, Cour de Justice de la Seine, dossier Jean Hérold-Paquis, procès-verbal d'audition du 12 juillet 1945; J. Hérold-Paquis, *op. cit.*, pp.80–83.

（2）*Archives Nationales*, Cour de Justice de la Seine, dossier Jean Hérold-Paquis, procès-verbal d'audition du 12 juillet 1945.

（3）V. Barthélemy, *op. cit.*, p.417.

（4）*Journal de Marcel Déat*, 18 novembre 1944.

（5）*Centre de Documentation Juive Contemporaine*, document CXC II-3, télégramme no.70; H. Rousso, *op. cit.*, pp.266–268.

（6）*Archives Nationales*, W 350, bordereau 1446, pièce 26, télégramme du 9 septembre 1944.

（7）*Archives Nationales*, W 350, bordereau 1446, pièce 27, rapport signé Wagner, en date du 16 septembre 1944, à destination des Affaires étrangères.

（8）*Archives Nationales*, Cour de Justice de la Seine, dossier Beugras, Exposé du Commissaire du gouvernement; J.-P. Brunet, *op. cit.*, pp.479–480. Dominique Venner, *Histoire de la collaboration*, Editions Pygmalion/Gérard Watelet, Paris, p.498 によれば、秘密工作員を養成する学校はノイシュトレリッツ、バーデンヴァイラー、ハウゼン、バーデン・バーデン、フライブルク、ゼーホフ、フーバッカー、フリデータールに計八校設立されたという。

（9）*Archives Nationales*, Cour de Justice de la Seine, dossier Celor, procès-verbal d'audition de Pierre Buisson par le Directeur de la Surveillance du Territoire, le 5 juillet 1945.

（10）*Archives Nationales*, Cour de Justice de la Seine, dossier Morin.

（11）*Archives Nationales*, F7 15288, dossier Sigmaringen, pièce du Directeur de la Surveillance du Territoire, signée Roger Wybot, pour le Directeur des RG, le 2 juillet 1945.

（12）*Archives Nationales*, Cour de Justice de la Seine, dossier Beugras, Exposé du Commissaire du gouvernement et audition de Foubert et Ouette.

（13）*Archives Nationales*, Cour de Justice de la Seine, dossier Beugras. 《Note au sujet d'Albert Beugras》 de la 《Direction des Services de Documentation》, le 25 septembre 1945.

第三章　ジャック・ドリオの死

（1）D. Wolf, *op. cit.*, pp.412–413（平瀬・吉田訳、三九四～三九五頁）; J.-P. Brunet, *op. cit.*, p.484.

（2）H. Rousso, *op. cit.*, pp.152–153.

（3）*Journal de Marcel Déat*, 26 et 27 décembre 1944, 17 février 1945.

（4）H. Rousso, *op. cit.*, pp.152–153.

（5）J.-P. Brunet, *op. cit.*, p.485.

（6）*Le Petit Parisien*, mercredi 28 mars 1945（おそらく三月二十六日にジグマリンゲンでド・ブリノンがおこなった演説、その冒頭にドリオに敬意を表し、ドリオの手紙を読み上げている）; *Archives Nationales*, F7 15288, Dossier Sigmaringen, note des RG《A/s. de la vie politique à Sigmaringen》, pp.19–22.

（7）*Archives Nationales*, F7 15288, Dossier Sigmaringen; J. Hérold-Paquis, *op. cit.*, p.57.
（8）J. Hérold-Paquis, *ibid.*, p.108.
（9）J. Hérold-Paquis, *ibid.*, p.109; *Journal de Marcel Déat*, 22 février 1945.
（10）*Le Petit Parisien*, lundi 26 février 1945.
（11）J.-P. Brunet, *op. cit.*, pp.487–489; Philippe Bourdel, *La grande débâcle de la collaboration 1944–1948*, Le cherche midi, Paris, 2007, pp.201–204.
（12）Marie Chaix, *Les lauriers du lac de Constance. Chronique d'une collaboration*, Editions du Seuil, Paris, 1974, pp.85, 101, 116.
（13）ドリオの「政治的改宗」を主張するアルベール・ブーグラの証言は、いずれにしても、ドリオの政治行動原理全体のなかでもっとも重要であったのが、反共産主義であったことを示している。一方、フィリップ・ビュランは、「共産主義に対する元共産党員の復讐は……ドリオに、その実現を可能にできるものならだれに対しても、一身を捧げさせた」と書いている。Philippe Burrin, *La dérive fasciste. Doriot, Déat, Bergery 1939–1945*, Editions du Seuil, 1986, pp.445–446.
（14）M. Chaix. *op. cit.*, p.118.
（15）ドリオの殺害にはドイツ側の介入があったとの解釈をとるために、アルベール・ブーグラが論拠とした諸事実については、Ph. Bourdel, *op. cit.*, pp.205–206.
（16）Saint-Paulien, *Histoire de la collaboration*, L'Esprit nouveau, Paris, 1964.
（17）Saint-Paulien, *ibid.*, pp.508–510. 長谷川公昭『ファシスト群像』中公新書、一九八二年、五八頁がドリオの車を襲った飛行機の国籍問題を論じているのは、ドリオの名誉回復の立場からではないが、ドリオが連合国軍の飛行機の機銃掃射で殺されたという説を否定したうえ、だれがドリオを射殺したかは今日なお明らかではないと結論している。
（18）*Archives Nationales*, F7 15288, dossier Sigmaringen, audition de Le Guennec de Kerigant et pièce de la Sureté nationale du 29 mai 1945, intitulée《Quelques précisions sur les collaborateurs français en Allemagne》.
（19）J.-P. Brunet, *op. cit.*, pp.490–491.
（20）V. Barthélemy, *op. cit.*, p.469.
（21）Serge Berstein et Pierre Milza, *Dictionnaire historique des fascismes et du nazisme*, Editions Complexe, Bruxelle, 1992, p.214.

(22) Saint-Paulien, *op. cit.*, pp.499–501.
(23) M. Chaix, *op. cit.*, p.115.
(24) D. Wolf, *op. cit.*, p.415（平瀬・吉田訳、四〇五～四〇六頁）; J.-P. Brunet, *op. cit.*, pp.492–493.
(25) V. Barthélemy, *op. cit.*, p.475.
(26) D. Wolf, *op. cit.*, pp.417–418（平瀬・吉田訳、三九六頁）.

本書は、『大阪大学経済学』に連載されたジャック・ドリオとフランス人民党に関する一連の論考をまとめ、加筆・修正を施したものである。下巻には、下記を収録した。

・「ヴィシー政権下のフランス人民党　１９４０－１９４２年（１）（２）」『大阪大学経済学』第六四巻第一号、二〇一四年六月、第二号、二〇一四年九月
・「ヴィシー政権下のフランス人民党　１９４２－１９４４年（１）（２）」『大阪大学経済学』第六四巻第三号、二〇一四年十二月、第四号、二〇一五年三月
・「フランス人民党　最後の日々」『大阪大学経済学』第六五巻第二号、二〇一五年九月

あとがき

一九三〇年代以後フランスがドイツ軍の占領から解放されるまでの、同国の政治史は、左翼と右翼が力を競い合った時代であったが、そのなかで、一九三〇年代初めには極左政党の先頭に席を占めていたジャック・ドリオが、なぜ、十年足らずのうちにファシスト政党の指導者になり、やがてヒトラーの主張する新秩序のもっとも積極的な支持者となったのか、反ファシズムのパイオニアであった人間ドリオが、いかにしてヒトラーとの協力に至りついたのか、本書は、このドリオのたどった道程を再構成し、そのファシズムへの偏流の過程を明らかにしたものである。

前著『世界恐慌期フランスの社会――経済　政治　ファシズム』（御茶の水書房、二〇〇七年）は、世界恐慌を切り口として、経済、政治、思想（ファシズム）などの社会的現実の各次元を積み上げて、一九三〇年代の激動期にあったフランス社会を全体的に描き出そうとした試みであった。この書物の紹介の労をとられた渡辺和行氏（奈良女子大学教授、肩書きは当時）や市川文彦氏（関西学院大学教授）も、同書が「経済史・経済政策史に軸足を置いて」「一九三〇年代フランスの政治と経済をトータルに把握しようとした」（渡辺『フランス人民戦線　反ファシズム・反恐慌・文化革命』人文書院、二〇一三年）ものであり、「ひとつの時代の経済・政治・社会に関わる諸現象の複雑な切り結び方を全体史的視点から注視」（市川『経済史研究』第一三号、二〇〇九年、書評）しようとしたものであることを正しく指摘された。本書は、この前著の「思想（ファシズム）」の次元を構成した社会的現実のなかで、とりわけ重要で興味深い、ジャック・ドリオのファシズムへの偏流の過程を取り上げ、それをヴィシー政権末期まで追跡したものである。

しかし、本書は「単なる」思想史ではない。思想史は、政治、経済あるいは文化の働きを含む歴史の全体的な発展の枠外で、現実の事件との直接的な関係のない「純粋な思想史」として書かれてはならない。イデオロギーの実現は、多かれ少なかれ、その主要な性質を変化させる「現実」との妥協をもたらす。思想は裸では街を歩かない。社会史家にとっては、すなわち歴史そのものの研究者にとっては、純粋な思想のリアリズムというものは存在しない。ファシズムについていえば、現実のファシズムは、おそらくそれほど反体制的ではなく、それほど華々しくもなく、そして確実にそれほど魅力的でもなく、いわば、現実という重いおもりをいっぱい詰め込んで歴史的に具現されるのであり、そうであってこそ歴史研究の対象となるのである。

そういう意味で、本書は「純粋な思想史」ではない。それはなによりも「政治史」である。また、本書は、「社会経済史」とも無縁ではない。ドリオとフランス人民党の代表的なイデオローグたちは、一九三〇年代の恐慌を「最大の豊かさのただなかに最大の悲惨な貧困を生み出すに至った、支離滅裂で、一貫性のない生産の発展」の結果であるとして、それをもたらした「自由資本主義とそのエゴイズム」を告発した。他方で、フランス人民党は、一九三六年夏に人民戦線政府が実施した週四十時間労働法その他の社会改革が、企業にとって負担を増大させることを批判した。ドリオが市長となり、いちはやく社会党との統一戦線を実現し、ついで、共産党とコミンテルンに叛旗を翻し、フランス人民党を結成したのは、フランスのマンチェスターと呼ばれた、フランスにおける工業都市の原型で現代文明のシンボルであり、最大の労働者都市であったサン・ドニにおいてであった。また、ドイツ軍占領下では、ドリオとフランス人民党は、ドイツに強制的にフランス人労働者を送り込む「強制労働徴用（ＳＴＯ）」に協力せざるをえなかった。一九三〇年代から一九四〇年代にかけての社会経済史の現実を無視して、ドリオの生涯とフランス人民党の歴史を語ることはできない。本書が、少なくとも潜在的には「社会経済史」でもあることを願っている。

本書以前にジャック・ドリオとその組織について論じた著作に、D・ヴォルフ著、平瀬徹也・吉田八重子訳『フランスファシズムの生成　人民戦線とドリオ運動』（風媒社、一九七二年）がある。しかし、原著では、ドイツ語版はDie Doriot Bewegung、フランス語版はDoriot du communisme à la collaboration であり、ドリオの運動を「ファシズム」とは呼んでいない。

著者のヴォルフが「ファシズム」とみていたのは、フランソワ・ド・ラ・ロックの指導する「火の十字架団」であった（「火の十字架団」は一九三六年六月、人民戦線政府成立後、「フランス社会党」に、ドイツ軍占領下には「フランス社会進歩」と改名）が、この組織は、ドイツ軍のフランス占領下、対独協力を拒否し、ド・ラ・ロックはイギリス政府の諜報機関に情報を引き渡した。「火の十字架団」とその後継組織をナチスに協力した「ファシスト」と考えるのは、大きな間違いである。

これに対して、平瀬、吉田両氏が、ドリオのフランス人民党を原著者の意志にあえて逆らって「ファシスト」と呼んだのには、十分な理由があると思われる。

本書執筆に当たっては多数の文献を参考にしたが、とりわけ Jean-Paul Brunet, *Jacques Doriot. Du communisme au fascisme*, Editions Balland, Paris, 1986 がもっとも役に立った。

ドイツの地名等については、大阪大学大学院経済学研究科の鴋澤歩教授の御教示を得た。さらに、同教授には、資料の収集に関して一方ならぬ御世話になった。

本書の出版にあたっては、国書刊行会の永島成郎氏にたいへんお世話になった。また本書の組版をご担当いただいたトム・プライズの江尻智行氏、装丁をご担当いただいたSuzuki Design の鈴木正道氏にも、心から御礼申し上げたい。また、本書を仕上げるまでの過程で、筆者を激励し、原稿を読んで、しばしば有益な示唆を与えてくれた糟糠の妻和子にも感謝したい。

二〇二〇年八月

竹岡敬温

ジャック・ドリオとフランス人民党略年譜

年号	ドリオとフランス人民党	フランス国内の出来事	その他の世界の出来事
一八九四年		〈十月〉ドレフュス事件	
一八九五年		〈九月〉労働総同盟（ＣＧＴ）結成	
一八九七年			〈八月〉第一回シオニスト会議
一八九八年	・オワーズ県のブレール村で、貧しい製鉄工の家庭に生まれる		
一九〇二年		〈四～五月〉下院選挙で左翼ブロック圧勝、急進党が第一党となる	
一九〇五年		〈四月〉統一社会党（ＳＦＩＯ）結成	
一九〇六年		〈五月〉下院選挙で急進党、単独過半数を占める 〈十月〉クレマンソー内閣成立	
一九一一年	・小学校卒業後、職業学校で二年間学び、この年機械部品仕上げ工の資格を取得	〈六月〉カイヨー内閣成立	
一九一二年		〈一月〉カイヨー内閣総辞職、ポワンカレ内閣成立	
一九一三年		〈二月〉ポワンカレ大統領（一九二〇年まで）	

年号	ドリオとフランス人民党	フランス国内の出来事	その他の世界の出来事
一九一四年		〈八月〉ドイツと開戦	〈七月〉第一次世界大戦勃発（〜一九一八年十一月）
一九一五年	・パリに出る。秋サン・ドニに移り、多くの工場で働く		
一九一六年	・社会党（ＳＦＩＯ）青年部のサン・ドニ支部に加盟	〈四月〉社会党大会	
一九一七年	・戦争に召集され、歩兵連隊に配属される	〈十一月〉クレマンソー内閣成立	〈三月〉ロシア革命
一九一八年		〈十一月〉ドイツと休戦協定	〈十一月〉ドイツ革命
一九一九年		〈六月〉ヴェルサイユ条約調印	〈三月〉イタリアでファッショ戦闘団成立
一九二〇年	・三年の兵役期間終了後、サン・ドニに戻る。サン・ドニの工場で社会党（ＳＦＩＯ）青年部の仲間たちと再会。五月のストライキの波のなかで、第三インターナショナル（共産主義インターナショナル、コミンテルン）の支持者の陣営に加わる	〈十二月〉社会党（ＳＦＩＯ）トゥール大会、コミンテルン加盟問題で分裂し、フランス共産党誕生	〈二月〉ドイツ労働者党、国民社会主義ドイツ労働者党（ナチス）と改称
一九二一年	・コミンテルン青年部フランス支部委員会代行書記に任命。モスクワで開催されたコミンテルン青年部第二回大会、コミンテルン第三回大会にフランス共産党青年部を代表して出席		〈七月〉中国共産党創立 〈七月〉ヒトラー、ナチス党の独裁者となる

一九二二年	・フランス共産党青年部を代表して、コミンテルン青年部書記となり、コミンテルン執行部最高会議幹部会のメンバーとなる	〈六月〉労働総同盟（CGT）分裂し、統一労働総同盟（CGTU）誕生	〈十月〉イタリアでムッソリーニ内閣成立
一九二三年	・フランス共産党青年部書記長となる ・『二つの戦争の間で』と題した最初の小冊子を公刊 ・警察に逮捕され、ラ・サンテ刑務所に収監される		〈十一月〉ミュンヘンでルーデンドルフとヒトラーのビヤホール一揆失敗
一九二四年	・『軍隊と資本主義の防衛』と題した二冊目の小冊子を公刊 ・国会議員選挙に当選、自由を取り戻し、以後国会議員として活動 ・マドレーヌ・ラフィノと結婚	〈五～六月〉左翼カルテルが選挙で勝利し、エリオ内閣成立 〈八月〉ドイツ賠償問題でドーズ案承認	
一九二五年	・フランス共産党政治局の正式メンバーとなり、モスクワでのコミンテルン拡大執行委員会に出席		〈四月〉ナチス親衛隊（SS）結成 〈七月〉ヒトラーの『わが闘争』第一部出版
一九二六年	・フランス共産党第五回全国大会。大会後、新しい政治局のメンバーが指名されたが、自分の名がモーリス・トレーズのあとに挙げられたことに不満を持ち、トレーズに対する激しい対抗心を抱く ・コミンテルン第七回執行委員会総会に参加するため、モスクワを訪問。中国に派遣される国際労働者代表団に加えられる	〈六月〉フランス＝ルーマニア同盟条約締結 〈七月〉ポワンカレ内閣成立	

年号	ドリオとフランス人民党	フランス国内の出来事	その他の世界の出来事
一九二七年	・中国滞在中の欠席裁判で軍人不服従教唆罪が宣告され、逮捕されて議会再開まで拘禁される。さらに反軍国主義的宣伝活動罪で禁錮刑が宣告。国会の会期終了後、地下に潜って活動を続ける	〈十一月〉フランス＝ユーゴスラヴィア安全保障条約調印	〈十二月〉『わが闘争』第二部出版
一九二八年	・逮捕され、ラ・サンテ刑務所に収容される	〈四月〉選挙で右派国民連合が勝利 〈六月〉フランの平価切り下げ	〈十月〉イタリアの黒シャツ隊（ファシスト義勇軍）が、正規軍に編入
一九二九年	・植民地問題を考察した『植民地と共産主義』を公刊 ・『ボルシェヴィズム手帖』のなかで、社会民主主義に近づきトロツキズムの危険を過小評価しているとトレーズによって非難され、詳細な自己批判を行う		〈十月〉ニューヨーク株式取引所で株価大暴落、世界恐慌始まる 〈六月〉ドイツ賠償問題でヤング案発表
一九三〇年			〈一月〉ロンドン軍縮会議（〜四月） 〈二月〉ヴェトナム共産党創立 〈九月〉ドイツの国会選挙でナチス党の議席が激増
一九三一年	・サン・ドニ市議会で、新しい市長に選出される		〈九月〉柳条湖事件が起こる 〈十月〉イギリスで総選挙、労働党が大敗、挙国内閣派が大勝

一九三二年		〈五～六月〉総選挙で左翼カルテルが勝利し、エリオ内閣成立 〈十一月〉仏ソ不可侵中立条約調印	〈一月〉上海事変が起こる 〈五月〉五・一五事件、犬養首相暗殺 〈七月〉ドイツで総選挙、ナチスが第一党となる
一九三三年		〈十二月〉スタヴィスキー事件	〈一月〉ヒトラー内閣成立 〈二月〉ドイツで国会議事堂放火事件 〈三月〉アメリカ、ニューディール開始 〈十月〉ドイツ、国際連盟脱退を通告
一九三四年	・反ファシズム戦線の戦術をめぐって、社会党（ＳＦＩＯ）への歩み寄りを主張し、コミンテルンおよび共産党指導部との意見の対立が深まる	〈二月〉極右諸同盟の騒乱拡大 〈七月〉社共統一行動協定	〈三月〉満州国帝政に移行 〈六月〉ナチスの血の粛清事件始まる 〈八月〉ヒトラー、総統となる
一九三五年	・サン・ドニの市会議員選挙、ドリオの「労働者の統一」リストの候補者は全員当選	〈七月〉人民連合（人民戦線の正式名称）委員会発足	〈九月〉ドイツでニュルンベルク法公布、ユダヤ人の市民権剥奪される 〈十月〉イタリア、エチオピアに侵入

年号	ドリオとフランス人民党	フランス国内の出来事	その他の世界の出来事
一九三六年	・フランス人民党（ＰＰＦ）結成。サン・ドニ市立劇場で、フランス人民党第一回全国大会開催	〈四～五月〉極右同盟火の十字架団の後継組織、フランス社会党結成 〈五月〉選挙で人民戦線派勝利、工場占拠ストライキ 〈六月〉レオン・ブルム内閣成立、マティニョン協定締結 〈九月〉フランの平価切下げ	〈二月〉スペイン人民戦線内閣成立 〈二月〉日本で二・二六事件 〈八月〉ソ連でスターリン粛清始まる
一九三七年	・スターリンのスペイン内戦への干渉を告発	〈二月〉ブルム、改革の休止を声明	〈七月〉盧溝橋事件、日華事変始まる 〈十一月〉日独伊防共協定調印 〈十二月〉日本軍、南京占領
一九三八年	・フランス人民党第二回全国大会	〈十一月〉人民戦線解体	〈三月〉ドイツによるオーストリア併合 〈九月〉ミュンヘン協定 〈十月〉ドイツ軍、チェコスロヴァキア領ズデーテンへ進駐
一九三九年		〈九月〉英国とともに参戦し、第二次世界大戦始まる	〈三月〉チェコスロヴァキア解体 〈三月〉ドイツ、ダンツィヒ併合とポーランド回廊を要求 〈八月〉独ソ不可侵条約調印 〈九月〉ドイツがポーランド攻撃を開始

一九四〇年	・フランス人民党の新聞『人民の叫び』第一号、日刊紙として発行	〈六月〉ドイツ軍、パリ入城 〈六～七月〉仏独休戦協定、ヴィシー政府成立、ペタン元帥が国家主席になる	〈四月〉デンマーク、ドイツに降伏 〈五月〉イギリスでチャーチル挙国一致内閣成立 〈六月〉イタリア参戦（対英仏宣戦）
一九四一年	・ペタンの諮問機関、フランス国国民評議会のメンバーに任命 ・フランス人民党、ドイツ占領軍当局によって北部地区の活動を承認される ・「ドイツ国防軍のソ連進攻」のニュースがドリオとフランス人民党の政治局員を歓喜させる ・自由地区のフランス人民党大会で、ペタンに宛て、ドイツ国防軍とともにソ連共産主義と戦うフランス義勇軍団創設許可を要求した電報を送るという決議を採択 ・フランス義勇軍団に参加して前線に向かう	〈七月〉ペタン、国民革命を宣言 〈九月〉ド・ゴール、自由フランス国民委員会創設	〈四月〉日ソ中立条約調印 〈六月〉ドイツ軍がソ連に進撃、独ソ戦開始 〈十二月〉日本軍、真珠湾攻撃、太平洋戦争開始 〈十二月〉ドイツとイタリアがアメリカに宣戦
一九四二年	・キャバレ、ル・リドの若いダンサー、ジネット・ガルシアと愛人関係になる	〈四月〉ラヴァル内閣成立 〈十一月〉ドイツ軍、フランス全土占領	〈八月〉スターリングラード攻防戦開始 〈十一月〉連合軍の北アフリカ上陸
一九四三年	・再び東部戦線へ出発、七月下旬パリに帰る。休暇期限が切れ、再度フランス義勇軍団に合流、翌一九四四年二月にようやくパリに戻る	〈五月〉全国抵抗評議会結成 〈六月〉アルジェでフランス国民解放委員会成立	〈二月〉スターリングラードのドイツ軍降伏 〈九月〉イタリア、無条件降伏

年号	ドリオとフランス人民党	フランス国内の出来事	その他の世界の出来事
一九四四年	・ドイツの敗色が濃くなったため、フランス人民党の幹部たちとその家族を運ぶ輸送隊が東方に向かって出発。ドリオは八月十九日にパリを去る ・フランス人民党、ボーデン湖のほとりのコンスタンツと橋でつながれたマイナウ島に指導部と諸機関を置く ・ヒトラーと会見	〈六月〉ド・ゴールのフランス共和国臨時政府成立（十月、連合国承認） 〈八月〉パリ解放	〈六月〉連合軍、ノルマンディーに上陸 〈十一月〉アメリカ軍の日本本土爆撃開始
一九四五年	・「フランス解放委員会」を創設。社会党から転向したデアと会うために乗った、マイナウ島を出発した車が二機の飛行機に襲われ、機銃掃射を浴びて死亡（享年47）		〈二月〉ヤルタ会談 〈四月〉ソ連軍、ベルリン攻撃を開始 〈四月〉人民裁判によりムッソリーニ銃殺される 〈四月〉ヒトラー自殺 〈五月〉ドイツ、無条件降伏 〈七月〉ポツダム宣言発表 〈八月〉広島・長崎に原爆投下。ソ連が対日宣戦。日本、ポツダム宣言を受諾 〈九月〉アメリカ軍艦ミズーリ号上で、日本が降伏文書に調印

人名索引

【ア】

【イ】

【ウ】

【ケ】

【コ】

【サ】

【シ】

【ス】

【セ】

【タ】

【チ】

【テ】

【ト】

【ヒ】

【フ】

【へ】

【ホ】

【マ】

【ミ】

【ム】

地名索引

【ト】

【ナ】

【ニ】

【ノ】

【ハ】

【ヒ】

【フ】

【ヘ】

【ホ】

【マ】

【ム】

【メ】

【モ】

【ラ】

【リ】

【ル】

【レ】

【ロ】

事項索引

【ア】

【イ】

【ウ】

【エ】

【サ】

【シ】

【ス】

【セ】

【ソ】

【タ】

【チ】

【テ】

【ト】

【ナ】

【ネ】

【ノ】

【ハ】

図版出典一覧

図1　マルセル・デアと握手するドリオ
Jean-Paul Cointet, *Marcel Déat. Du socialisme au national-socialisme*, Perrin, Paris, 1998

図2　マルセル・デア夫妻
Marcel Déat, *Mémoires politiques*, Denoël, Paris, 1989

図3　ヒトラーとペタンとの握手、1940年10月24日
Jean-Pierre Azéma et Olivier Wieviorka, *Vichy 1940-1944*, Perrin, Paris, 1997, 2000

図4　ドイツ外相リッベントロープとラヴァルとの握手、1940年10月22日
Jean-Pierre Azéma et Olivier Wieviorka, *Vichy 1940-1944*, Perrin, Paris, 1997, 2000

図5　創立時の国家人民連合の指導者たち、（中央）マルセル・デア、（左から2人目）ウージェーヌ・ドロンクル、（右から2人目）ジャン・ゴワ
Marcel Déat, *Mémoires politiques*, Denoël, Paris, 1989

図6　反ボルシェヴィズム・フランス義勇軍団支援集会、1941年7月18日、パリ冬季競輪場
Jean-Pierre Azéma et Olivier Wieviorka, *Vichy 1940-1944*, Perrin, Paris, 1997, 2000

図7　反ボルシェヴィズム・フランス義勇軍団の結成式で暴漢の襲撃を受けて負傷し、ヴェルサイユの病院で療養するマルセル・デア、1941年8月末～9月初め
Jean-Paul Cointet, *Marcel Déat. Du socialisme au national-socialisme*, Perrin, Paris, 1998

図8　ドイツ軍の制服を着て、反ボルシェヴィズム・フランス義勇軍団の一員としてロシアの戦線に出発するドリオ
Jean-Pierre Azéma et Olivier Wieviorka, *Vichy 1940-1944*, Perrin, Paris, 1997, 2000

図9　1942年2月1日、パリの冬季競輪場での反ボルシェヴィズム・フランス義勇軍団（LVF）の集会開催を告げるポスター
Marcel Déat, *Mémoires politiques*, Denoël, Paris, 1989

図10　シャンゼリゼ大通りでオープンカーのなかに立つドリオ、1943年8月
Jean-Paul Cointet, *Paris 40-44*, Perrin, Paris, 2001

図11　1943年8月8日、パリ1区ピラミッド街10番地のフランス人民党本部前で、（左より右へ）ドリオ、シモン・サビアーニ、イヴ・ドータン、アルベール・ブーグラ

Pierre-Philippe Lambert et Gérard Le Marec, *Vichy 1940-1944*, Organisations et mouvements, Grancher, Paris, 2009

図12　強制労働徴用（STO）の出頭命令書
Jean-Pierre Azéma et Olivier Wieviorka, *Vichy 1940-1944*, Perrin, Paris, 1997, 2000

図13　強制労働徴用（STO）に対する抗議行動、1943年3月10日、ドローム県ロマン・シュル・イゼール
Jean-Pierre Azéma et Olivier Wieviorka, *Vichy 1940-1944*, Perrin, Paris, 1997, 2000

図14　ドイツ国防軍中尉の軍服を着たアルベール・ブーグラ、1944年7月、ノルマンディーの前線で
Pierre-Philippe Lambert et Gérard Le Marec, *Vichy 1940-1944*, Organisations et mouvements, Grancher, Paris, 2009

図15　ジグマリンゲンにおける（向かって左から）ダルナン、デア、ド・ブリノン、ブリドゥ将軍
Jean-Paul Cointet, *Marcel Déat. Du socialisme au national-socialisme*, Perrin, Paris, 1998

図16　「ラジオ・パリ」の論説委員ジャン・エロルド・パキ
Jean-Pierre Azéma et Olivier Wieviorka, *Vichy 1940-1944*, Perrin, Paris, 1997, 2000

上巻

図1　1924年頃のジャック・ドリオ
Jean-Paul Brunet, *Saint-Denis la ville rouge 1890-1939*, Hachette, Paris, 1980
図2　1936年5月4日、サン・ドニ選挙区で代議士に再選され、市役所のホールで挨拶するドリオ
Jean-Paul Brunet, *Saint-Denis la ville rouge 1890-1939*, Hachette, Paris, 1980
図3　ピエール・ドリュ・ラ・ロシェル、1939年
Frédéric Grover, *Drieu La Rochelle*, Gallimard, Paris, 1963
図4　1936年7月26日、マルセイユの群衆に訴えかけるドリオ
Pierre Milza, *Les Fascismes*, Imprimerie nationale, Paris, 1985
図5　フランス人民党全国大会でのドリオ
Marc Augé, *Paris Années 30, Roger-Viollet*, Hazan, Paris, 1996
図6　向かって左から、ヴィクトル・アリギ、ドリオ、ポール・マリヨン、1937年1月
Jean-Paul Brunet, *Saint-Denis la ville rouge 1890-1939*, Hachette, Paris, 1980
図7　ピエール・ピュシューの裁判
Jean-Pierre Azéma et Olivier Wieviorka, *Vichy 1940-1944*, Perrin, Paris, 1997, 2000

竹岡敬温（たけおか・ゆきはる）

一九三二年、京都市に生まれる。京都大学文学部卒業、大阪大学大学院経済学研究科博士課程中退。一九六四年から六六年まで、フランス政府給費留学生・文部省在外研究員としてパリ大学文学部、高等研究実習学院第六部門（経済学・社会科学部門）に留学。大阪大学経済学部講師、助教授、教授、大阪学院大学経済学部教授を経て、現在、大阪大学名誉教授、大阪学院大学名誉教授、経済学博士。専門は社会経済史。

主要編著書に、『近代フランス物価史序説』（創文社、一九七四年）、『概説西洋経済史』（共編著、有斐閣、一九八〇年）、*Des entreprises françaises et japonaises face à la mécatronique*, LEST-CNRS, 1988（共著）、『「アナール」学派と社会史　「新しい歴史」へ向かって』（同文館、一九九〇年）、『新技術の導入　近代機械工業の発展』（共編著、同文館、一九九三年）、『社会史への途』（共編著、有斐閣、一九九五年）、『世界恐慌期フランスの社会――経済　政治　ファシズム』（御茶ノ水書房、二〇〇八年）、主要訳書に、シャルル・モラゼ『経済史入門』（共訳、創元社、一九六一年）、ジョン・ネフ『工業文明の誕生と現代世界』（共訳、未来社、一九六三年）、ジャック・エリュール『技術社会』二巻（共訳、すぐ書房、一九七六年）、ペーター・フローラ『ヨーロッパ歴史統計　国家・経済・社会　1815-1975』二巻（原書房、一九八五年）などがある。

ファシズムへの偏流《へんりゅう》　下
――ジャック・ドリオとフランス人民党《じんみんとう》

2020年11月10日初版第1刷印刷
2020年11月20日初版第1刷発行

著　者　竹岡敬温

発行者　佐藤今朝夫
発行所　株式会社国書刊行会
〒174-0056
東京都板橋区志村1-13-15
電話03(5970)7421　ファックス03(5970)7427
URL : https://www.kokusho.co.jp
E-mail : info@kokusho.co.jp

装　丁　鈴木正道(Suzuki Design)
組　版　江尻智行(tomprize)
印　刷　創栄図書印刷株式会社
製　本　株式会社ブックアート

ISBN 978-4-336-06664-0　C0023

1945：もうひとつのフランス　全8巻別巻1

フランス現代史の闇の領域を構成する彼ら――コラボラトゥール（対独協力者）。すぐれて文学的香りの高い成果をあげながら、その政治的立場ゆえ長らく抹殺のうきめにあった特異な作家たちをとりあげ、文学的代表作ならびにその思想を最も鮮明に反映した証言（ドキュメント）をそれぞれにピック・アップ、大戦間のフランスに従来とは異なった角度から照明をあてた異色の文学・現代史シリーズ。

〈四六判／税別。価格は改定することがあります〉

1
ジル　上・下
ドリュ・ラ・ロシェル 著／若林真 訳
デカダンスの底からも〝ヨーロッパの再生〟を希求し、恋から政治へ、革命から情事へと、ゆれ動く青年――ジル。知識人の、大戦間の動乱の歩みをつづる、ドリュの思想と生涯の総決算たる力作。　三五〇頁／三三〇頁　各巻二九〇〇円

2
秘められた物語／ローマ風幕間劇
ドリュ・ラ・ロシェル 著／平岡篤頼・高橋治男 訳
最晩年ドリュが自らへの挽歌を秘かに綴り、死後六十一年に刊行され、ドリュ復権の口火を切った遺言的手記『秘められた物語』。恋の破局と友情の破綻が重なる生涯の分岐点に末期の眼をむけた『ローマ風幕間劇』。　二一二頁　二〇〇〇円

3
七彩
ロベール・ブラジヤック 著／池部雅英 訳
戦雲たなびく悲劇の時代に青春を送る三人の若人の恋を、物語、手紙、日記、省察、対話、資料、独白の七つのスタイルの連鎖のうちに、端正なタッチで描き、青春の香りをみずみずしく定着させた傑作。　二四八頁　二二三三円

4　われらの戦前／フレーヌ獄中の手記
ロベール・ブラジヤック著／高井道夫訳
対独協力のかどにより三十五歳で銃殺刑に処せられた作者の青春と第二次大戦前のフランスを記した代表作と、逮捕、裁判から処刑にいたる半年の間にフレーヌ獄中で書きのこした手記より一部を収録。　四三六頁　三六〇〇円

5　残骸
リュシアン・ルバテ著／池部雅英訳
フランスの崩壊からヴィシー政府に至る〈大潰走〉の日々、その表裏両面の真実——フランス＝ファシストの赤裸な告白として、占領下、茫然自失の同国に「爆弾」を炸裂させた黙示録的年代記。　六〇四頁　八〇〇〇円

6　ふたつの旗　上・下
リュシアン・ルバテ著／岩崎力訳
生命感あふれる一人の美しい女性アンヌ＝マリーを軸に、二人の若者がおりなす濃密なエロティシズムと信仰の空間。勝利をうるは神の旗？　悪魔の旗？　古典芸術にも比すべきルバテ渾身の獄中作。　七一六頁／七七二頁　各巻七八〇〇円

7　ぼくの剣／愛と虚無
ロジェ・ニミエ著／田代葆訳
ぼくはワランソワ・サンデール、リセの生徒、ディトリヒの写真を汚しながら、自殺の誘惑に駆られている——ニミエ二十三歳のスキャンダラスなデビュー作『ぼくの剣』、愛と死を綴る瞑想の書『愛と虚無』を併録。　二七二頁　二四〇〇円

8　青い軽騎兵
ロジェ・ニミエ著／田代葆訳
文明の終末を思わせる惨禍の季節にたまたま二十歳を迎えねばならなかった不運な世代の空虚な精神風俗を、シニックに、洒脱に、スピーディな文体でみごとに浮かびあがらせた、〈青春小説〉のみずみずしい傑作！　四三〇頁　三三〇一円

別巻　奇妙な廃墟
福田和也著
現代文学史の空白の領域を再評価しうる視点を提示すべく、西欧の先鋭的知性において顕著だった世界的なファシズム思潮を、現代文学・思想の再検討を通じて把握、収録四作家等七人の作家を評伝形式で論じる。　三八〇頁　三六八九円

大いなる聖戦

第二次世界大戦全史　全2巻

H・P・ウィルモット 著

等松春夫 監訳

英国、米国、ノルウェーなどで長年にわたり、二十世紀の戦争と戦略に関する研究を進めてきた斯界の碩学による、第二次世界大戦を学ぶために不可欠の必読書。これまで信じられてきた、第二次世界大戦における通念の数々を、新たな視座に基づいた緻密な分析によって刷新し、その相貌を巨細にわたり描き切った決定的大著。

四六判　四七二頁／四九六頁　各巻四六〇〇円

〈税別。価格は改定することがあります〉

不必要だった二つの大戦

チャーチルとヒトラー

パトリック・J・ブキャナン 著

河内隆弥 訳

人類史上かつてない惨劇をもたらした二つの世界大戦。この戦争は本当に必要だったのか？　本当に不可避のものだったのだろうか？　チャーチルとヒトラーの行動を軸に、戦争へといたる歴史の過程を精密に検証する一書。

Ａ５判　五三七頁　三八〇〇円

〈税別。価格は改定することがあります〉

なぜ国々は戦争をするのか　全2巻

ジョン・G・ストウシンガー 著
等松春夫 監訳
比較戦争史研究会 訳

二度にわたる世界大戦から9・11を経て今世紀のイラク、アフガニスタンにおける戦争まで、指導者たちが戦争へと踏み出す「真実の瞬間」を、政治学のみならず、心理学、哲学、文学などの方法論までを縦横に駆使して探った戦争論の決定版。第二次世界大戦下、「日本のシンドラー」杉原千畝のヴィザでナチスのホロコーストから逃れるという稀有な経歴をもつ国際的な政治学者が、戦争がもたらしてきた悲惨を新たな視点から多角的に考察した、必読の代表作がついに邦訳なる。

四六判　三六四頁／三八六頁　各巻二五〇〇円
〈税別。価格は改定することがあります〉

ヘンリー・スティムソン回顧録　全2巻

ヘンリー・L・スティムソン／マックジョージ・バンディ 著
中沢志保・藤田怜史 訳

二十世紀前半の半世紀近い間、フィリピン総督、国務長官、陸軍長官など、アメリカ政府の要職に就き、原爆投下など、数々の政策決定にその中核メンバーとして参画したヘンリー・スティムソンが、その生涯を多角的に語りつくした回顧録。近現代アメリカ史、さらには近現代史を知るうえで欠かすことのできない必読書。

A5判　三八〇頁／四三四頁　四六〇〇円／四八〇〇円
〈税別。価格は改定することがあります〉

鉄道人とナチス

ドイツ国鉄総裁ユリウス・ドルプミュラーの二十世紀

鳩澤　歩　著

古い社会的偏見にさらされた技術官吏の出身ながら、二十世紀史の激しい社会変化のなかで異例の栄達をとげ、戦間期のドイツ国鉄（ライヒスバーン）総裁として国際的な名声を得た鉄道人ドルプミュラー。若き日の中国行から、ヴァイマール共和国の崩壊後、ナチス・ドイツの暴力的な支配に迎合し、ついに鉄道行政の責任者として戦争とユダヤ人虐殺に加担するまでの彼の生涯を、ドイツ社会経済史の枠組みで描く初の評伝。第四十四回交通図書賞、第十回鉄道史学会住田奨励賞受賞。

四六判　三六〇頁　三四〇〇円

〈税別。価格は改定することがあります〉